VLOOKUP을
알아도
여전히 헤매는
당신을 위한
엑셀 실전서

회사에서
바로 통하는

엑셀
핵심기능34

모든 버전 사용 가능

2010 · 2013 · 2016 · 2019 · 2021 · Microsoft 365

한빛미디어
Hanbit Media, Inc.

지은이 **전미진** (smileimp@naver.com)

삼성전자, 삼성항공, 삼성코닝, 삼성멀티캠퍼스, 삼성석유화학, 삼성토탈, 지역난방공사, 농협대학, 국민건강보험공단, 경기경제과학진흥원, 한국생산성본부 등에서 업무 개선을 위한 엑셀과 파워포인트, 프로그래밍 관련 강의를 진행했습니다. 저서로는 《회사에서 바로 통하는 최강 실무 엑셀》, 《회사에서 바로 통하는 엑셀 FOR STARTERS》, 《회사에서 바로 통하는 실무 엑셀+파워포인트+워드&한글》, 《회사에서 바로 통하는 실무 엑셀 최강 업무 활용법》, 《회사에서 바로 통하는 엑셀+파워포인트+워드 2016&한글 NEO&윈도우 10》 등이 있습니다.

VLOOKUP을 알아도 여전히 헤매는 당신을 위한 엑셀 실전서

회사에서 바로 통하는 엑셀 핵심기능 34

초판 1쇄 발행 2023년 6월 15일

지은이 전미진 / **펴낸이** 김태헌
펴낸곳 한빛미디어(주) / **주소** 서울특별시 서대문구 연희로2길 62 한빛미디어(주) IT출판1부
전화 02-325-5544 / **팩스** 02-336-7124
등록 1999년 6월 24일 제25100-2017-000058호 / **ISBN** 979-11-6921-120-8 13000

총괄 배윤미 / **책임편집** 장용희 / **기획 · 편집** 홍현정 / **교정** 박서연
디자인 윤혜원 / **전산편집** 김희정
영업 김형진, 장경환, 조유미 / **마케팅** 박상용, 한종진, 이행은, 김선아, 고광일, 성화정, 김한솔 / **제작** 박성우, 김정우

이 책에 대한 의견이나 오탈자 및 잘못된 내용에 대한 수정 정보는 한빛미디어(주)의 홈페이지나 아래 이메일로 알려주십시오.
잘못된 책은 구입하신 서점에서 교환해 드립니다. 책값은 뒤표지에 표시되어 있습니다.
한빛미디어 홈페이지 www.hanbit.co.kr / **이메일** ask@hanbit.co.kr / **자료실** www.hanbit.co.kr/src/11120

지금 하지 않으면 할 수 없는 일이 있습니다.
책으로 펴내고 싶은 아이디어나 원고를 메일(writer@hanbit.co.kr)로 보내주세요.
한빛미디어(주)는 여러분의 소중한 경험과 지식을 기다리고 있습니다.

일 잘하는 직장인이 평생 곁에 두고 싶은
《회사에서 바로 통하는 엑셀 핵심기능 34》로 학습해보세요!

엑셀은 회사에서 가장 많이 사용하는 업무용 소프트웨어로, 엑셀 하나만 잘해도 업무 능력을 인정받는 경우가 많습니다. 엑셀을 잘 다룬다는 것은 업무에 필요한 데이터를 이해하고 분석할 수 있고, 이를 토대로 업무를 빠르고 효율적으로 처리할 수 있다는 것을 의미합니다.

엑셀을 처음 접하는 사용자나 엑셀을 조금이라도 다뤄본 사용자라면 인터넷 검색과 유튜브를 통해 기초 기능 일부를 습득할 수는 있습니다. 하지만 여러 기능을 복합적으로 응용하는 작업과 실무 문서 제작에는 한계를 느끼게 되어 엑셀 학습을 어려워하는 직장인이 많습니다.

따라서 엑셀을 독학으로 공부하려고 마음먹었다면 본인에게 맞는 참고서를 고르는 것이 매우 중요합니다. 엑셀의 단편적인 기능을 나열한 책은 학습하기 쉽고 바로바로 실습을 따라 할 수 있어 편리하지만, 막상 실무에 적용하려면 응용하여 활용하기가 어렵습니다.

실전 압축 핵심기능 34개로
업무에 정말 필요한 것만 학습해보세요!

이 책은 실무에서 쉽게 활용할 수 있고 알아두면 두고두고 쓸모 있는 핵심기능만 선별했습니다. 실무에서 널리 쓰이는 문서를 예제로 수록하여 바로 따라 하면서 엑셀 핵심기능을 익히고, 동시에 실무 감각도 기를 수 있도록 구성했습니다.

CHAPTER 01에서는 엑셀의 숨어 있는 기능을 실무에 적절하게 활용할 수 있도록 문서 편집에 유용한 핵심기능을 소개합니다. CHAPTER 02에서는 엑셀을 잘 활용하기 위해 꼭 알아두어야 할 수식과 실무 함수에 대해 알아봅니다. CHAPTER 03에서는 신뢰할 수 있는 데이터를 모으고 후속 업무와 연계하여 빠르게 데이터를 관리하고 효과적으로 분석하는 방법을 소개합니다. CHAPTER 04에서는 데이터 용도에 맞는 최적의 차트를 만들어봅니다. CHAPTER 05에서는 매크로와 VBA로 반복적인 일련의 작업을 자동화하는 방법을 알아봅니다.

이 책으로 바쁜 직장인들이 단편적인 엑셀 기능을 익히는 데 그치지 않고 실무에 꼭 필요한 핵심기능이 어떻게 활용되는지 확인하면서 쉽고 빠르게 엑셀을 학습할 수 있기를 바랍니다.

마지막으로 이 책을 기획하고 완성할 때까지 격려와 노력을 아끼지 않은 홍현정 기획자와 한빛미디어 관계자 여러분에게 감사의 인사를 전합니다.

2023년 6월
전미진

엑셀 기초 학습은 이제 그만!
회사에서 바로 통하는 현장 밀착형 상황별 실무 예제

01

실무와 밀접한 핵심기능만 엄선하여
엑셀 실력을 업그레이드한다

엑셀은 배웠지만 똑같은 기능만 사용하고 응용할 줄 모른다면 엑셀 전문가가 엄선한 핵심기능을 학습해보세요. 업무에 유용한 기능을 익혀 작업 능률을 향상할 수 있습니다.

02

모든 버전에서 학습할 수 있다

회사에서 사용하는 엑셀이 오래된 버전이라도 버전 TIP을 참고하면 문제 없이 학습할 수 있습니다. 엑셀 2010, 2013, 2016, 2019, 2021, Microsoft 365 등 다양한 버전의 학습 방법을 자세하고 친절하게 수록했습니다.

03

알찬 구성으로 실무 능력을 탄탄하게 다진다

바로 통하는 TIP, 시간 단축, 버전 TIP, 비법 노트 등 친절하고 상세한 부가 설명을 통해 핵심기능을 빠르게 습득할 수 있습니다.

04

인터넷에서 찾는 것보다 빠르게,
전문가의 노하우로 정확하게 학습한다

키워드가 생각나지 않아 검색하기 어렵다면, 인터넷과 유튜브의 많은 정보에서 어떤 것을 찾아야 할지 모르겠다면 《회사에서 바로 통하는 엑셀 핵심기능 34》를 곁에 두고 활용해보세요! 기능별/상황별 실습을 할 수 있습니다.

핵심 키워드로 살펴보는
회사에서 바로 통하는 엑셀 기능 정리

CHAPTER 01

알아두면 편리한 문서 편집과 서식

빠른 실행 도구 모음, 단축키 실행, 이동 옵션, 특정 셀에 동일 내용 입력, 특정 셀 삭제, ROW, SUBTOTAL, COUNTA, 일련번호 표시, 텍스트 나누기/합치기, 데이터 유효성 검사, 이름 정의, AND, LEN, COUNTIF, IF, INDIRECT, 셀 서식, 사용자 지정 형식, 조건부 서식, 막대/아이콘 표시, 테두리 그리기, 그룹 시트 지정, 머리글/바닥글 설정, 제목 행 반복 인쇄, 그림/배경 삽입, 인쇄 영역/배율 설정, 페이지 설정(여백)

CHAPTER 02

엑셀 활용에 유용한 수식과 함수

범위 편집 허용, 시트 보호, 통합 문서 보호, 셀 이름 정의, INDIRECT, IF, AND, OR, 수식 오류(#VALUE!, #DIV/0!), IFERROR, ISERROR, SORT, UNIQUE, COUNTIF, SUMIF, FIND, 데이터 유효성 검사, 조건부 서식, 표 만들기, 구조적 참조, COUNTIFS, SUMIFS, 배열 수식, SUMPRODUCT, MONTH, 암호화하기, LEFT, RIGHT, MID, VALUE, PHONETIC, 근무일수/근속기간 구하기, YEAR, NETWORKDAYS, EDATE, DATEDIF, 근무시간 계산하기, MAX, TIME, N, FLOOR, MIN, VLOOKUP, FILTER, MATCH, INDEX, 두 조건을 만족하는 데이터

CHAPTER 03

빠르고 효과적인 데이터 관리&분석

텍스트 모으기/나누기, 중복 데이터 제거, INDEX, ROW, COLUMN, 표, 파워 쿼리, Excel.CurrentWorkbook, 필드 정렬하기, 부분합 구하기, 이동 옵션, 데이터 통합하기, 표 서식, SUBTOTAL, IFERROR, VLOOKUP, 자음 추출, 자동 필터, 피벗 테이블 보고서, 슬라이서, GETPIVOTDATA, 피벗 차트

CHAPTER 04

용도에 맞는 최적의 차트 활용

파레토 차트, 혼합 차트, IF, 도형/텍스트 상자 삽입, 원형 차트(도넛 차트), 차트 서식 지정하기, 꺾은선형 차트, Z 차트, 방사형 차트, 데이터 유효성 검사, 이름 정의, INDIRECT

CHAPTER 05

업무 자동화를 위한 매크로&VBA

매크로 기록, 매크로 실행, 고급 필터, 양식 컨트롤(단추), ScreenUpdating, Dim, If~End If, 추가 기능, Each~Next, If, Address, Merge

바쁜 직장인을 위한 학습 로드맵
필요한 기능만 선별적으로 공부하는 커리큘럼

필요한 기능을 선별적으로 학습해야 하거나, 개인별 엑셀 수준에 따라 단계적으로 학습해야 한다면 아래 커리큘럼을 참고하여 실습해보세요. 자신의 상황에 맞게 엑셀 실력을 빠르게 향상할 수 있습니다.

효율적인 엑셀 기능

수식과 함수

LEVEL 3 데이터 관리

LEVEL 4 데이터 시각화

LEVEL 5 고급 기능 사용

사용 가능 버전

실습에 사용할 수 있는 엑셀 버전을 한눈에 확인할 수 있습니다.

실습 파일&완성 파일

따라 하기에 필요한 실습 파일과 결과를 비교해볼 수 있는 완성 파일을 제공합니다.

실습 들어가기

실습에 앞서 학습하는 핵심기능이 무엇이고 어떤 상황에서 활용할 수 있는지 확인할 수 있습니다.

미리 보기

완성된 실습 예제를 보고 어떤 내용을 학습할지 미리 확인할 수 있습니다.

핵심기능

11

셀 이름을 정의하고 수식 만들기

실습 파일 2장\11_단위견적표.xlsx
완성 파일 2장\11_단위견적표_완성.xlsx

서로 다른 시트의 셀을 참조하거나 함수의 인수가 많을 때, 혹은 수식이 길고 복잡해질 때 셀의 정의된 이름을 사용합니다. 수식을 직관적으로 이해하기 쉽고 수정할 때도 편리합니다. 셀 이름을 정의하고 정의된 이름으로 수식을 만들어보겠습니다. 수식 구조와 셀 참조 방식은 103쪽을 참고합니다.

미리 보기

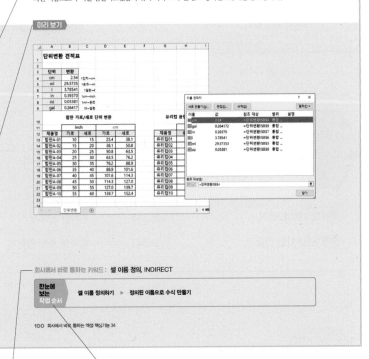

회사에서 바로 통하는 키워드 : **셀 이름 정의**, INDIRECT

한눈에 보는 작업 순서   셀 이름 정의하기 ▶ 정의된 이름으로 수식 만들기

100 회사에서 바로 통하는 엑셀 핵심기능 34

회사에서 바로 통하는 키워드

실습에서 어떤 엑셀 기능을 주요하게 학습할지 미리 확인할 수 있습니다.

한눈에 보는 작업 순서

실습 과정을 한눈에 확인할 수 있도록 단계별 작업 순서를 표시했습니다.

01 셀 이름 정의하기 자주 사용하는 셀이나 셀 범위에 이름을 정의해두면 수식에 셀 주소 대신 이름을 사용할 수 있습니다. 열 이름인 cm, ml, l, in, oz, gal로 셀 이름을 정의해보겠습니다. ❶ [A4:B9] 범위를 지정합니다. ❷ [수식] 탭-[정의된 이름] 그룹-[선택 영역에서 만들기]를 클릭합니다. ❸ [선택 영역에서 이름 만들기] 대화상자에서 [왼쪽 열]에 체크한 후 ❹ [확인]을 클릭합니다.

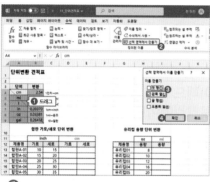

⏱ 시간 단축
[선택 영역에서 이름 만들기] 대화상자를 표시하는 단축키는 Ctrl + Shift + F3 입니다.

바로 통하는 TIP [선택 영역에서 이름 만들기]는 셀 이름을 정의할 때마다 매번 범위를 지정할 필요 없이 데이터의 첫 행(제목 행)이나 왼쪽 열(제목 열)의 이름을 셀 이름으로 지정합니다. 정의된 이름을 수정/삭제하려면 [수식] 탭-[정의된 이름] 그룹-[이름 관리자]를 클릭합니다.

02 [이름 상자]의 목록 버튼 ⊡을 클릭하면 선택 영역에서 만든 이름 목록이 표시됩니다.

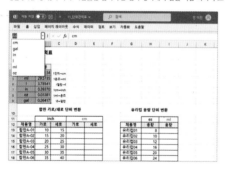

✅ 엑셀 2019&이전 버전
[머리글/바닥글 도구]-[디자인] 탭을 확인합니다.

CHAPTER 02 엑셀 활용에 유용한

인덱스

현재 학습 중인 지점이 어디인지 바로 확인할 수 있습니다.

시간 단축

작업 시간을 단축할 수 있는 방법을 수록했습니다.

바로 통하는 TIP

실습 중 헷갈리기 쉬운 부분을 해결할 수 있도록 간단한 가이드를 수록했습니다.

버전별 TIP

2010~2021, Microsoft 365 등 다양한 버전에서 실습할 수 있도록 버전별로 차이가 나는 내용을 상세하게 설명했습니다.

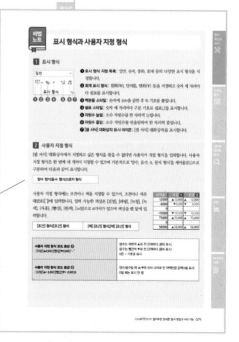

비법 노트

엑셀 실력을 한 단계 올릴 수 있는 내용을 구성했습니다.

회사에서 바로 통하는 실습 예제 다운로드하기

이 책에 사용된 모든 실습 파일과 완성 파일은 한빛출판네트워크 홈페이지(www.hanbit.co.kr)에서 다운로드할 수 있습니다. 예제 파일은 따라 하기를 진행할 때마다 사용되므로 컴퓨터에 복사해두고 활용합니다.

1 한빛출판네트워크 홈페이지(www.hanbit.co.kr)로 접속합니다. 로그인 후 화면 오른쪽 아래에서 [자료실]을 클릭합니다.

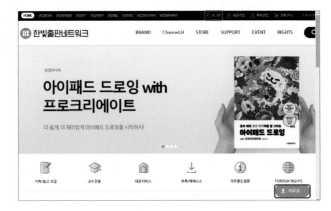

2 자료실 도서 검색란에서 도서명을 검색하고, 찾는 도서가 나타나면 [예제소스]를 클릭합니다.

3 선택한 도서 정보가 표시되면 오른쪽에 있는 [다운로드]를 클릭합니다.

다운로드한 예제 파일은 일반적으로 [다운로드] 폴더에 저장되며, 사용하는 웹 브라우저 설정에 따라 다를 수 있습니다.

회사에서 바로 써먹는
실무 능력 향상 템플릿

34개의 핵심기능 실습에서 사용한 템플릿을 미리 확인해보세요. 실습을 통해 템플릿 제작과 수정 방법을 학습하고 자신의 업무 환경에 맞게 변형하여 활용할 수 있습니다.

기획/영업/마케팅

견 적 서

No. 101-123456 ·

견적일자:	2023-03-20		사업자번호		125-00-12345	
수 신:	명신산업 귀하	공	상 호	컴보정보기술	성명	홍길동
담 당:	김민형 귀하	급	소 재 지	서울시 금천구 가산동 490-5 테크노타운 301		
아래와 같이 견적합니다.		자	업 태	도소매	종목	컴퓨터주변기기
			TEL	02-2107-1234	FAX	02-2107-1235

합계금액 (공급가액+부가세)	일금 오백사십육만오천사백육십 원정	(₩5,465,460)

번호	상품내역	수량	공급단가	금액	비고
1	코어i7-13세대 13700K(정품)	2	578,000	1,156,000	
2	ASRock 8760M 에즈윈	2	223,000	446,000	
3	DDR5 32GB PCS-38400(정품)	2	116,000	232,000	
4	RTX 4070 12GB	2	1,234,000	2,468,000	
5	SSD 512GB 860PRO	2	185,000	370,000	
6	Classic II 750W 80PLUS GOLD 230V	2	148,300	296,600	
7					
8					
9					
10					
공급가 합계				4,968,600	

비 고	※ 견적 유효 기간 : 견적일로 부터 15일 ※ 납기 : 발주 후 2주 이내 ※ 대금지불조건 : 고객사 지불 조건 ※ 하자보증기간 : 납기일로 부터 1년

▲ 견적서 P.036

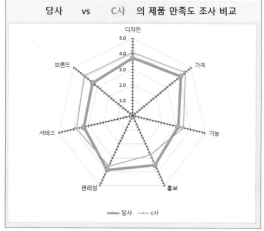

당사 vs 타사의 고객 만족도 조사 결과

(5점만점)

	디자인	가격	기능	홍보	편리성	서비스	브랜드
●당사	3.7	4.1	3.1	3.5	3.9	3.3	3.4
A사	3.5	2.3	3.8	3.1	3.9	2.1	4.3
B사	2.0	4.0	2.8	2.9	4.1	1.7	3.0
C사	4.1	4.5	3.5	2.8	3.6	3.8	4.1

▲ 고객만족도 P.259

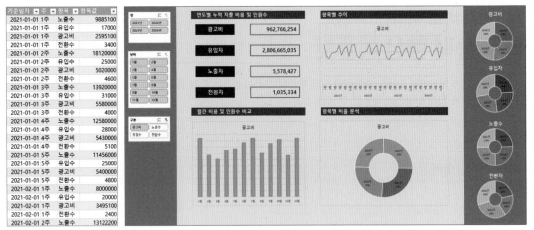

▲ 광고집행내역 P.183, P.227

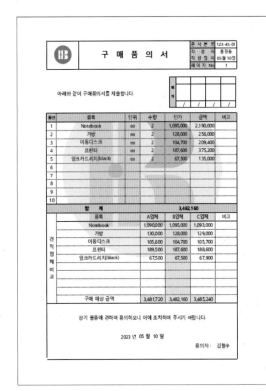

▲ 구매품의서 P.086, P.096

문 서 분 류	123-45-01
작 성 자	홍길동
작 성 일 자	05월 10일
페 이 지 No	1

구 매 품 의 서

아래와 같이 구매품의서를 제출합니다.

결 재					
	/	/	/	/	

품번	품목	단위	수량	단가	금액	비고
1	Notebook	ea	2	1,095,000	2,190,000	
2	가방	ea	2	128,000	256,000	
3	이동디스크	ea	2	104,700	209,400	
4	프린터	ea	2	187,600	375,200	
5	잉크카드리지(black)	ea	2	67,500	135,000	
6						
7						
8						
9						
10						
합 계					3,482,160	

단위변환 견적표

단위	변환	
cm	2.54	1인치→cm
ml	29.5735	1온즈→ml
l	3.78541	1갤런→l
in	0.39370	1cm→inch
oz	0.03381	1ml→온즈
gal	0.26417	1l→갤런

합판 가로/세로 단위 변환

제품명	inch		cm	
	가로	세로	가로	세로
합판A-01	10	15	25.4	38.1
합판A-02	15	20	38.1	50.8
합판A-03	20	25	50.8	63.5
합판A-04	25	30	63.5	76.2
합판A-05	30	35	76.2	88.9
합판A-06	35	40	88.9	101.6
합판A-07	40	45	101.6	114.3
합판A-08	45	50	114.3	127.0
합판A-09	50	55	127.0	139.7
합판A-10	55	60	139.7	152.4

유리컵 용량 단위 변환

제품명	oz 용량	ml 용량
유리컵01	8	236.59
유리컵02	10	295.74
유리컵03	12	354.88
유리컵04	16	473.18
유리컵05	20	591.47
유리컵06	24	709.76
유리컵07	28	828.06
유리컵08	32	946.35
유리컵09	36	1,064.65
유리컵10	40	1,182.94

▲ 단위견적표 P.100

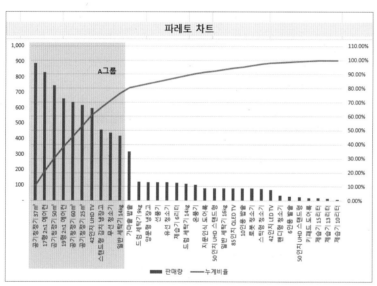

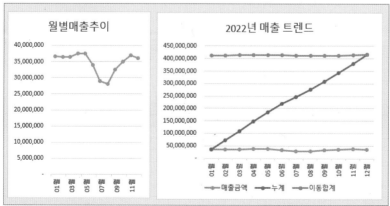

▲ 매출분석 P.238, P.254

매출세금계산서

일자	거래처	공급가액	세액	매출합계	발행구분
01월 03일	삼우건설	150,000	15,000	165,000	전자
01월 05일	하나전자	50,000	5,000	55,000	전자
01월 11일	하늘미디어	140,000	14,000	154,000	전자
01월 19일	컴월드	254,000	25,400	279,400	전자
01월 20일	국제엘에스	350,000	35,000	385,000	수기
01월 30일	나무전자	542,000	54,200	596,200	수기
01월 31일	씨아이유통	210,000	21,000	231,000	전자
01월 31일	삼우건설	189,000	18,900	207,900	전자
01월 31일	하나전자	221,000	22,100	243,100	수기
01월 31일	하늘미디어	154,000	15,400	169,400	수기
01월 31일	컴월드	56,000	-	56,000	면세
02월 03일	앤틱인쇄	345,000	34,500	379,500	전자
02월 13일	국제엘에스	234,000	23,400	257,400	수기
02월 14일	나무전자	23,400	2,340	25,740	수기
02월 15일	삼우건설	59,000	5,900	64,900	전자
02월 24일	하나전자	89,000	8,900	97,900	전자
02월 27일	삼우건설	125,000	12,500	137,500	전자
02월 28일	나무전자	98,000	9,800	107,800	전자
02월 28일	씨아이유통	127,000	12,700	139,700	수기
02월 28일	한양택배	26,000	-	26,000	면세
03월 02일	하나전자	245,000	24,500	269,500	전자
03월 03일	컴월드	456,000	45,600	501,600	전자

거래처별 세금계산서 발행 건수

	전자	수기	면세
국제엘에스	1	3	1
나무전자	1	3	0
삼우건설	6	0	0
삼우전자	0	1	0
씨아이유통	2	1	0
앤틱인쇄	1	1	0
컴월드	2	0	2
하나전자	4	2	0
하늘미디어	2	1	0
한양택배	1	1	2

거래처별 매출 세금계산서 합계

	전자	수기	면세
국제엘에스	330,000	1,144,000	145,000
나무전자	107,800	1,245,640	-
삼우건설	2,307,800	-	-
삼우전자	-	254,100	-
씨아이유통	500,500	139,700	-
앤틱인쇄	379,500	154,000	-
컴월드	781,000	-	145,000
하나전자	775,500	623,260	-

월별 매출 세금 계산서 합계

	삼우건설	삼우전자	하나전자	하늘미디어	컴월드	국제엘에스	나무전자	씨아이유통	앤틱인쇄	전체
1 월	372,900	-	298,100	323,400	335,400	385,000	596,200	231,000	-	전자
2 월	202,400	-	97,900	-	-	257,400	133,540	139,700	379,500	수기
3 월	1,732,500	254,100	1,002,760	353,100	590,600	976,600	623,700	269,500	154,000	548,700
4 월	-	520,000	-	-	-	-	-	-	-	-
5 월	-	-	-	-	-	-	-	-	-	-
6 월	-	-	-	-	-	-	-	-	-	-
7 월	-	-	-	-	-	-	-	-	-	-
8 월	-	-	-	-	-	-	-	-	-	-
9 월	-	-	-	-	-	-	-	-	-	-
10 월	-	-	-	-	-	-	-	-	-	-
11 월	-	-	-	-	-	-	-	-	-	-
12 월	-	-	-	-	-	-	-	-	-	-
합계	2,307,800	774,100	1,398,760	676,500	926,000	1,619,000	1,353,440	640,200	533,500	574,700

월별 매출 세금 계산서 거래 건수

	삼우건설	삼우전자	하나전자	하늘미디어	컴월드	국제엘에스	나무전자	씨아이유통	앤틱인쇄	한양택배
1 월	2	-	2	2	2	1	1	1	-	-
2 월	2	-	1	-	-	1	2	1	1	1
3 월	2	1	3	1	2	3	1	1	1	3
4 월	-	1	-	-	-	-	-	-	-	-
5 월	-	-	-	-	-	-	-	-	-	-
6 월	-	-	-	-	-	-	-	-	-	-
7 월	-	-	-	-	-	-	-	-	-	-
8 월	-	-	-	-	-	-	-	-	-	-
9 월	-	-	-	-	-	-	-	-	-	-
10 월	-	-	-	-	-	-	-	-	-	-
11 월	-	-	-	-	-	-	-	-	-	-
12 월	-	-	-	-	-	-	-	-	-	-
합계	6		6	3	4	5	4	3	2	4

▲ 매출세금계산서 P.122, P.129

작성부서 : 영업팀　　　　　　　　　작성일자 : 2023-02-25

1월 영업사원별 매출실적

성명	매출목표	실적			총매출이익	이익률 (%)	달성률 (%)
		매출금액	반품액	총매출액			
김민철	3,000,000	3,500,000	0	3,500,000	1,000,000	29%	117%
이성민	2,000,000	2,000,000	0	2,000,000	400,000	20%	100%
김영호	2,500,000	2,300,000	1,000,000	1,300,000	-600,000	-46%	92%
강수진	3,000,000	3,400,000	300,000	3,100,000	600,000	19%	113%
홍민우	2,000,000	2,100,000	0	2,100,000	200,000	10%	105%
박상진	2,400,000	2,800,000	150,000	2,650,000	1,200,000	45%	117%
이철우	3,200,000	2,000,000	300,000	1,700,000	-400,000	-24%	63%
김오연	3,300,000	3,000,000	50,000	2,950,000	300,000	10%	91%
최진우	2,500,000	2,000,000	100,000	1,900,000	-130,000	-7%	80%
윤도훈	2,000,000	2,000,000	150,000	1,850,000	850,000	46%	100%
김나리	2,500,000	1,500,000	450,000	1,050,000	-620,000	-59%	60%
나경은	2,300,000	2,000,000	300,000	1,700,000	50,000	3%	87%
이정선	2,200,000	2,000,000	0	2,000,000	-100,000	-5%	91%
정민훈	2,400,000	2,400,000	200,000	2,200,000	500,000	23%	100%
김호민	3,200,000	3,200,000	300,000	2,900,000	1,000,000	34%	100%
강호희	3,300,000	3,300,000	100,000	3,200,000	1,200,000	38%	100%
문희진	2,500,000	2,000,000	300,000	1,700,000	-200,000	-12%	80%
이선우	2,000,000	1,000,000	0	1,000,000	-350,000	-35%	50%
우병철	2,500,000	2,500,000	150,000	2,350,000	1,200,000	51%	100%
이병민	2,300,000	2,300,000	0	2,300,000	1,200,000	52%	100%
주연수	2,000,000	1,700,000	50,000	1,650,000	-300,000	-18%	85%
민서린	2,400,000	2,400,000	100,000	2,300,000	800,000	35%	100%
윤병수	3,200,000	2,800,000	150,000	2,650,000	-130,000	-5%	88%
천소민	3,300,000	3,300,000	0	3,300,000	850,000	26%	100%
이사랑	2,500,000	2,500,000	300,000	2,200,000	-120,000	-5%	100%
노규정	2,000,000	1,000,000	200,000	800,000	-300,000	-38%	50%
조용진	2,500,000	2,500,000	0	2,500,000	-100,000	-4%	100%
이민선	2,300,000	2,300,000	0	2,300,000	500,000	22%	100%
박정수	3,000,000	3,000,000	50,000	2,950,000	1,700,000	58%	100%
강민욱	2,500,000	2,250,000	50,000	2,200,000	1,200,000	55%	90%
이민규	2,500,000	1,500,000	100,000	1,400,000	-200,000	-14%	60%
한상민	2,300,000	2,800,000	70,000	2,730,000	1,600,000	59%	122%
김진철	2,100,000	3,600,000	10,000	3,590,000	1,200,000	33%	171%
최상호	2,000,000	2,800,000	100,000	2,700,000	1,200,000	44%	140%
민재철	1,700,000	1,300,000	350,000	950,000	-500,000	-53%	76%

1/6

▲ 매출실적 P.081

영업사원별 매출일보

성명	매출목표	매출금액	반품액	총매출액	이익금 (총매출액*10%)	오류처리	반품률 (반품액/매출금액)	오류처리
김민철	3,000,000	3,500,000	200,000		#VALUE!	-	6%	6%
강민욱	2,500,000	2,250,000	50,000	2,200,000	220,000	220,000	2%	2%
이민규	2,500,000		50,000	(50,000)	-5,000	- 5,000	#DIV/0!	0%
한상민	2,300,000	1,800,000	70,000	1,730,000	173,000	173,000	4%	4%
김진철	2,100,000	1,600,000			#VALUE!	-	0%	0%
최상호	2,000,000	2,100,000	100,000	2,000,000	200,000	200,000	5%	5%
민재철	1,700,000	1,300,000	700,000	600,000	60,000	60,000	54%	54%
이남길	1,600,000	3,000,000	40,000	2,960,000	296,000	296,000	1%	1%
전은철	1,600,000	0	30,000	(30,000)	-3,000	- 3,000	#DIV/0!	0%
홍규만	1,500,000	1,650,000	0	1,650,000	165,000	165,000	0%	0%
김유진	1,500,000	0		0	-	-	#DIV/0!	0%

▲ 매출일보 P.110

지점별 상품 재고 수량 집계

작성일자: 2023-08-02

지점	상품명	합계	225	230	235	240	245	250	255	260	265	270	275	280	285	290	총합계
서울	골지 리본 코사지 슈즈	395		30		1		10									41
	메탈버튼 슬립온															12	12
	벨트 장식 워커							2								16	18
	보석장식 옆주름 슈즈		10				5										15
	스포츠 샌들							4								48	52
	오픈 펌프스 샌들		40	20													60
	웨지힐 베이직슈즈		5		10												15
	웨지힐 패션 롱 레인부츠								12								12
	천연소가죽 로퍼										10	29				16	55
	크로커 콤비 트랜디											10					10
	토오픈 캐쥬얼 로퍼		9	5				2									16
	토오픈힐 슈즈					45											45
	프레미엄 패션화														3		3
	프리뉴 화이트 스니커즈													9			9
	화이트 글리터 스니커즈					5											5
	오버슬 스니커즈		1														1
	밴딩 스니커즈						5										5
	키높이 소프티 스니커즈			1													1
	레더 화이트 스니커즈					10											10
	스웨이드 로퍼									5							5
	아티카 샌들					5											5
광주	골지 리본 코사지 슈즈	210		30													30
	메탈버튼 슬립온											15				4	19
	벨트 장식 워커							2				5		2			9
	보석장식 옆주름 슈즈		15														15
	소호 버클 부츠					7											7
	스포츠 샌들									4	3			4			11
	오픈 펌프스 샌들			20													20
	웨지힐 베이직슈즈		12														12
	웨지힐 패션 롱 레인부츠					5	24										29
	천연소가죽 로퍼													2			2
	크로커 콤비 트랜디											7					7
	토 포인트 옥스포드														5	4	9
	토오픈 캐쥬얼 로퍼			1		5				2							8
	프레미엄 패션화										5						5
	프리뉴 화이트 스니커즈													19			19
	밴딩 스니커즈					3											3

▲ 상품재고관리 P.219

2023년 수입/지출 현황보고

구분	항목	금액	구성비
수입	후원	45,923,450	42.96%
	보조금	15,451,230	14.46%
	사업	35,670,210	33.37%
	기타수입	9,845,600	9.21%
	합계	106,890,490	100.00%

구분	항목	금액	구성비
지출	국내사업	24,412,340	32.07%
	해외사업	32,134,560	42.22%
	관리비	10,445,500	13.72%
	운영비	9,123,000	11.99%
	합계	76,115,400	100.00%

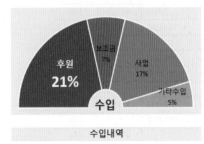

수입내역

지출내역

▲ 수입지출내역 P.247

	거래처	시작일 출고일	종료일 출고일				
12월	피앤산업	>=2022-12-15	<=2022-12-30		거래처 발주 검색		

NO	출고일	발주번호	품목코드	품명	출고수량	단가	출고금액
1	2022-12-20	A120499	FD005	회의용테이블	3	450,000	1,350,000
2	2022-12-20	A120499	CD003	노트북15인치	4	864,000	3,456,000
3	2022-12-20	A120569	FD001	사무의자	3	256,000	768,000
4	2022-12-20	A120569	FD002	사무책상	7	125,000	875,000
5	2022-12-20	A120569	FD003	책상서랍	21	65,000	1,365,000
6	2022-12-20	A120569	FD004	PVC파티션	1	45,000	45,000
7	2022-12-22	A120679	CD001	레이저프린터	2	460,000	920,000
8	2022-12-22	A120679	CD002	모니터23	7	230,000	1,610,000
9	2022-12-22	A120749	FD004	PVC파티션	5	45,000	225,000
10	2022-12-22	A120749	CD001	레이저프린터	6	460,000	2,760,000
11	2022-12-26	A120879	FD001	사무의자	5	256,000	1,280,000
12	2022-12-26	A120879	FD002	사무책상	5	125,000	625,000
13	2022-12-27	A120959	FD005	회의용테이블	30	450,000	13,500,000
14	2022-12-27	A120959	FD003	책상서랍	5	65,000	325,000
15	2022-12-27	A120959	FD004	PVC파티션	5	45,000	225,000
16	2022-12-27	A120959	FD005	회의용테이블	2	450,000	900,000
17	2022-12-28	A121021	CD003	노트북15인치	2	864,000	1,728,000
18	2022-12-28	A121021	CD004	노트북13인치	7	984,000	6,888,000

▲ 수주내역 P.268

부서 | 분기 | 연

경영지원팀	관리부	구매관리부	기획실
보안팀	영업부	인사팀	재무팀
홍보팀			

| 1사분기 | 2사분기 |
| 3사분기 | 4사분기 |

| 2023년 |
| 2024년 |

합계 : 지출비용 열 레이블

행 레이블	교육훈련비	기타경비	소모품비	접대비	통신비	회식비	총합계
⊟ 2023년	2,874,900	6,611,830	6,272,250	24,184,730	16,430,900	11,711,000	68,085,610
1월	222,500	548,900	502,500	2,135,200	969,500	850,000	5,228,600
2월	343,500	575,940	577,000	791,500	969,500	1,045,000	4,302,440
3월	267,000	658,680	603,000	2,584,440	1,523,400	1,020,000	6,656,520
4월	267,000	658,680	603,000	2,183,400	1,523,400	1,020,000	6,255,480
5월	231,400	612,480	535,500	2,480,830	1,491,300	1,005,000	6,356,510
6월	200,250	494,010	452,250	1,637,550	1,142,550	765,000	4,691,610
7월	200,250	494,010	452,250	1,938,330	1,142,550	765,000	4,992,390
8월	200,250	494,010	452,250	1,637,550	1,142,550	765,000	4,691,610
9월	200,250	494,010	452,250	1,921,680	1,142,550	765,000	4,975,740
10월	337,500	355,410	536,750	1,836,050	1,823,600	816,000	5,705,310
11월	337,500	640,900	686,500	2,337,700	1,453,500	988,000	6,444,100
12월	67,500	584,800	419,000	2,700,500	2,106,500	1,907,000	7,785,300
총합계	2,874,900	6,611,830	6,272,250	24,184,730	16,430,900	11,711,000	68,085,610

▲ 예산지출내역 P.212

사진 인화 주문 목록

주문번호	성명	전화번호	인화	사이즈	옵션	단가	수량
P1001	김수철	010-111-0101	중대형	10x14	유광		
P1002	이민호	010-3232-3333	증명	여권	무광		
P1003	강민정	010-333-1234	일반	D4	코팅		
P1004	최민우	010-123-8767	중대형	12x17	캔버스		
P1005	박선우	010-767-0199	초대형	20x30	고급		
P1006	이철민	010-311-0000	중대형	11x14	무광		
P1007	홍민호	010-999-4433	중대형	10x14	유광		
P1008	문수진	010-222-5555	일반	D4	무광		
P1009	오남주	010-2134-5252	일반	5x7	무광		
P1010	홍민정	010-000-0000	증명	비자	무광		

일반 / 중대형 / 초대형 / 증명
명함 / 반명함 / 여권 / 비자
무광 / 유광 / 고급 / 코팅 / 캔버스

▲ 주문목록 P.057

2023년 지점별 매출액

구분	매출액	상반기	하반기
서울강남	9,800,000	5,300,000	4,500,000
(비율)	100%	54%	46%
서울강서	9,430,000	4,300,000	5,130,000
(비율)	100%	46%	54%
서울강북	8,600,000	4,500,000	4,100,000
(비율)	100%	52%	48%
서울강동	8,500,000	4,300,000	4,200,000
(비율)	100%	51%	49%
경기북부	5,100,000	2,100,000	3,000,000
(비율)	100%	41%	59%
경기남부	4,200,000	2,300,000	1,900,000
(비율)	100%	55%	45%
경기동부	6,080,000	2,560,000	3,520,000
(비율)	100%	42%	58%
경기서부	4,500,000	3,300,000	1,200,000
(비율)	100%	73%	27%
인천남부	5,669,000	2,459,000	3,210,000
(비율)	100%	43%	57%
인천북부	6,130,000	2,870,000	3,260,000
(비율)	100%	47%	53%

▲ 지점매출 P.043

주문일자	주문번호	대분류	중분류	상품명	용량(단위)	판매가	판매량	총매출금액
2023-01-07	A100001	식품	야채	절임배추	20(kg)	43,000	100	4,300,000
2023-01-13	A100002	생활디지털	노트북	노트북	15(inch)	968,000	50	48,400,000
2023-01-13	A100003	식품	과일	사과	5(kg)	21,000	90	1,890,000
2023-01-07	A100001	식품	김치	포기김치	4(kg)	23,000	40	548,000
2023-01-13	A100002	식품	김치	포기김치	4(kg)	23,000	60	548,000
2023-01-13	A100003	식품	육류	불고기	10(pack)	45,600	44	2,006,400
2023-01-16	A100004	통신기기	GPS	네비게이션	7(inch)	225,000	200	45,000,000
2023-01-20	A100005	식품	커피	커피믹스	100(봉)	198,000	15	2,970,000
2023-01-20	A100006	식품	과일	사과	5(kg)	21,000	100	2,100,000
2023-01-25	A100007	생활디지털	노트북	노트북	13(inch)	768,000	50	38,400,000
2023-01-27	A100008	식품	견과류	믹스너트	2(box)	25,000	22	548,000
2023-02-03	A100009	식품	커피	커피믹스	100(봉)	198,000	20	3,960,000
2023-02-04	A100010	식품	곡물	즉석도정	20(kg)	25,000	100	2,500,000
2023-02-04	A100011	식품	육류	훈제오리	8(봉)	25,300	10	253,000
2023-02-08	A100012	식품	기타육류	비프스테이크	10(pack)	46,000	20	920,000
2023-02-13	A100013	식품	곡물	즉석도정	20(kg)	48,900	20	978,000
2023-02-13	A100014	통신기기	GPS	네비게이션	7(inch)	225,000	200	45,000,000
2023-02-21	A100015	식품	해산물	굴비	40(미)	53,000	100	5,300,000
2023-02-22	A100016	통신기기	GPS	네비게이션	7(inch)	225,000	50	11,250,000
2023-02-28	A100017	식품	김치	돌산갓김치	3(kg)	17,000	56	952,000
2023-03-07	A100018	식품	해산물	장어	15(미)	23,000	100	2,300,000
2023-03-07	A100019	식품	해조류	재래김	20(봉)	15,600	40	2,890,000
2023-03-09	A100020	생활디지털	테블릿	테블릿패드	512(G)	523,000	88	46,024,000
2023-03-09	A100021	식품	과일	키위	3(kg)	26,000	20	520,000
2023-03-09	A100022	식품	커피	커피믹스	100(봉)	198,000	50	9,900,000

▲ 주문실적 P.053

3	주문일자	주문번호	대분류	중분류	상품명	용량	단위	용량(단위)	판매가	판매량	매출금액
4	2023-04-14	A880012	식품	간판식품	라면	20	봉	20(봉)	17,600	150	2,640,000
5	2023-06-30	A880081	식품	간판식품	라면	20	봉	20(봉)	17,600	220	3872000
6					**라면 요약**					370	6512000
7	2023-05-30	A880010	식품	간판식품	물냉면	20	봉	20(봉)	22,500	200	4,500,000
8					**물냉면 요약**					200	4,500,000
9	2023-05-04	A880125	식품	간판식품	비빔냉면	20	봉	20(봉)	23,400	350	8,190,000
10	2023-05-30	A880010	식품	간판식품	비빔냉면	20	봉	20(봉)	23,400	100	2,340,000
11					**비빔냉면 요약**					450	10,530,000
12	2023-04-05	A880083	식품	간판식품	비빔라면	20	봉	20(봉)	17,800	300	5,340,000
13	2023-06-13	A880011	식품	간판식품	비빔라면	20	봉	20(봉)	17,800	300	5,340,000
14					**비빔라면 요약**					600	10,680,000
15					**간판식품 요약**					1620	32,222,000
16	2023-04-02	A200092	식품	견과류	구운아몬드	3	box	3(box)	24,000	50	1,200,000
17	2023-05-27	A200099	식품	견과류	구운아몬드	3	box	3(box)	24,000	120	2,880,000
18	2023-06-01	A200123	식품	견과류	구운아몬드	3	box	3(box)	24,000	130	3,120,000
19					**구운아몬드 요약**					300	7,200,000
20	2023-04-27	A100008	식품	견과류	믹스너트	2	box	2(box)	25,000	22	548,000
21	2023-04-27	A100049	식품	견과류	믹스너트	2	box	2(box)	25,000	100	2,500,000
22	2023-05-01	A100092	식품	견과류	믹스너트	2	box	2(box)	25,000	100	2,500,000
23	2023-05-01	A100123	식품	견과류	믹스너트	2	box	2(box)	25,000	100	2,500,000

▲ 판매실적 P.196

일자별 판매일지

종류	용량	행번호	열번호	판매가	수량	금액
틸리만자로AA	200g	3	1	7,068	5	35,340
예가체프G2	1kg	1	3	13,360	10	133,600
시다모G2	3kg	2	4	16,130	1	16,130
예가체프G2	1kg	1	3	13,360	1	13,360
시다모G2	3kg	2	4	16,130	1	16,130
틸리만자로AA	500g	3	2	8,098	10	80,980
케냐AA	200g	4	1	8,082	1	8,082
산토스NO.2	10kg	5	6	90,720	5	453,600
안티구아SHB	5kg	6	5	27,506	10	275,060
타라주SHB	1kg	7	3	12,122	5	60,610
시다모G2	3kg	2	4	16,130	5	80,650
틸리만자로AA	500g	3	2	8,098	5	40,490
케냐AA	200g	4	1	8,082	2	16,164
산토스NO.2	1kg	5	3	14,960	3	44,880
안티구아SHB	3kg	6	4	16,766	10	167,660
타라주SHB	1kg	7	3	12,122	1	12,122
예가체프G2	3kg	1	4	17,700	5	88,500
시다모G2	500g	2	2	7,544	2	15,088
틸리만자로AA	200g	3	1	7,068	1	7,068
케냐AA	1kg	4	3	15,496	4	61,984
케냐AA	200g	4	1	8,082	5	40,410
안티구아SHB	1kg	6	3	12,684	1	12,684
타라주SHB	3kg	7	4	15,988	2	31,976
시다모G2	1kg	2	3	12,224	3	36,672
틸리만자로AA	3kg	3	4	17,544	2	35,088

<종류/용량 판매가>

종류/용량	200g	500g	1kg
예가체프G2	7,120	8,160	13,360
시다모G2	6,608	7,544	12,224
틸리만자로AA	7,068	8,098	13,246
케냐AA	8,082	9,318	15,496
산토스NO.2	7,840	9,020	14,960
안티구아SHB	6,814	7,794	12,684
타라주SHB	6,562	7,488	12,122

▲ 판매일지 P.161

	A	B	C
1		커피원두 판매가 목록	
3	원두종류	원두용량	원두판매가
4	예가체프G2	200g	7,120
5	예가체프G2	500g	8,160
6	예가체프G2	1kg	13,360
7	예가체프G2	3kg	17,700
8	예가체프G2	5kg	29,120
9	예가체프G2	10kg	79,820
10	시다모G2	200g	6,608
11	시다모G2	500g	7,544
12	시다모G2	1kg	12,224
13	시다모G2	3kg	16,130
14	시다모G2	5kg	26,408
15	시다모G2	10kg	72,038
16	틸리만자로AA	200g	7,068
17	틸리만자로AA	500g	8,098
18	틸리만자로AA	1kg	13,246
19	틸리만자로AA	3kg	17,544
20	틸리만자로AA	5kg	28,848
21	틸리만자로AA	10kg	79,042
22	케냐AA	200g	8,082
23	케냐AA	500g	9,318
24	케냐AA	1kg	15,496
25	케냐AA	3kg	20,652
26	케냐AA	5kg	34,218
27	케냐AA	10kg	94,450
28	산토스NO.2	200g	7,840
29	산토스NO.2	500g	9,020
30	산토스NO.2	1kg	14,960
31	산토스NO.2	3kg	19,900
32	산토스NO.2	5kg	32,920
33	산토스NO.2	10kg	90,720
34	안티구아SHB	200g	6,814

< > 판매일지1 원두

	A	B	C	D	E	F
1			일자별 판매일지			
3	날짜	종류	용량	판매가	수량	금액
4	2023-03-02	틸리만자로AA	200g	7,068	5	35,340
5	2023-03-02	예가체프G2	1kg	13,360	10	133,600
6	2023-03-02	시다모G2	3kg	16,130	1	16,130
7	2023-03-05	예가체프G2	1kg	13,360	1	13,360
8	2023-03-06	시다모G2	3kg	16,130	1	16,130
9	2023-03-06	틸리만자로AA	500g	8,098	10	80,980
10	2023-03-06	케냐AA	200g	8,082	1	8,082
11	2023-03-07	산토스NO.2	10kg	90,720	5	453,600
12	2023-03-10	안티구아SHB	5kg	27,506	10	275,060
13	2023-03-10	타라주SHB	1kg	12,122	5	60,610
14	2023-03-12	시다모G2	3kg	16,130	5	80,650
15	2023-03-13	틸리만자로AA	500g	8,098	5	40,490
16	2023-03-13	케냐AA	200g	8,082	2	16,164
17	2023-03-15	산토스NO.2	1kg	14,960	3	44,880
18	2023-03-16	안티구아SHB	3kg	16,766	10	167,660
19	2023-03-16	타라주SHB	1kg	12,122	1	12,122
20	2023-03-18	예가체프G2	3kg	17,700	5	88,500
21	2023-03-19	시다모G2	500g	7,544	2	15,088
22	2023-03-20	틸리만자로AA	200g	7,068	1	7,068
23	2023-03-20	케냐AA	1kg	15,496	4	61,984
24	2023-03-22	케냐AA	200g	8,082	5	40,410
25	2023-03-23	안티구아SHB	1kg	12,684	1	12,684
26	2023-03-23	타라주SHB	3kg	15,988	2	31,976
27	2023-03-25	시다모G2	1kg	12,224	3	36,672
28	2023-03-25	틸리만자로AA	3kg	17,544	2	35,088
29	2023-03-25	케냐AA	500g	9,318	2	18,636
30	2023-03-26	산토스NO.2	200g	7,840	2	15,680
31	2023-03-29	안티구아SHB	10kg	75,190	1	75,190
32	2023-03-30	타라주SHB	5kg	26,164	3	78,492

< > 판매일지1 원두목록 판매일지2

인사/총무/재무

교육 출석부(10일)

이름	구분	1일	2일	3일	4일	5일	6일	7일	8일	9일	10일	출석일	결석	지각	조퇴	출석률
김수진	시작	o	o	지각	o	o	o		지각	o	o	9	1	2		80%
	종료	o	o	o	o	o	o		o	o	o	9		1		
이진수	시작	o	o	o	o	지각	o	o		o	o	9	1	1		80%
	종료	o	o	o	o	o	o		o	o		9	1			
나미영	시작	o	o	지각	o	지각			o	o		8	2	2		60%
	종료	o	o	o	o		o	o				8	2			
홍정민	시작	o	o	o	o	o	지각	o	o	o	o	10		1		100%
	종료	o	o	o	o	o	o	o	o	o	o	10				
박철구	시작	o	o	o	o	지각			지각	o	o	7	3	2		38%
	종료	o	조퇴	o	o	o			o	o		7	3		1	
민대국	시작	o	o	o	o	o	o	o	o	o		9	1			75%
	종료	o	o	o	조퇴	o	o	o	조퇴			9	1		2	
최나라	시작	o	o	o	지각	o	o	o	지각		o	9	1	2		80%
	종료	o	o	o	o	o	o	o	o		o	9	1			
강민욱	시작	o	o	o	o	o	o	o	o	o	o	10				98%
	종료	o	o	o	o	조퇴	o	o	o	o	o	10			1	
문희진	시작	o	o	o	o	o	지각	o	o	o	o	10		1		100%
	종료	o	o	o	o	o	o	o	o	o	o	10				
조수연	시작	o	o	o	o	o	o	o	o	o	o	10				95%
	종료	o	o	o	조퇴	o	o	o	조퇴	o	o	10			2	
정지영	시작	o	o	o	o	o	o	o	o	o		9	1			78%
	종료	o	o	o	조퇴	o	o	o	o	o		9	1			
전상민	시작	o	o	o	o	o	지각	지각	o	o		9	1	2		75%
	종료		o	o	o	조퇴	o	o	조퇴	o		9	1		2	
김철수	시작	o		o	o		o	o		o		7	3			40%
	종료	o		o	o		o	o		o		7	3			
안주미	시작	o	o	o	o	o	o	o	o	o	o	10				95%
	종료	o	조퇴	o	o	o	o	o	조퇴	o	o	10			2	

▲ 교육출석부 P.074

사원 목록 / 미지급 대상자 명단

사번	이름	부서	직급	표1차 지급품목	표2차 지급품목	표3차 지급품목	1차미지급	2차미집급	3차미지급
A10001	김진욱	인사팀	사원		상의90/하의28		A10001	A06450	A10001
A45001	이정우	관리팀	대리			안전화 270	A10013	A10055	A10009
A31019	정수연	공정팀	과장	안전벨트,안전모	상의100/하의36		A10015	A10091	A10010
A10003	윤미영	생산팀	부장	안전벨트,안전모	상의/95하의32	안전화 240	A10019	A14001	A10019
A10004	한정민	보안팀	사원	안전벨트,안전모	상의100/하의34	안전화 265	A10055	A14205	A14205
A56999	전채훈	정보관리팀	사원			안전화 285	A10091	A16005	A16011
A16011	오민규	인사팀	과장	안전벨트,안전모			A20010	A16011	A22001
A10006	최민호	총무팀	부장	안전벨트,안전모	상의100/하의32	안전화 260	A22001	A22001	A31019
A12007	김철수	홍보팀	사원	안전벨트,안전모	상의105/하의34	안전화 265	A31067	A31067	A89891
A78901	민대홍	관리팀	사원			안전화 265	A45001	A40111	A90903
A10008	강수진	생산팀	대리	안전벨트,안전모	상의100/하의28	안전화 240	A51114	A45001	
A10009	조민정	영업팀	대리	안전벨트,안전모	상의100/하의30		A56999	A51114	
A10010	이철중	생산팀	대리	안전벨트,안전모	상의90/하의30		A78901	A56999	
A10055	이민옥	보안팀	사원			안전화 235	A89879	A78901	
A31067	전순덕	정보관리팀	사원			안전화 240	A89891	A89879	
A10091	강정철	인사팀	과장			안전화 250	A90903	A89891	
A51114	송영문	생산팀	사원			안전화 275	A98333	A90903	
A10011	강태욱	총무팀	사원	안전벨트,안전모	상의100/하의32	안전화 270	A98334	A98333	
A10019	문철호	관리팀	과장		상의105/하의34		A99343	A98334	
A98333	하정운	인사팀	부장			안전화 275		A99343	
A98334	김소라	정보관리팀	과장			안전화 240			

▲ 근무안전장비지급 P.154

키워드 선택/입력		행복	

도서명	분류	출판사명	저자명	발행일	ISBN	정가	할인율	할인가
질문은 내려놓고 그냥 행복하라	자기계발	필요일의 꿈	앤드류 드 홀라임	2023-03-30	9791162203002	16,800	10%	15,120
한밤중의 심리학 수업	자기계발	미디어숲	황양밍	2023-04-10	9791159096334	17,300	10%	15,570
1퍼센트 부자의 법칙	자기계발	나비스쿨		2023-01-30	9788986836448	17,000	10%	15,300
가르칠 수 있는 용기	인문	한문화	파커J파머	2013-04-25	9788997092772	15,000	10%	13,500
오늘 밤, 세계에서 이 사랑이 사라진다 해도	소설	모모	이치조 미사키	2021-06-28	9788950974169	14,000	10%	12,600
불편한 편의점	소설	나무옆의자	김호연	2021-04-20	9791161903538	14,000	10%	12,600
아버지의 해방일지	소설	창비	정지아	2022-09-02	9788901219943	15,000	10%	13,500
해커스 토익	외국어	해커스어학연구소	David Cho	2022-03-14	9788970656250	12,900	10%	11,610
데일 카네기 인간관계론	자기계발	현대지성	데일카네기	2005-01-10	9788995585511	11,500	10%	10,350
스키너의 심리상자 열기	인문	에코의서재	로렌 슬레이터	2005-07-12	9788970129792	15,000	10%	13,500
거의 정반대의 행복여행	에세이	위즈덤하우스	난다	2018-02-28	9791162203002	15,000	10%	13,500
4차 산업혁명 시대의 공유 경제	경영/경제	교보문고	아룬 순다라라잔	2018-02-05	9791159096334	16,800	10%	15,120
여행의 기술	여행실용	청미래	알랭 드 보통	2011-11-10	9788986836448	14,000	10%	12,600
용기의 심리학	자기계발	소울	모린 스텐스	2014-04-25	9788997092772	12,000	10%	10,800
꿈이 있는 아내는 늙지 않았다	자기계발	21세기북스	김미경	2018-04-15	9788950974169	17,000	10%	15,300
연애의 행방	소설	소미미디어	히가시노 게이고	2018-01-31	9791161903538	13,800	10%	12,420
신경 끄기의 기술	자기계발	갤리온	마크 맨슨	2017-10-27	9788901219943	15,000	10%	13,500
만만하게 보이지 않는 대화법	자기계발	홍익출판사	나이토 요시히토	2018-03-14	9788970656250	13,800	10%	12,420
백만불짜리 습관	자기계발	용오름	브라이언 트레이시	2005-01-10	9788995585511	10,000	10%	9,000
꿀을 구웠다고 말했다(제 42회 이상문학상)	소설	문학사상	손홍규,방현희	2018-01-12	9788970129792	14,800	10%	13,320
모든 요일의 여행	에세이	북라이프	김민철	2016-07-30	9791185459523	13,500	10%	12,150
와인에 어울리는 요리	요리	부즈펌	우진영	2008-12-12	9788001704495	13,000	25%	9,750
사색의 인문학	인문	사색의나무	한병선	2016-06-15	9791195826704	13,000	10%	11,700
미움받을 용기	인문	인플루엔셜	가시미 이치로	2014-11-17	9788996991342	14,900	10%	13,410
지적 대화를 위한 넓고 얕은 지식	인문	한빛비즈	채사장	2014-12-04	9788994120966	16,000	10%	14,400
공부의 철학	인문	책세상	지바 마사야	2018-03-15	9791159312168	15,000	10%	13,500
갈매기의 꿈	소설	현문미디어	리처드 바크	2015-10-11	9788997962426	12,800	10%	11,520
법륜 스님의 행복	종교	나무의 마음	법륜	2016-01-25	9788954637169	14,000	10%	12,600

분류	개수	합계
가정/생활	1	18,850
경영/경제	11	201,330
과학	3	44,550
교육	1	10,920
그림책	2	17,650
사회사상	1	13,500
소설	23	246,760
시	4	37,700
에세이	20	255,195
여행산문	3	31,920
역사	2	16,980
예술/대중문화	1	24,480
외국어	4	53,217
요리	6	101,120
인문	9	141,030
자기계발	21	250,000
종교	2	26,100
컴퓨터/인터넷	8	163,540

키워드	개수
행복	6
용기	6
대화	3
여행	4
꿈	5
습관	4
사색	4
사랑	7
친구	2
이야기	4
세계	4
인문	2
투자	4
공부	3
권력	2
경제	2
와인	2
토익	4
엑셀	7
파워포인트	4
요리	3
기술	3
연애	2
세상	3
심리	4

전체도서수	178		전체할인가합계	2,463,760
검색도서수	28		검색할인가합계	340,180

순위	도서명	index	분류	출판사명	저자명	발행일	ISBN	정가	할인율	할인가
1	게임 잘하는 아이가 공부도 잘한다	ㄱ	가정/생활	굿위즈덤	이병준	2021-11-16	9787580652438	15,000	10%	13,500
2	궁극의 질문들	ㄱ	과학	사이언스북스	김낙우외	2021-10-31	9787580652446	19,500	10%	17,550
3	꿈이 있는 아내는 늙지 않았다	ㄱ	자기계발	21세기북스	김미경	2018-04-15	9788950974169	17,000	10%	15,300
4	그들이 알려주지 않는 투자의 법칙	ㄱ	경영/경제	위즈덤하우스	영주 닐슨	2018-03-19	9791162203200	19,800	10%	17,820
5	공부의 철학	ㄱ	인문	책세상	지바 마사야	2018-03-15	9791159312168	15,000	10%	13,500
6	거의 정반대의 행복	ㄱ	에세이	위즈덤하우스	난다	2018-02-28	9791162203002	15,000	10%	13,500
7	권력 인간을 말하다	ㄱ	자기계발	제3의공간	리정	2018-02-05	9788959894970	16,000	10%	14,400
8	꿀을 구웠다고 말했다(제 42회 이상문학집)	ㄱ	소설	문학사상	손흥규,방현희	2018-01-12	9788970129792	14,800	10%	13,320
9	김상욱이 양자 공부	ㄱ	과학	사이언스북스	김상욱	2017-12-08	9788983718914	17,500	10%	15,750
10	갈매기의 꿈	ㄱ	소설	현문미디어	리처드 바크	2015-10-11	9788997962426	12,800	10%	11,520
11	꽃을 보듯 너를 본다	ㄱ	시	지혜	나태주	2015-06-20	9791157280292	10,000	10%	9,000
12	그래도 사랑하라	ㄱ	에세이	공감	전대식	2012-12-25	1108926486070	14,000	10%	12,600
13	고도원의 사랑합니다 감사합니다	ㄱ	에세이	홍익출판사	고도원	2011-01-24	9789043254340	13,800	10%	12,420
14	감옥으로부터의 사색	ㄱ	에세이	돌베개	신영복	2010-09-01	9788971991060	13,000	10%	11,700
15	그건 사랑이었네	ㄱ	에세이	푸른숲	한비야	2009-07-06	9788888129895	12,000	10%	10,800
16	가시고기	ㄱ	소설	밝은세상	조창인	2007-04-23	9788644362910	7,500	10%	6,750
17	구름빵	ㄱ	그림책	백희나	한솔수북	2004-10-20	9788998933070	8,500	30%	5,950
18	꾸삐씨의 행복여행	ㄱ	소설	오래된미래	프랑수아 를로르	2004-07-28	9789442145770	13,500	30%	9,450
19	권력 이동		경영/경제	한국경제신문사	엘빈 토플러	1990-01-01	9788910290530	19,000	20%	15,200
20	눈아이	ㄴ	그림책	창비	안녕달	2021-11-03	9787580652442	15,000	10%	13,500
21	누구나 시 하나쯤 가슴에 품고 산다	ㄴ	시	메이븐	김선경	2019-07-01	9787580652466	13,500	10%	12,150
22	나는 희망을 거절한다	ㄴ	시	창비	정호승	2017-02-10	9788936424060	8,000	10%	7,200

▲ 도서목록 P.115, P.205

회사 사무 관련 물품 목록

(기준연도:2022년)

품명	부서	규격	구입연도	취득가	잔존가	내용연수	사용연수	상태점수	물품상태	폐기심사	연장심사	처분심사	손실처리
1인용의자	경영전략팀	1480 x 1000 x 150	2015	250,000	22,500	5	7	4	중			처분	(22,500)
1인용책상	경영전략팀	2400 x 800 x 200	2016	300,000	66,000	5	6	3	하	폐기			(66,000)
2단서랍장	경영전략팀	145 x 100 x 20	2017	278,000	97,300	5	5	6	중		연장		0
4단캐비넷	경영전략팀	4000 x 1000 x 20	2021	450,000	391,500	5	1	8	상		연장		0
냉난방에어콘	경영전략팀	150 x 100 x 20	2014	2,120,000	1,000	5	8	2	하	폐기			(1,000)
냉장고	기획팀	127 x 100 x 20	2016	1,500,000	330,000	5	6	6	중		연장		0
라운드테이블	기획팀	128 x 100 x 20	2017	670,000	234,500	5	5	6	중		연장		0
로비긴의자L	영업1팀	8800 x 9000 x 500	2020	1,450,000	1,073,000	5	2	8	상		연장		0
로비소파	영업1팀	9000 x 700 x 500	2016	1,000,000	220,000	5	6	6	중		연장		0
문서세단기	영업1팀	5000 x 1000 x 20	2018	670,000	321,600	5	4	7	상		연장		0
복합기	영업2팀	332 x 215 x 178	2013	780,000	1,000	5	9	2	하	폐기			(1,000)
빔프로젝트 A100	영업2팀	350 x 200 x 160	2014	1,080,000	378,000	5	5	2	하			처분	(378,000)
스캐너	영업2팀	400 x 350 x 200	2021	340,000	295,800	5	1	8	상		연장		0
울트라북 11	영업팀	1000 x 400 x 400	2017	1,340,000	469,000	5	5	6	중		연장		0
전자 칠판	인사팀	243 x 176 x 80	2012	1,240,000	1,000	5	10	3	하	폐기			(1,000)
정수기	전산실	210 x 148 x 15	2017	1,050,000	367,500	5	5	5	중		연장		0
캐비닛	정보전략팀	1200 x 900 x 500	2015	456,000	218,880	5	4	2	하			처분	(218,880)
캠코더	정보전략팀	8000 x 8000 x 20	2021	689,000	599,430	5	1	9	상		연장		0
커피머신	총무팀	1000 x 900 x 500	2020	470,000	347,800	5	2	7	상		연장		0
컬러잉크젯 프린터	총무팀	1200 x 900 x 500	2016	450,000	99,000	5	6	3	하	폐기			(99,000)

▲ 물품목록 P.105

법인카드 재발급 신청자명단

이름	성별	비밀암호	카드번호암호	재발급신청	이메일ID확인주소
홍*동	남	12**	123-*****-9100		hongkdong
이*훈	여	12**	123-*****-9101		leeJH
홍*호	남	76**	123-*****-5102		min6
강*태	남	26**	456-*****-9103	재발급	kangst
정*진	남	56**	456-*****-9104		Jeon200
임*명	여	56**	456-*****-2105	재발급	jungsu
나*국	남	67**	789-*****-9106		namon
김*옥	여	67**	789-*****-1107		Kimsky88
이*우	여	38**	789-*****-0108		jinwooho
조*욱	남	69**	234-*****-9109	재발급	chomo
정*진	여	70**	134-*****-9110		jujusong
최*연	남	50**	234-*****-0456		minchul
문*진	여	71**	466-*****-9112		moonsola
전*미	남	43**	466-*****-8888	재발급	jerryn
김*연	남	43**	455-*****-0909		Jeonyoung
송*주	남	44**	567-*****-9115		song700
문*희	남	45**	567-*****-9789	재발급	hong1004
민*호	여	45**	678-*****-2143		minwook
홍*호	여	66**	678-*****-4000	재발급	jeonmi
이*욱	남	45**	890-*****-2929		leemin33

▲ 법인카드목록 P.134

병합번호	부서	NO	부서	일련번호	필터번호	품명	규격	취득일	금액
1	경영전략팀	1	경영전략팀	1	1	냉난방에어콘	1480 x 1000 x 150	2018-05-02	2,557,000
		2	경영전략팀	2	2	냉장고	2400 x 800 x 200	2020-04-01	456,000
		3	경영전략팀	3	3	디지털복사기	332 x 215 x 178	2016-05-03	1,560,000
		4	경영전략팀	4	4	문서세단기	145 x 100 x 20	2016-03-02	786,000
		5	경영전략팀	5	5	전자 칠판	4000 x 1000 x 20	2007-03-20	656,000
		6	경영전략팀	6	6	커피머신	150 x 100 x 20	2021-02-03	106,000
2	기획팀	7	기획팀	7	7	LCD 모니터	450 x 310	2010-06-07	230,000
		8	기획팀	8	8	LED 모니터 23	548 x 388	2016-05-04	436,000
		9	기획팀	9	9	캠코더	128 x 100 x 20	2020-05-06	750,000
3	영업팀	10	영업팀	10	10	로비긴의자L	8800 x 9000 x 500	2015-11-22	250,000
		11	영업팀	11	11	컬러잉크젯 프린터	350 x 200 x 160	2010-03-04	656,000
			영업팀	12	12				
			영업팀	13	13				
		15	영업팀	14	14	화이트보드	5000 x 1000 x 20	2020-07-03	56,000
4	인사팀	16	인사팀	15	15	2단서랍장	1000 x 400 x 400	2020-05-09	106,000
		17	인사팀	16	16	노트북 13	322 x 224 x 17.95	2016-03-01	1,150,000
		18	인사팀	17	17	데스크탑	322 x 224 x 17.95	2019-04-05	759,000
		19	인사팀	18	18	레이저 프린터	332 x 215 x 178	2020-01-02	436,000
		20	인사팀	19	19	테블릿 64G	243 x 176 x 80	2021-03-04	855,000
5	전산실	21	전산팀	20	20	LCD 모니터	450 x 310	2021-04-19	356,000
		22	전산팀	21	21	LED 모니터 23	548 x 388	2020-11-02	850,000
		23	전산팀	22	22	노트북 15	375 x 248 x 22.9	2018-11-01	1,258,000
		24	전산팀	23	23	레이저 프린터	377 x 248 x 22.9	2021-02-10	566,000

부서	품명	규격	취득일	금액
경영전략팀	냉난방에어콘	1480 x 1000 x 150	2018-05-02	2,557,000
	냉장고	2400 x 800 x 200	2020-04-01	456,000
	디지털복사기	332 x 215 x 178	2019-05-03	1,560,000
	문서세단기	145 x 100 x 20	2019-03-02	786,000
	전자 칠판	4000 x 1000 x 20	2017-03-20	656,000
	커피머신	150 x 100 x 20	2022-02-03	106,000
기획팀	LCD 모니터	450 x 310	2020-06-07	230,000
	LED 모니터 23	548 x 388	2019-05-04	436,000
	캠코더	128 x 100 x 20	2023-05-06	750,000
영업팀	로비긴의자L	8800 x 9000 x 500	2015-11-22	250,000
	컬러잉크젯 프린터	350 x 200 x 160	2020-03-04	656,000
	팩스 기기	400 x 350 x 200	2017-08-06	319,000
	화이트보드	5000 x 1000 x 20	2020-07-03	56,000
인사팀	2단서랍장	1000 x 400 x 400	2020-05-09	106,000
	노트북 13	322 x 224 x 17.95	2019-03-01	1,150,000
	데스크탑	322 x 224 x 17.95	2014-04-05	759,000
	레이저 프린터	332 x 215 x 178	2020-01-02	436,000
	테블릿 64G	243 x 176 x 80	2022-03-04	855,000
전산팀	LCD 모니터	450 x 310	2022-04-19	356,000
	LED 모니터 23	548 x 388	2020-11-02	850,000
	노트북 15	375 x 248 x 22.9	2018-11-01	1,258,000
	레이저 프린터	377 x 248 x 22.9	2022-02-10	566,000
	테블릿 32G	210 x 148 x 15	2012-01-02	323,000

▲ 비품목록 P.048, P.287

2022년도 임금대장

| 소 속 | 인사팀 | 성 명: | 홍길동 | 주민번호 | 900204-1****** | 부양가족 | 3 | 기술자격 : | ○ | 작성일자 : | 2022-12-31 |

월	출근일수	시간(8H)	기본급	직책수당	기술수당	가족수당	시간외수당	지급총액계	의료보험	국민연금	과세대상액	갑근세	주민세	차감
1	21	168	2,405,000	200,000	20,000	60,000	56,000	2,741,000	125,670	216,450		274,100	27,410	2,097,370
2	18	144	2,405,000	200,000	20,000	60,000		2,685,000	125,670	216,450		268,500	26,850	2,047,530
3	22	176	2,405,000	200,000	20,000	60,000	47,500	2,732,500	125,670	216,450		273,250	27,325	2,089,805
4	21	168	2,405,000	200,000	20,000	60,000	87,000	2,772,000	125,670	216,450		277,200	27,720	2,124,960
5	22	176	2,405,000	200,000	20,000	60,000		2,685,000	125,670	216,450		268,500	26,850	2,047,530
6	20	160	2,405,000	200,000	20,000	60,000	65,600	2,750,600	125,670	216,450		275,060	27,506	2,105,914
7	21	168	2,405,000	200,000	20,000	60,000	15,000	2,700,000	125,670	216,450		270,000	27,000	2,060,880
8	22	176	2,405,000	200,000	20,000	60,000	11,200	2,696,200	125,670	216,450		269,620	26,962	2,057,498
9	20	160	2,405,000	200,000	20,000	60,000		2,685,000	125,670	216,450		268,500	26,850	2,047,530
10	20	160	2,405,000	200,000	20,000	60,000	45,000	2,730,000	125,670	216,450		273,000	27,300	2,087,580
11	22	176	2,405,000	200,000	20,000	60,000		2,685,000	125,670	216,450		268,500	26,850	2,047,530
12	22	176	2,405,000	200,000	20,000	60,000	125,000	2,810,000	125,670	216,450		281,000	28,100	2,158,780
계	251	2,008	28,860,000	2,400,000	240,000	720,000	452,300	32,672,300	1,508,040	2,597,400		3,267,230	326,723	24,972,907

상여	월	지급액	세율(%)	세액			입사년월일	2017-03-02	지급연도	2023		퇴직구분	보통	지급금	16,033,333
	6	4,810,000	481,000	4,329,000	퇴직소득		퇴직년월일	2022-12-15	지급일자	2023-01-15		신고의유무	유	특별공제액	1,763,667
	12	4,810,000	481,000	4,329,000			근속기간	5년 9년 13일	근속연수	5년	기준공제액				176,367
	계	9,620,000	962,000	8,658,000										징수세액	14,093,300

▲ 임금대장 P.143

차량운행 및 점검일지

문서번호	012-34-5
작성자	홍길동
작성일자	2023-05-10(수)

소속	차량번호	운전자	금일주유 금액(량)		전일누계	20,000km
인사팀	23가2333	홍길동	일십사만삼천원 (₩ 143,000)		운행거리	673km
			100ℓ		금일누계	20,673km

점검사항 : 1 : ○, -1 : ▲, 0 : 점검

승차자	용무	행선지		운행시간			운행거리	비고
		출발지	도착지	출발	도착	소요시간(분)		
이민우	보안점검	서울	대전	9:00	11:00	120	123km	
송철수	보안점검	대전	광주	14:00	17:25	205	210km	
	보안점검	광주	서울	22:20	2:05	225	340km	
	계						673km	

일일점검사항	확인	상태	비고
- 엔진오일 점검 및 누수상태	○	○	
- 라디에이터 냉각수 및 유리 세척수 충만상태	○	▲	
- 브레이크오일 및 작동상태	○	점검	
- 타이어공기압 및 점검상태	○	점검	
- 베터리액 및 점검상태	○	점검	
- 주유 점검 상태	▲	점검	
- 각종 게이지 작동 상태	▲	▲	
- 차량 실내 청결 상태	○	○	
- 차량 외부 청결 상태	○	○	
- 차량 등록증 및 보험증 보관 상태	○	점검	
- 기타 이상 유무	○	○	

▲ 차량일지 P.065

일일 출퇴근 기록표

성명	출근기록	퇴근기록	출근	퇴근	점심(h)	잔업신청	연장신청	기본(h)	잔업(h)	연장(h)	일일급여	잔업수당	연장수당
					(12:30~13:30)	(17:30~19:30)	(19:30~)				급여(1h)	12,000	
이수연	8:30	17:30	8:30	17:30	1			8	0	0	96,000		-
김민호	8:22	18:20	8:30	17:30	1	잔업		8	0.5	0	96,000	6,000	-
박정수	8:30	20:14	8:30	17:30	1	잔업	연장	8	2	0.5	96,000	24,000	6,000
이철진	8:35	18:00	8:35	17:30	1	잔업		7.5	0.5	0	90,000	6,000	-
최성수	8:15	18:00	8:30	17:30	1	잔업		8	0.5	0	96,000	6,000	-
민호연	8:25	21:15	8:30	17:30	1	잔업	연장	8	2	1.5	96,000	24,000	18,000
문지연	8:25	12:30	8:30	12:30	0			4	0	0	48,000		-
강준기	8:15	21:00	8:30	17:30	1	잔업	연장	8	2	1.5	96,000	24,000	18,000
조수민	8:25	20:14	8:30	17:30	1	잔업	연장	8	2	0.5	96,000	24,000	6,000
홍성국	8:30	17:30	8:30	17:30	1			8	0	0	96,000		-
민정호	8:27	14:00	8:30	14:00	1			4.5	0	0	54,000		-
강성태	8:30	20:14	8:30	17:30	1	잔업	연장	8	2	0.5	96,000	24,000	6,000
정지수	8:45	17:30	8:45	17:30	1			7.5	0	0	90,000		-
오진우	8:15	18:00	8:30	17:30	1	잔업		8	0.5	0	96,000	6,000	-
이시형	8:25	21:20	8:30	17:30	1	잔업	연장	8	2	1.5	96,000	24,000	18,000
김상호	8:25	15:30	8:30	15:30	1			6	0	0	72,000		-
이정민	13:30	19:00	13:30	17:30	0	잔업		4	1.5	0	48,000	18,000	-
나홍진	8:28	20:30	8:30	17:30	1	잔업	연장	8	2	1	96,000	24,000	12,000
박성진	8:14	21:30	8:30	17:30	1	잔업	연장	8	2	2	96,000	24,000	24,000
문소라	13:40	18:20	13:40	17:30	0	잔업		3.5	0.5	0	42,000	6,000	-
전태현	8:30	20:00	8:30	17:30	1	잔업	연장	8	2	0.5	96,000	24,000	6,000
하순철	8:30	18:00	8:30	17:30	1	잔업		8	0.5	0	96,000	6,000	-

▲ 출퇴근시간기록 P.149

7월 4주차 카드거래 내역

거래일자	거래번호	카드번호	매출구분	매출금액	총세금(부가세)	총봉사료	할부기간	가맹점명	가맹점번호	(사업자번호)
2023-07-23	00011	9441-****-* 체크		12400	1240	0	0	행복할인마트	130025655	(6900100123)
2023-07-23	00013	8521-****-* 체크		50000	5000	0	0	홍연주유소	990025622	(8100100999)
2023-07-23	00015	1333-****-* 신용		43000	4300	0	0	국수식당	541125345	(8710012399)
2023-07-23	00017	9211-****-* 체크		123000	12300	0	0	커피카페	130025655	(6912345123)
2023-07-23	00019	8321-****-* 신용		450000	45000	22500	3	레스토랑9	830025777	(2200155555)
2023-07-23	00021	9441-****-* 체크		230000	23000	0	0	주식회사 썬바이	125534555	(3333100123)
2023-07-23	00023	2781-****-* 신용		790000	79000	0	3	전자랜드	4566512655	(6900654321)
2023-07-23	00025	1234-****-* 체크		32100	3210	0	0	나무가구	9876256551	(1122200123)
2023-07-23	00027	9999-****-* 체크		70000	7000	0	0	엘백화점	990025622	(8100100999)
2023-07-24	00029	2424-****-* 신용		143000	14300	0	0	컴랜드	116512345	(3421145678)
2023-07-24	00031	1122-****-* 체크		45000	4500	0	0	홈카페	990012651	(1266645123)
2023-07-24	00033	8321-****-* 신용		200000	20000	10000	0	레스토랑9	830025777	(2200155555)
2023-07-25	00035	4411-****-* 체크		135000	13500	0	0	인마트	500012345	(4444200123)
2023-07-25	00037	2781-****-* 신용		300000	30000	0	5	전자랜드	4566512655	(6900654321)
2023-07-24	00039	9441-****-* 체크		120000	12000	0	0	할인마트	130025655	(6900100123)
2023-07-24	00041	8521-****-* 체크		90000	9000	0	0	동호주유소	110025622	(9100100111)
2023-07-24	00043	1333-****-* 신용		10000	1000	0	0	국수식당	541125345	(8710012399)
2023-07-24	00045	9211-****-* 체크		40000	4000	0	0	커피카페	130025655	(6912345123)
2023-07-24	00047	8321-****-* 신용		34000	3400	1700	5	레스토랑9	830025777	(2200155555)
2023-07-24	00049	9441-****-* 체크		56000	5600	0	0	편의점25	540025655	(3333100123)
2023-07-25	00051	2781-****-* 신용		180000	18000	0	3	전자랜드	4566512655	(6900654321)

▲ 카드거래내역 P.170

본격적인 학습 전
화면 구성 용어 익히기

엑셀 프로그램은 2007 버전부터 최신 버전까지 몇 년간 꾸준히 업그레이드되었습니다. 따라서 버전별로 화면 구성이 일부 다를 수는 있지만 기본 구성은 동일합니다. 이 책에서는 엑셀 Microsoft 365 버전을 기준으로 설명합니다.

기본 화면 구성

다음 그림은 엑셀 작업을 수행하는 기본 화면입니다. ❶ 리본 메뉴, ❷ 워크시트, ❸ 상태 표시줄로 구성됩니다.

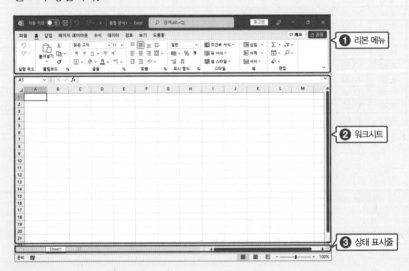

🟦 리본 메뉴

리본 메뉴는 화면 상단에서 확인합니다. 탭과 아이콘 형식으로 구성되어 쉽게 기능을 실행할 수 있습니다.

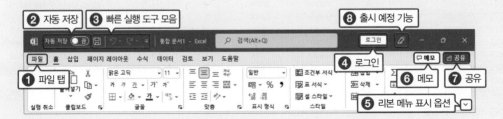

❶ **파일 탭 :** 파일을 관리하는 메뉴가 모여 있으며 개인 정보를 설정하고 저장, 공유, 인쇄 및 옵션 등을 설정할 수 있습니다.

❷ **자동 저장 :** 파일을 온라인 위치(OneDrive, SharePoint)에 저장한 상태에서 [자동 저장]이 [켬]으로 활성화되어 있으면 파일이 자동으로 온라인 위치에 저장됩니다.

❸ **빠른 실행 도구 모음 :** 자주 사용하는 기능을 추가하여 빠르게 실행할 수 있습니다.

❹ **로그인 :** 로그인한 후 온라인 위치에 오피스 문서를 업로드하거나 열기, 공유할 수 있습니다.

❺ **리본 메뉴 표시 옵션 ☑ :** [전체 화면 모드], [탭만 표시], [항상 리본 표시], [빠른 실행 도구 모음 표시], [빠른 실행 도구 모음 감추기]를 선택해 작업 영역을 조절할 수 있습니다.

❻ **메모 :** Microsoft 365의 대화형 메모 기능입니다. 파일을 공유하거나 온라인 위치(OneDrive, SharePoint)를 이용해 공동 작업을 진행할 때 메신저를 사용하듯 셀에 댓글을 입력할 수 있습니다.

❼ **공유 :** 온라인 위치(OneDrive, SharePoint)에 저장한 오피스 문서를 다른 사용자와 공유합니다. 공유할 사용자를 추가하거나, 보기, 편집 링크를 활용해 공동 작업을 할 수 있습니다. Microsoft 365와 엑셀 2021 버전에서는 실시간으로 파일과 작업을 공유할 수 있으며 동기화 속도가 개선되었습니다.

❽ **출시 예정 기능 :** [출시 예정 기능 ✎]을 클릭하고 [제공 예정]에서 [새 환경 사용해보기]를 클릭해 활성화 ●━ 켜기 한 후 엑셀을 다시 실행하면 최신 엑셀 레이아웃으로 변경됩니다.

② 워크시트(작업 영역)

워크시트는 격자 형태의 모눈종이처럼 보이는 공간입니다.

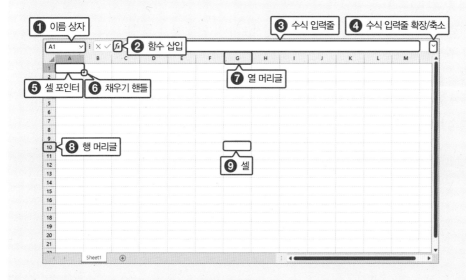

❶ 이름 상자 : 셀 주소와 정보 또는 수식이나 함수 목록이 나타납니다.

❷ 함수 삽입 f_x : 함수 마법사를 실행하여 함수를 삽입합니다.

❸ 수식 입력줄 : 선택한 셀에 입력한 내용이나 수식이 나타나며 셀 내용을 직접 입력하거나 수정할 수 있습니다.

❹ 수식 입력줄 확장/축소 : 수식 입력줄을 확장/축소합니다.

❺ 셀 포인터 : 셀이 선택되었다는 표시로 굵은 테두리가 셀 주위에 표시됩니다.

❻ 채우기 핸들 : 셀 포인터 오른쪽 아래의 점입니다. 드래그하면 셀 내용을 연속으로 채울 수 있습니다.

❼ 열 머리글 : 열 이름이 표시되는 곳으로 A열부터 XFD열까지 16,384개의 열이 있습니다.

❽ 행 머리글 : 행 번호가 표시되는 곳으로 1행부터 1,048,576행까지 있습니다.

❾ 셀 : 행과 열이 만나는 격자 형태의 사각형 영역으로 데이터나 수식 등을 입력할 수 있습니다.

🔳 상태 표시줄

상태 표시줄에서는 현재의 작업 상태를 확인할 수 있습니다.

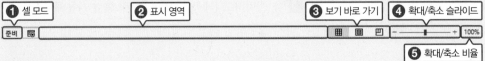

❶ 셀 모드 : 준비, 입력, 편집 등의 셀 작업 상태를 표시합니다.

❷ 표시 영역 : 키보드 기능키의 선택 상태를 표시하며, 숫자가 입력된 범위를 지정하면 자동 계산 결과를 표시합니다.

❸ 보기 바로 가기 : 기본, 페이지 레이아웃, 페이지 나누기 미리 보기 등 워크시트 보기 상태를 선택할 수 있습니다.

❹ 확대/축소 슬라이드 : 확대/축소 버튼을 클릭하여 10% 단위로 확대/축소하거나, 조절바를 드래그하여 확대/축소할 수 있습니다.

❺ 확대/축소 비율 : [확대/축소] 대화상자를 열어 원하는 배율을 지정합니다.

CHAPTER 01

알아두면 편리한 문서 편집과 서식 기능

---------- CHAPTER 02 ----------

엑셀 활용에 유용한 수식과 함수 기능

—————— CHAPTER 03 ——————

빠르고 효과적인 데이터 관리&분석 기능

─── **CHAPTER 04** ───

용도에 맞는 최적의 차트 활용 기능

CHAPTER 05
업무 자동화를 위한 매크로&VBA 기능

CHAPTER

01

알아두면 편리한
문서 편집과
서식 기능

엑셀을 잘 다루는 사용자라고 해도 기본 메뉴에 없거나 숨어 있는 기능
을 찾아 활용하는 것은 쉬운 일이 아닙니다. 엑셀의 메뉴를 실행하는 몇
가지 방법을 알아두면 작업을 더욱 빠르게 수행하여 업무 시간을 단축할
수 있습니다. 익혀두면 두고두고 편리한 엑셀 핵심기능에 대해 살펴보겠
습니다.

핵심기능

01

빠른 실행 도구 모음에
자주 사용하는 명령어 등록하기

실습 파일 1장\01_견적서.xlsx
완성 파일 1장\01_견적서_완성.xlsx

엑셀에서 자주 사용하는 명령어는 단축키로 등록해서 사용하면 메뉴를 일일이 클릭해야 하는 번거로움을 줄이고 작업 시간을 단축할 수 있습니다. 빠른 실행 도구 모음에 모든 테두리, 셀 병합, 전체 병합, 맞춤 설정, 전체 화면 인쇄 미리 보기를 등록하고 단축키를 통해 빠르게 실행하는 방법을 알아보겠습니다.

미리 보기

회사에서 바로 통하는 키워드 : 빠른 실행 도구 모음, 단축키 실행

| 한눈에 보는 작업 순서 | 리본 메뉴의 아이콘 추가하기 | ▶ | 명령어의 하위 메뉴 추가하기 | ▶ | 대화상자 표시 아이콘 추가하기 | ▶ | 리본에 없는 명령 추가하기 | ▶ | 단축키로 빠른 실행 도구 모음 실행하기 |

01 빠른 실행 도구 모음에 명령어 추가하기 ❶ [홈] 탭-[글꼴] 그룹-[테두리⊞]의 목록 버튼☑을 클릭하고 ❷ 하위 메뉴인 [모든 테두리]에서 마우스 오른쪽 버튼을 클릭한 후 ❸ [빠른 실행 도구 모음에 추가]를 클릭합니다. [모든 테두리]가 빠른 실행 도구 모음에 등록됩니다.

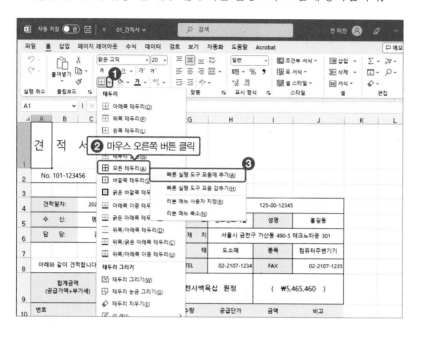

02 ❶ [홈] 탭-[맞춤] 그룹-[병합하고 가운데 맞춤⊞]에서 마우스 오른쪽 버튼을 클릭하고 ❷ [빠른 실행 도구 모음에 추가]를 클릭합니다. [병합하고 가운데 맞춤⊞]이 빠른 실행 도구 모음에 등록됩니다.

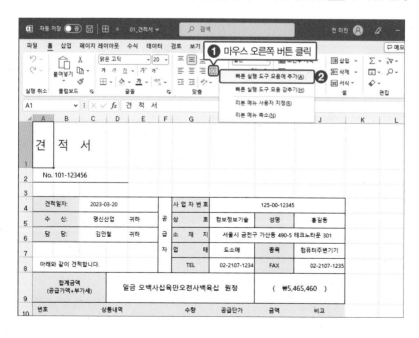

문서
편집&
서식

수식&
함수

데이터
관리&
분석

차트

매크로&
VBA

03 빠른 실행 도구 모음에 명령어의 하위 메뉴 추가하기 ❶ [홈] 탭-[맞춤] 그룹-[병합하고 가운데 맞춤📧]의 목록 버튼☑을 클릭하고 ❷ [전체 병합]에서 마우스 오른쪽 버튼을 클릭한 후 ❸ [빠른 실행 도구 모음에 추가]를 클릭합니다. 명령어의 하위 메뉴가 빠른 실행 도구 모음에 등록됩니다.

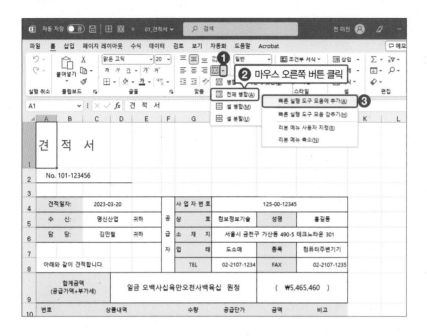

04 빠른 실행 도구 모음에 대화상자 표시 아이콘 추가하기 ❶ [홈] 탭-[맞춤] 그룹-[맞춤 설정☑] 표시 아이콘에서 마우스 오른쪽 버튼을 클릭하고 ❷ [빠른 실행 도구 모음에 추가]를 클릭합니다. 이제 빠른 실행 도구 모음에 등록된 아이콘으로 [셀 서식] 대화상자를 빠르게 열 수 있습니다.

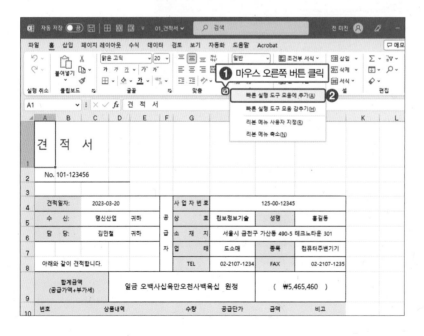

05 빠른 실행 도구 모음에 리본 메뉴에 없는 명령어 등록하기 ❶ [빠른 실행 도구 모음 사용자 지정▾]을 클릭하고 ❷ [기타 명령]을 클릭합니다.

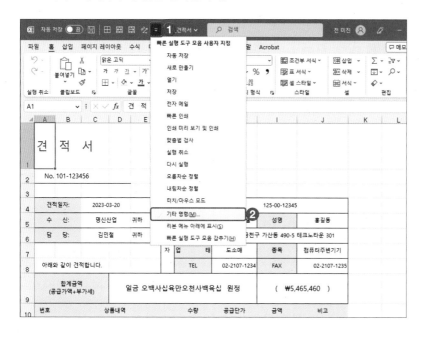

06 [Excel 옵션] 대화상자에서 빠른 실행 도구 모음에 추가할 명령을 선택할 수 있습니다. ❶ [명령 선택] 목록에서 [리본 메뉴에 없는 명령]을 클릭하고 ❷ [전체 화면 인쇄 미리 보기]를 클릭합니다. ❸ [추가]를 클릭하여 [빠른 실행 도구 모음 사용자 지정] 목록에 추가한 후 ❹ [확인]을 클릭합니다.

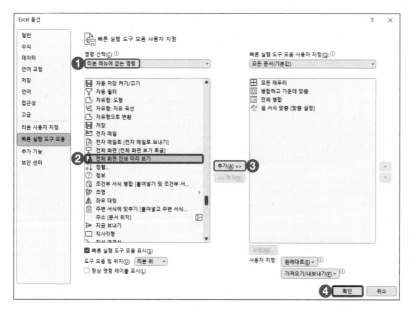

⏱ **시간 단축**

[명령 선택] 목록에서 추가할 명령을 더블클릭하면 [빠른 실행 도구 모음 사용자 지정] 목록에 명령을 바로 추가할 수 있습니다.

07 단축키로 빠른 실행 도구 모음 실행하기 ❶ Alt를 누르면 빠른 실행 도구 모음의 아이콘은 물론, 리본 메뉴에 숫자 혹은 알파벳이 표시됩니다. 원하는 명령어의 숫자 혹은 알파벳을 누르면 빠르게 실행할 수 있습니다. ❷ 이번 단계에서는 일단 Esc를 눌러 해제합니다.

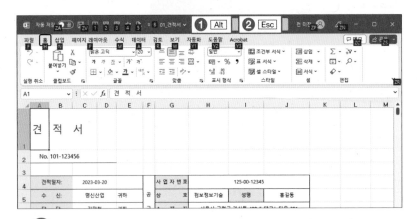

바로 통 하는TIP 엑셀 환경이나 버전에 따라 단축키 번호가 다를 수 있습니다. 빠른 실행 도구 모음에 추가한 순서를 확인하고 단축키를 입력합니다. 이번 실습에서는 등록한 순서대로 Alt+1은 [모든 테두리], Alt+2는 [병합하고 가운데 맞춤], Alt+3은 [전체 병합], Alt+4는 [맞춤 설정], Alt+5는 [전체 화면 인쇄 미리 보기]입니다.

08 단축키로 셀 서식 대화상자 열기 ❶ [A1:J1] 범위를 지정하고 ❷ Alt+4를 눌러 [셀 서식] 대화상자를 표시합니다. ❸ [셀 서식] 대화상자에서 [맞춤] 탭-[텍스트 맞춤]-[가로]를 [선택 영역의 가운데로]로 클릭하고 ❹ [확인]을 클릭합니다. 셀을 병합하지 않고도 가로로 지정한 범위에서 데이터가 가운데 맞춤으로 표시됩니다.

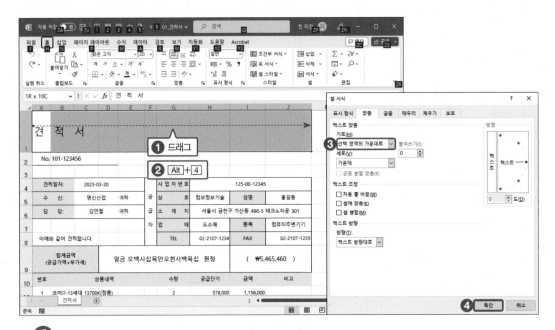

바로 통 하는TIP 빠른 실행 도구 모음에 이미 등록해놓은 다른 명령어가 있거나 버전이 다르면 이 책의 실습 과정과 단축키 숫자가 다를 수 있으므로, Alt를 눌러 숫자를 확인한 후 실행합니다.

09 단축키로 셀 병합하고 데이터 가운데 맞춤 실행하기 ❶ [A22:A27] 범위를 지정하고 ❷ Alt + 2 를 눌러 셀을 병합합니다.

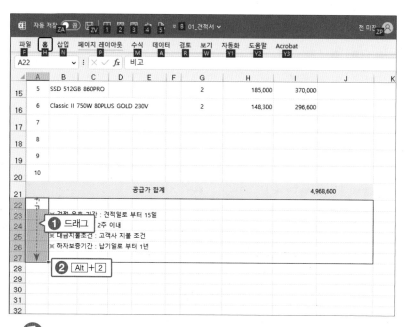

바로 **통** 하는TIP [병합하고 가운데 맞춤]은 지정한 범위의 데이터를 가운데 맞춤하면서 셀을 병합하는 기능입니다.

10 단축키로 테두리 그리고 행 방향으로 전체 병합하기 ❶ [A10:J21] 범위를 지정하고 ❷ Alt + 1 을 눌러 모든 테두리를 그립니다. ❸ [B11:F20] 범위를 지정하고 ❹ Alt + 3 을 눌러 행 방향으로 전체 병합합니다.

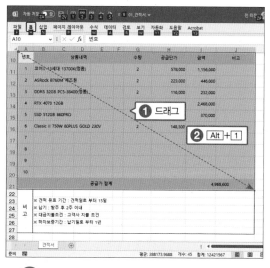

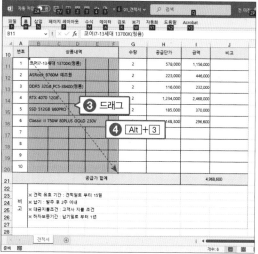

바로 **통** 하는TIP [전체 병합]은 지정된 범위에서 행 방향으로 셀을 전체 병합하는 기능입니다. 병합 시 가운데 맞춤은 하지 않습니다.

11 **단축키로 전체 화면 인쇄 미리 보기 실행하기** ❶ [A1] 셀을 클릭하고 ❷ Alt + 5 를 눌러 [전체 화면 인쇄 미리 보기] 창을 띄웁니다.

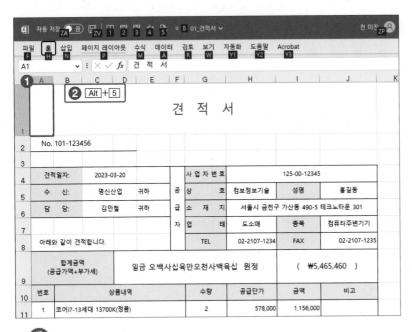

바로 **통** 하는TIP [전체 화면 인쇄 미리 보기]는 인쇄 전에 인쇄할 내용을 미리 화면으로 확인할 때 사용합니다.

12 [인쇄 미리 보기 닫기☒]를 클릭합니다.

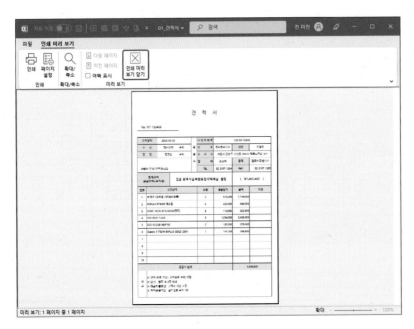

✔ **엑셀 2010&이후 버전** [인쇄 미리 보기 및 인쇄], [전체 화면 인쇄 미리 보기] 두 가지로 제공합니다. 첫 번째 방법은 [파일] 탭-[인쇄]에서 인쇄할 문서를 확인할 수 있습니다. 두 번째 방법은 06단계처럼 [전체 화면 인쇄 미리 보기] 명령어를 추가해서 인쇄 미리 보기 창을 띄웁니다.

핵심기능

02

이동 옵션과 채우기로
빈 행 만들어 데이터 추가하기

실습 파일 1장\02_지점매출.xlsx
완성 파일 1장\02_지점매출_완성.xlsx

행마다 빈 행을 삽입하거나 삭제할 때 데이터의 개수만큼 행 삽입/삭제를 반복하는 것은 여간 번거로운
일이 아닙니다. 일련번호를 채워 정렬하고 이동 옵션과 채우기 기능으로 빈 행을 추가하고 삭제하는 방
법에 대해 알아보겠습니다.

미리 보기

	A	B	C	D	E	F	G	H	I
1		**2023년 지점별 매출액**							
2									
3	**구분**	**매출액**	**상반기**	**하반기**					
4	서울강남	9,800,000	5,300,000	4,500,000					
5	(비율)	100%	54%	46%					
6	서울강서	9,430,000	4,300,000	5,130,000					
7	(비율)	100%	46%	54%					
8	서울강북	8.600.000	4,500,000	4,100,000					
9	(비율)	100%	52%	48%					
10	서울강동	8,500,000	4,300,000	4,200,000					
11	(비율)	100%	51%	49%					
12	경기북부	5,100,000	2,100,000	3,000,000					
13	(비율)	100%	41%	59%					
14	경기남부	4,200,000	2,300,000	1,900,000					
15	(비율)	100%	55%	45%					
16	경기동부	6,080,000	2,560,000	3,520,000					
17	(비율)	100%	42%	58%					
18	경기서부	4,500,000	3,300,000	1,200,000					
19	(비율)	100%	73%	27%					
20	인천남부	5,669,000	2,459,000	3,210,000					
21	(비율)	100%	43%	57%					
22	인천북부	6,130,000	2,870,000	3,260,000					
23	(비율)	100%	47%	53%					

< > Sheet1 +

회사에서 바로 통하는 키워드 : 이동 옵션, 특정 셀에 동일 내용 입력, 특정 셀 삭제

**한눈에
보는
작업 순서**

일련번호 채우고
오름차순 정렬하기 ▶ 이동 옵션으로
빈 셀 선택하기 ▶ 빈 셀에 데이터
채우기 ▶ 이동 옵션으로
수식 셀 선택하기 ▶ 특정 데이터
삭제하기

01 일련번호 채우기 ❶ [E4:E5] 범위를 지정한 후 ❷ 채우기 핸들을 [E30] 셀까지 드래그합니다. ❸ 범위가 지정되어 있는 상태에서 Ctrl+C를 눌러 복사합니다. ❹ [E31] 셀을 클릭하고 ❺ Ctrl+V를 눌러 일련번호를 붙여 넣습니다. ❻ Esc를 눌러 복사 명령을 해제합니다.

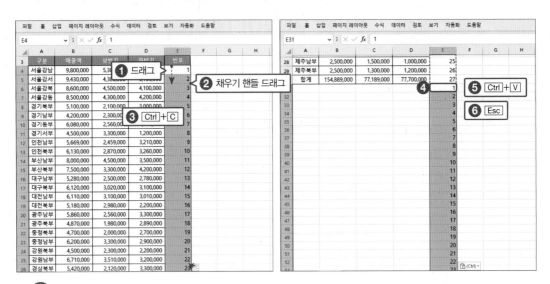

바로 통하는 TIP 행마다 빈 행을 하나씩만 추가하려면 일련번호를 한 번만 붙여 넣고, 두 개씩 추가하려면 일련번호를 두 번 붙여 넣습니다.

02 오름차순으로 데이터 정렬하기 ❶ [E3] 셀을 클릭하고 ❷ [홈] 탭-[편집] 그룹-[정렬 및 필터]를 클릭한 후 ❸ [텍스트 오름차순 정렬]을 클릭합니다. 일련번호 순으로 데이터가 정렬되므로 행마다 빈 행이 추가됩니다.

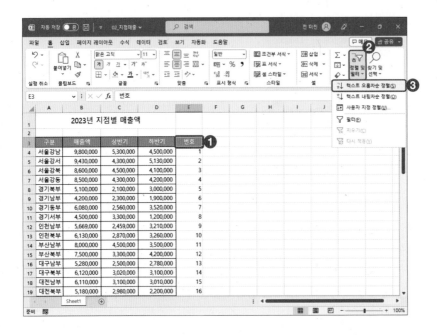

03 빈 셀만 선택하여 데이터 채우기 ❶ [A4:A57] 범위를 지정하고 ❷ F5 를 누릅니다. ❸ [이동] 대화 상자에서 [옵션]을 클릭하고 ❹ [이동 옵션] 대화상자에서 [빈 셀]을 클릭한 후 ❺ [확인]을 클릭합니다. ❻ [이동] 대화상자의 [확인]도 클릭합니다.

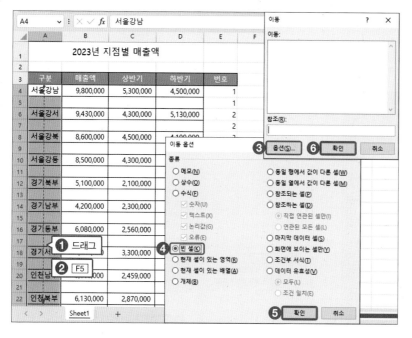

문서
편집&
서식

수식&
함수

데이터
관리&
분석

차트

매크로&
VBA

⏱ 시간 단축

F5 는 [이동] 대화상자를 표시 하는 단축키입니다. [이동] 대 화상자의 [옵션]을 클릭했을 때 표시되는 [이동 옵션] 대화상자 는 [홈] 탭-[편집] 그룹-[찾기 및 선택]을 클릭한 후 [이동 옵 션]을 클릭하여 표시할 수 있 습니다.

04 ❶ 빈 셀만 선택되면 **(비율)**을 입력하고 Ctrl + Enter 를 눌러 데이터를 채웁니다. ❷ [홈] 탭-[맞춤] 그룹-[가운데 맞춤 ≣]을 클릭합니다.

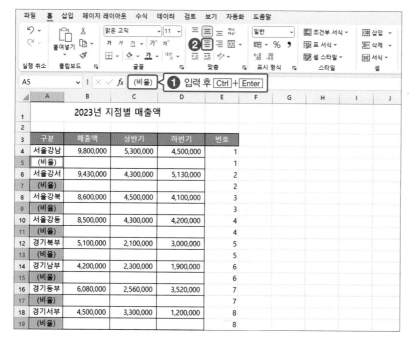

⏱ 시간 단축

Ctrl + Enter 는 지정한 전체 범위에 동일한 내용이나 수식 을 입력할 때 사용합니다.

05 빈 셀만 선택하여 수식 채우기 ❶ [B4:D57] 범위를 지정한 후 ❷ F5 를 누릅니다. ❸ [이동] 대화상자에서 [옵션]을 클릭하고 ❹ [이동 옵션] 대화상자에서 [빈 셀]을 클릭한 후 ❺ [확인]을 클릭합니다. ❻ [이동] 대화상자의 [확인]도 클릭합니다.

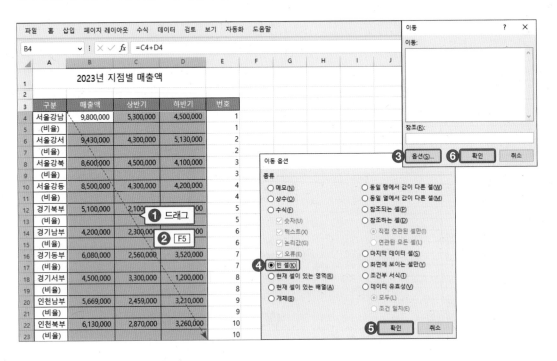

06 ❶ 빈 셀만 선택되면 **=B4/$B4**를 입력하고 Ctrl + Enter 를 눌러 수식을 채웁니다. ❷ Ctrl + Shift + 5 를 눌러 백분율 스타일을 적용합니다.

바로 통 하는 TIP

(비율)에 해당하는 수식(=B4/$B4)은 지점별로 '매출액/매출액', '상반기 매출액/매출액', '하반기 매출액/매출액'을 의미합니다. 수식에서 $ 기호는 열을 고정하기 위한 기호입니다. 상대 참조, 절대 참조에 대한 자세한 내용은 104쪽을 참고합니다.

07 수식 셀만 선택하여 행 삭제하기 ❶ [C4:C57] 범위를 지정한 후 ❷ F5 를 누릅니다. ❸ [이동] 대화상자에서 [옵션]을 클릭하고 ❹ [이동 옵션] 대화상자에서 [수식]을 클릭한 후 ❺ [확인]을 클릭합니다. ❻ [이동] 대화상자의 [확인]도 클릭합니다.

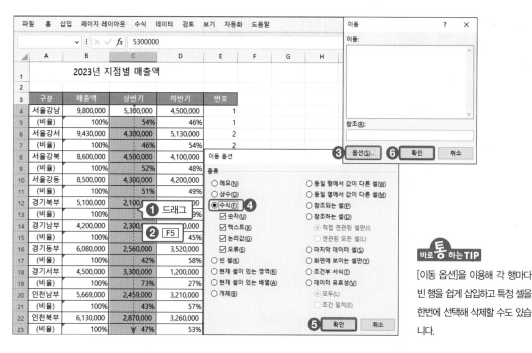

바로 **통** 하는TIP

[이동 옵션]을 이용해 각 행마다 빈 행을 쉽게 삽입하고 특정 셀을 한번에 선택해 삭제할 수도 있습니다.

08 수식으로 입력된 값이 있는 셀만 선택됩니다. ❶ Ctrl + - 를 누르고 ❷ [삭제] 대화상자에서 [행 전체]를 클릭한 후 ❸ [확인]을 클릭합니다. 수식이 입력된 셀이 모두 삭제되었습니다. 빈 행을 추가하기 위해 사용했던 E열을 삭제해보겠습니다. ❹ E열 머리글을 클릭하고 ❺ Ctrl + - 를 누릅니다.

바로 **통** 하는TIP   행/열을 추가하는 단축키는 Ctrl + Shift + + 입니다. Ctrl + - 는 행/열을 삭제합니다.

문서
편집&
서식

수식&
함수

데이터
관리&
분석

차트

매크로&
VBA

핵심기능

03

데이터를 변경해도 유지되는 일련번호 만들기

실습 파일 1장\03_비품목록.xlsx
완성 파일 1장\03_비품목록_완성.xlsx

일련번호를 표시하는 가장 간단한 방법은 채우기 핸들로 숫자를 채워 넣는 것입니다. 하지만 셀이 병합되어 있거나 데이터를 필터링할 때 혹은 일부 행을 삭제하면 일련번호가 섞이게 됩니다. ROW, SUBTOTAL, COUNTA 함수를 사용하여 데이터를 변경해도 일련번호가 자동으로 표시되는 방법에 대해 알아보겠습니다.

미리 보기

	A	B	C	D	E	F	G	H	I	J	K
3	병합번호	부서		NO	부서	일련번호	필터번호	품명	규격	취득일	금액
4				1	경영전략팀	1	1	냉난방에어콘	1480 x 1000 x 150	2018-05-02	2,557,000
5				2	경영전략팀	2	2	냉장고	2400 x 800 x 200	2020-04-01	456,000
6	1	경영전략팀		3	경영전략팀	3	3	디지털복사기	332 x 215 x 178	2016-05-03	1,560,000
7				4	경영전략팀	4	4	문서세단기	145 x 100 x 20	2016-03-02	786,000
8				5	경영전략팀	5	5	전자 칠판	4000 x 1000 x 20	2007-03-20	656,000
9				6	경영전략팀	6	6	커피머신	150 x 100 x 20	2021-02-03	106,000
10				7	기획팀	7	7	LCD 모니터	450 x 310	2010-06-07	230,000
11	2	기획팀		8	기획팀	8	8	LED 모니터 23	548 x 388	2016-05-04	436,000
12				9	기획팀	9	9	캠코더	128 x 100 x 20	2020-05-06	750,000
13				10	영업팀	10	10	로비긴의자L	8800 x 9000 x 500	2015-11-22	250,000
14				11	영업팀	11	11	컬러잉크젯 프린터	350 x 200 x 160	2010-03-04	656,000
15	3	영업팀			영업팀	12	12				
16					영업팀	13	13				
17				15	영업팀	14	14	화이트보드	5000 x 1000 x 20	2020-07-03	56,000
18				16	인사팀	15	15	2단서랍장	1000 x 400 x 400	2020-05-09	106,000
19				17	인사팀	16	16	노트북 13	322 x 224 x 17.95	2016-03-01	1,150,000
20	4	인사팀		18	인사팀	17	17	데스크탑	322 x 224 x 17.95	2019-04-05	759,000
21				19	인사팀	18	18	레이저 프린터	332 x 215 x 178	2020-01-02	436,000
22				20	인사팀	19	19	테블릿 64G	243 x 176 x 80	2021-03-04	855,000
23				21	전산팀	20	20	LCD 모니터	450 x 310	2021-04-19	356,000
24				22	전산팀	21	21	LED 모니터 23	548 x 388	2020-11-02	850,000
25	5	전산실		23	전산팀	22	22	노트북 15	375 x 248 x 22.9	2018-11-01	1,258,000
26				24	전산팀	23	23	레이저 프린터	377 x 248 x 22.9	2021-02-10	566,000

비품 ⊕

회사에서 바로 통하는 키워드 : ROW, SUBTOTAL, COUNTA, 일련번호 표시

한눈에 보는 작업 순서	ROW 함수로 일련번호 표시하기	▶	SUBTOTAL 함수로 일련번호 표시하기	▶	COUNTA 함수로 일련번호 표시하기	▶	정렬 및 필터 적용 시 일련번호 확인하기	▶	행 삭제/삽입 시 일련번호 확인하기

01 ROW 함수로 일련번호 표시하고 수식 채우기 ROW 함수로 일련번호를 순서대로 표시해보겠습니다. ❶ [F4] 셀을 클릭하고 ❷ =ROW()-3을 입력한 후 [Enter]를 누릅니다. ❸ [F4] 셀의 채우기 핸들을 더블클릭하여 수식을 복사합니다.

바로 통 하는 TIP

ROW 함수는 행 번호를, COLUMN 함수는 열 번호를 표시합니다. [F4] 셀은 4행에 위치하므로 행 번호는 '4'입니다. 따라서 =ROW()-3을 수식으로 작성해 일련번호를 표시합니다.

02 SUBTOTAL 함수로 일련번호 표시하고 수식 채우기 SUBTOTAL 함수로 일련번호를 순서대로 표시해보겠습니다. ❶ [G4] 셀을 클릭하고 ❷ =SUBTOTAL(3,$E$4:E4)를 입력한 후 [Enter]를 누릅니다. ❸ [G4] 셀의 채우기 핸들을 더블클릭하여 수식을 복사합니다.

바로 통 하는 TIP SUBTOTAL(함수 번호,범위) 함수는 필터의 조건이 적용된 데이터의 부분합(합계, 평균, 개수 등)을 계산합니다. 개수(COUNTA)를 구할 함수 번호는 3, 개수를 셀 범위는 $E$4:E4입니다. 채우기 핸들을 더블클릭하면 각 셀의 수식이 $E$4:E5, $E$4:E6, $E$4:E7로 확장되면서 셀의 개수가 1, 2, 3으로 표시됩니다. SUBTOTAL 함수에 대한 자세한 내용은 핵심기능 25(205쪽)를 참고합니다.

03 COUNTA 함수로 일련번호 표시하고 수식 채우기 COUNTA 함수로 일련번호를 순서대로 표시해 보겠습니다. ❶ [A4:A40] 범위를 지정하고 ❷ =COUNTA($B$4:B4)를 입력한 후 Ctrl + Enter 를 누릅니다. 불규칙적으로 병합이 되어 있는 셀은 채우기 핸들로 수식을 복사할 수 없으므로 Ctrl + Enter 로 병합된 셀의 수식을 채웁니다.

바로 **통** 하는TIP COUNTA(범위) 함수는 숫자, 문자의 개수를 셉니다. 개수를 세고 싶은 범위는 $B$4:B4로 병합된 셀에 수식을 채울 때 $B$4:B4, $B$4:B10, $B$4:B13으로 범위가 확장됩니다. 따라서 =COUNTA($B$4:B4)를 수식으로 작성해 병합된 셀의 일련번호를 표시합니다.

04 품명과 부서를 오름차순으로 정렬하기 ❶ [H3] 셀을 클릭하고 ❷ [홈] 탭-[편집] 그룹-[정렬 및 필터]를 클릭한 후 ❸ [텍스트 오름차순 정렬]을 클릭합니다. [D4:K40] 범위를 오름차순으로 정렬할 때 D열(NO)은 일련번호가 섞여서 표시되지만 F열(일련번호)과 G열(필터번호)은 일련번호가 순서대로 유지되어 표시됩니다.

05 ❶ [E3] 셀을 클릭하고 ❷ [홈] 탭-[편집] 그룹-[정렬 및 필터]를 클릭한 후 ❸ [텍스트 오름차순 정렬]을 클릭합니다. 역시 F열(일련번호)과 G열(필터번호)은 일련번호가 순서대로 유지되어 표시됩니다.

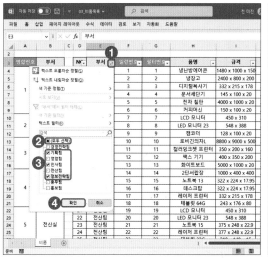

바로 통 하는TIP ROW, SUBTOTAL 함수로 일련번호를 표시하면 데이터를 다시 정렬해도 일련번호가 유지되어 편리합니다.

06 특정 부서의 데이터 표시하기 ❶ [부서] 필드의 [필터 목록🔽]을 클릭하고 ❷ [모두 선택]의 체크를 해제합니다. ❸ [기획팀], [인사팀], [정보전략팀]에 체크하고 ❹ [확인]을 클릭합니다. F열(일련번호)과 달리 G열(필터번호)은 검색한 데이터 순서대로 일련번호가 표시됩니다. ❺ [부서] 필드의 [필터 목록🔽]을 클릭하고 ❻ ["부서"에서 필터 해제]를 클릭합니다.

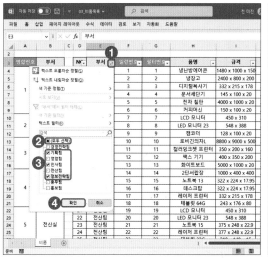
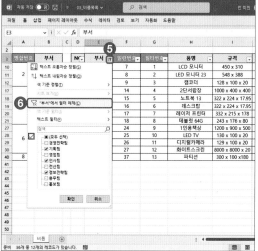

바로 통 하는TIP SUBTOTAL 함수를 사용한 열은 필터링이 적용되어 검색된 데이터 범위로 일련번호가 표시됩니다.

바로 통 하는TIP 필터에 대한 자세한 내용은 핵심기능 25(205쪽)를 참고합니다.

문서
편집&
서식

수식&
함수

데이터
관리&
분석

차트

매크로&
VBA

07 행 삭제하기 ❶ 15행을 클릭하고 **❷** Ctrl + − 를 눌러 15행을 삭제합니다. D열(NO)과 달리 F열 (일련번호)과 G열(필터번호)은 일련번호가 순서대로 채워집니다.

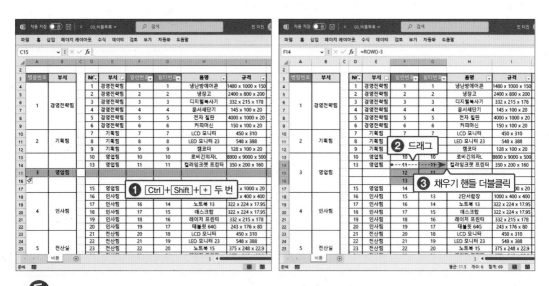

08 행 삽입하기 15행이 선택되어 있는 상태에서 **❶** Ctrl + Shift + + 를 두 번 눌러 빈 행을 두 행 삽 입합니다. 빈 행에 행 번호를 표시하기 위해 **❷** [F14:G14] 범위를 지정하고 **❸** 채우기 핸들을 더블클릭 하여 일련번호를 채웁니다. F열(일련번호)은 순서대로 채워졌지만 G열(필터번호)은 E열이 채워지지 않 은 상태이므로 11이 반복해서 채워집니다. E열에 데이터를 입력하면 G열(필터번호)이 자동으로 변경 됩니다.

바로 통하는 TIP D열(NO)의 일련번호는 [D12:D13] 범위를 지정하고 채우기 핸들을 [D41] 셀까지 드래그하여 [D13] 이후의 일련번호를 1씩 증가해서 채웁니다.

바로 통하는 TIP **SUBTOTAL** 함수는 필터 적용 시 일련번호가 재계산되어 순서대로 채워지지만, **ROW**와 **COUNTA** 함수는 필터 적용 시에 는 번호가 일부 숨겨집니다.

문서
편집&
서식

수식&
함수

데이터
관리&
분석

차트

매크로&
VBA

핵심기능

04

하나의 셀에 있는 텍스트를 각각의 열로 나누고 합치기

실습 파일 1장\04_주문실적.xlsx
완성 파일 1장\04_주문실적_완성.xlsx

하나의 셀에 여러 정보가 포함되어 있다면 각각의 정보를 분석하기가 쉽지 않습니다. 텍스트 나누기는 일정 너비나 기호를 기준으로 텍스트를 각각의 열에 나누어 주는 기능입니다. 셀에 있는 여러 정보를 각각의 열로 나누거나 합치는 방법에 대해 알아보겠습니다.

미리 보기

	A	B	C	D	E	H	I	J	K	L	M
2	주문일자	주문번호	대분류	중분류	상품명	용량(단위)	판매가	판매량	총매출금액		
3	2023-01-07	A100001	식품	야채	절임배추	20(kg)	43,000	100	4,300,000		
4	2023-01-13	A100002	생활디지털	노트북	노트북	15(inch)	968,000	50	48,400,000		
5	2023-01-13	A100003	식품	과일	사과	5(kg)	21,000	90	1,890,000		
6	2023-01-07	A100001	식품	김치	포기김치	4(kg)	23,000	40	548,000		
7	2023-01-13	A100002	식품	김치	포기김치	4(kg)	23,000	60	548,000		
8	2023-01-13	A100003	식품	육류	불고기	10(pack)	45,600	44	2,006,400		
9	2023-01-16	A100004	통신기기	GPS	네비게이션	7(inch)	225,000	200	45,000,000		
10	2023-01-20	A100005	식품	커피	커피믹스	100(봉)	198,000	15	2,970,000		
11	2023-01-20	A100006	식품	과일	사과	5(kg)	21,000	100	2,100,000		
12	2023-01-25	A100007	생활디지털	노트북	노트북	13(inch)	768,000	50	38,400,000		
13	2023-01-27	A100008	식품	견과류	믹스너트	2(box)	25,000	22	548,000		
14	2023-02-03	A100009	식품	커피	커피믹스	100(봉)	198,000	20	3,960,000		
15	2023-02-04	A100010	식품	곡물	즉석도정	20(kg)	25,000	100	2,500,000		
16	2023-02-04	A100011	식품	육류	훈제오리	8(봉)	25,300	10	253,000		
17	2023-02-08	A100012	식품	기타육류	비프스테이크	10(pack)	46,000	20	920,000		
18	2023-02-13	A100013	식품	곡물	즉석도정	20(kg)	48,900	20	978,000		
19	2023-02-13	A100014	통신기기	GPS	네비게이션	7(inch)	225,000	200	45,000,000		
20	2023-02-21	A100015	식품	해산물	굴비	40(미)	53,000	100	5,300,000		
21	2023-02-22	A100016	통신기기	GPS	네비게이션	7(inch)	225,000	50	11,250,000		
22	2023-02-28	A100017	식품	김치	돌산갓김치	3(kg)	17,000	56	952,000		
23	2023-03-07	A100018	식품	해산물	장어	15(미)	23,000	100	2,300,000		
24	2023-03-07	A100019	식품	해조류	재래김	20(봉)	15,600	40	2,890,000		
25	2023-03-09	A100020	생활디지털	테블릿	테블릿패드	512(G)	523,000	88	46,024,000		
26	2023-03-09	A100021	식품	과일	키위	3(kg)	26,000	20	520,000		
27	2023-03-09	A100022	식품	커피	커피믹스	100(봉)	198,000	50	9,900,000		

주문 ⊕

회사에서 바로 통하는 키워드 : 텍스트 나누기, 텍스트 합치기

한눈에 보는 작업 순서	일정 너비로 텍스트 나누기 ▶	구분 기호로 텍스트 나누기 ▶	텍스트 합치기 ▶	열 숨기기

01 **일정한 너비로 텍스트 나누기** 주문일자(여덟 자리)와 주문번호(일곱 자리)가 합쳐져 있는 [A3:A145] 범위에서 데이터를 분리하기 위해 여덟 번째 위치에서 텍스트를 나눠보겠습니다. ❶ [A3:A145] 범위를 지정한 후 ❷ [데이터] 탭-[데이터 도구] 그룹-[텍스트 나누기]를 클릭합니다. ❸ [텍스트 마법사-3단계 중 1단계]에서 원본 데이터 형식의 파일 유형으로 [너비가 일정함]을 클릭하고 ❹ [다음]을 클릭합니다.

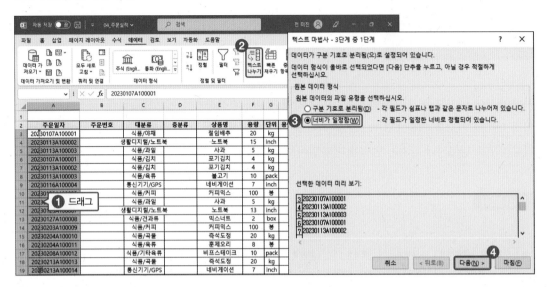

02 ❶ [텍스트 마법사-3단계 중 2단계]에서 [데이터 미리 보기]의 여덟 번째 눈금을 클릭하고 ❷ [다음]을 클릭합니다. ❸ [텍스트 마법사-3단계 중 3단계]의 [데이터 미리 보기]의 첫 번째 열 데이터를 클릭하고 ❹ [열 데이터 서식]에서 [날짜]를 클릭한 후 ❺ [마침]을 클릭합니다. ❻ 기존 데이터를 바꿀 것인지 확인하는 메시지가 나타나면 [확인]을 클릭합니다. 주문일자와 주문번호 데이터가 분리되었습니다.

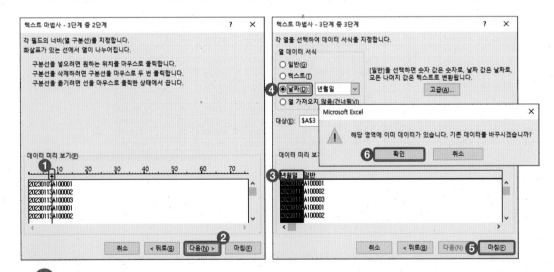

바로 **통** 하는 TIP 주문일자(연도, 월, 일)가 여덟 자리, 주문번호가 일곱 자리이므로 여덟 번째 위치 다음에서 데이터를 나눕니다. [열 데이터 서식]에서 [일반]을 클릭하면 숫자는 숫자로, 날짜는 날짜로, 나머지는 텍스트로 변환됩니다. 첫 번째 열 데이터는 '연-월-일' 형식으로 입력되어 있지 않으므로 [날짜] 서식을 지정해야만 '연-월-일' 형태로 표시됩니다. 두 번째 열 데이터는 문자이므로 [텍스트]를 클릭하거나 [일반]을 클릭합니다.

03 구분 기호로 텍스트 나누기 대분류 열에는 대분류와 중분류 데이터가 합쳐져 있습니다. '/'를 기준으로 텍스트를 나눠보겠습니다. ❶ [C3:C145] 범위를 지정하고 ❷ [데이터] 탭-[데이터 도구] 그룹-[텍스트 나누기]를 클릭합니다. ❸ [텍스트 마법사-3단계 중 1단계]에서 원본 데이터 형식의 파일 유형으로 [구분 기호로 분리됨]을 클릭하고 ❹ [다음]을 클릭합니다.

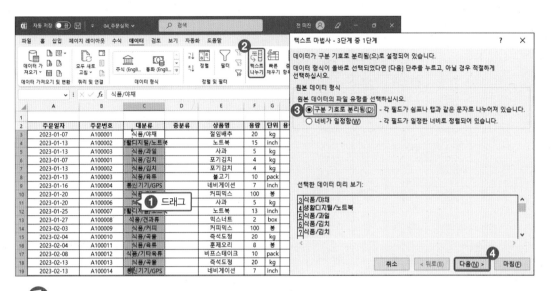

🔴**바로 통 하는 TIP** 텍스트를 나누려면 나누려는 데이터의 개수만큼 오른쪽에 빈 열이 있어야 합니다. 만약 빈 열이 없으면 오른쪽 열이 나눠진 텍스트 값으로 대치되므로 주의합니다.

04 ❶ [텍스트 마법사-3단계 중 2단계]에서 [구분 기호]의 [기타]에 체크하고 ❷ 입력란에 /를 입력합니다. ❸ [다음]을 클릭합니다. ❹ [텍스트 마법사-3단계 중 3단계]에서 지정할 서식이 없으므로 [마침]을 클릭합니다. ❺ 기존 데이터를 바꿀 것인지 확인하는 메시지가 나타나면 [확인]을 클릭합니다. 대분류와 중분류 데이터가 분리되었습니다.

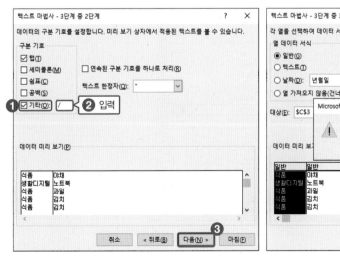
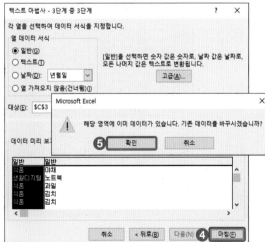

05 텍스트 합치기 용량과 단위는 각각의 열에 입력되어 있으므로 '( )' 구분 기호를 사용해 텍스트를 합쳐 H열에 입력해보겠습니다. ❶ [H3] 셀을 클릭하고 ❷ **=F3&"("&G3&")"**를 입력한 후 Enter 를 누릅니다. ❸ [H3] 셀의 채우기 핸들을 더블클릭하여 수식을 복사합니다. 용량과 단위가 함께 표시됩니다.

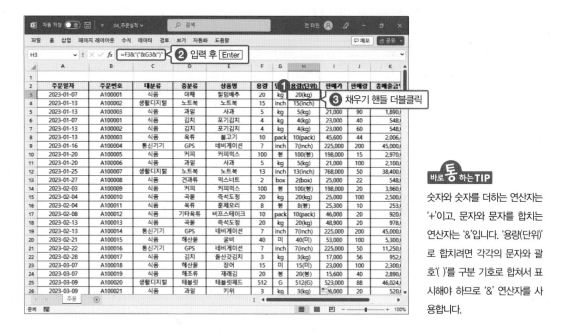

바로 **통** 하는 **TIP**

숫자와 숫자를 더하는 연산자는 '+'이고, 문자와 문자를 합치는 연산자는 '&'입니다. '용량(단위)'로 합치려면 각각의 문자와 괄호'( )'를 구분 기호로 합쳐서 표시해야 하므로 '&' 연산자를 사용합니다.

06 열 숨기기 ❶ [F:G] 열 머리글 범위를 지정한 후 ❷ 마우스 오른쪽 버튼을 클릭하고 ❸ [숨기기]를 클릭합니다. 용량, 단위 열이 숨겨집니다.

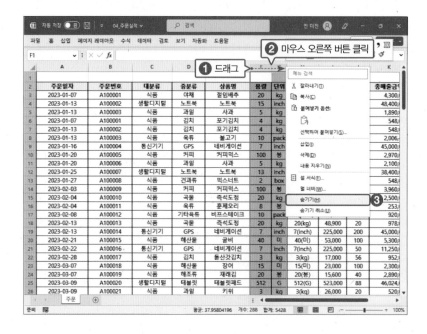

문서
편집&
서식

수식&
함수

데이터
관리&
분석

차트

매크로&
VBA

핵심기능

05

중복값 입력을 제한하고
데이터 유효성 목록 만들기

실습 파일 1장\05_인화주문목록.xlsx
완성 파일 1장\05_인화주문목록_완성.xlsx

데이터 유효성 검사는 데이터를 잘못 입력하지 않도록 제한하여 데이터를 입력할 때 생기는 오류를 최소한으로 줄여줍니다. 주문번호를 중복해서 입력하지 않게 하고, 주문 목록에서 인화목록 값에 따라 사이즈 목록이 바뀌는 방법에 대해 알아보겠습니다.

미리 보기

	A	B	C	D	E	F	G	H	I
1				사진 인화 주문 목록					
2									
3	주문번호	성명	전화번호	인화	사이즈	옵션	단가	수량	금액
4	P1001	김수철	010-111-0101	중대형	10x14	유광			
5	P1002	이민호	010-3232-3333	중명	여권	무광			
6	P1003	강민정	010-333-1234	일반	D4	코팅			
7	P1004	최민우	010-123-8767	중대형	12x17	캔버스			
8	P1005	박선우	010-767-0199	초대형	20x30	고급			
9	P1006	이철민	010-311-0000	중대형	11x14	무광			
10	P1007	홍민호	010-999-4433	중대형	10x14	유광			
11	P1008	문수진	010-222-5555	일반	D4	무광			
12	P1009	오남주	010-2134-5252	일반	5x7	무광			
13	P1010	홍민정	010-000-0000	중명	비자	무광			

인화목록표 / 주문목록

회사에서 바로 통하는 키워드 : 데이터 유효성 검사, 이름 정의, AND, LEN, COUNTIF, IF, INDIRECT

한눈에 보는 작업 순서	텍스트 길이와 중복 입력을 제한하는 데이터 유효성 검사 설정하기	▶	이름 정의하기	▶	이름 정의한 범위를 데이터 유효성 목록으로 연결하기	▶	이중 데이터 유효성 목록 만들기

01 **텍스트 길이와 중복 입력을 제한하는 데이터 유효성 검사 설정하기** 주문번호는 텍스트 길이를 5자로 제한하고, 중복해서 입력할 수 없도록 수식으로 데이터 유효성 검사를 설정해보겠습니다. ❶ [A4:A28] 범위를 지정합니다. ❷ [데이터] 탭-[데이터 도구] 그룹-[데이터 유효성 검사]를 클릭합니다. ❸ [데이터 유효성] 대화상자에서 [설정] 탭을 클릭하고 ❹ [제한 대상]으로 [사용자 지정]을 클릭합니다. ❺ [수식]에 **=AND(LEN(A4)=5,COUNTIF($A$4:$A$28,A4)<2)**를 입력합니다.

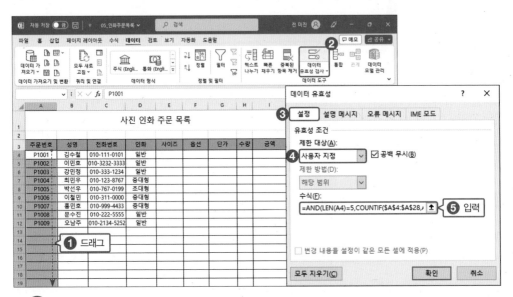

바로 통 하는 TIP 수식 =AND(LEN(A4)=5,COUNTIF($A$4:$A$28,A4)<2)는 문자 길이가 다섯 자리(LEN(A4)=5)이고, 주문번호 전체 범위에서 중복된 주문번호 개수가 2보다 작을 때(COUNTIF($A$4:$A$28,A4)<2), 즉 한 개만 존재하면 주문번호가 중복되지 않았다는 의미이므로 주문번호 입력을 허용합니다. 각 함수에 대한 자세한 내용은 핵심기능 12(105쪽)와 핵심기능 14(115쪽)를 참고합니다.

02 **오류 메시지 입력하기** 주문번호가 중복되었을 때 나타나는 오류 메시지를 입력해보겠습니다. ❶ [오류 메시지] 탭을 클릭하고 ❷ [제목]에 **주문번호오류**를 입력합니다. ❸ [오류 메시지]에 **주문번호가 5자가 아니거나 중복되었습니다. 다시 입력해주세요**를 입력하고 ❹ [확인]을 클릭합니다.

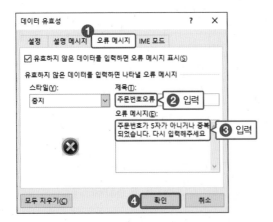

03 ① [A13] 셀을 클릭하고 ② **P1001**을 입력하고 Enter 를 누르면 주문번호가 중복되었으므로 오류 메시지 창이 나타납니다. ③ [취소]를 클릭합니다.

04 첫 행을 이름 정의하기 [인화목록표] 시트의 목록 첫 행을 데이터 유효성 목록으로 연결하기 위해 이름을 정의해보겠습니다. ① [인화목록표] 시트를 클릭합니다. ② [A3:D3] 범위를 지정합니다. ③ [이름 상자]에 **인화목록**을 입력하고 Enter 를 누릅니다.

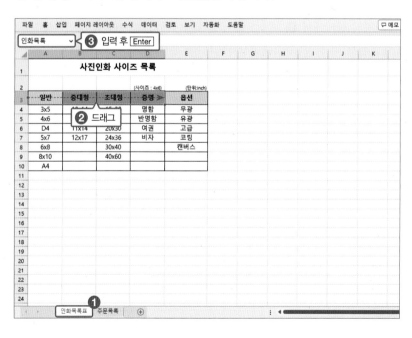

05 이동 옵션으로 선택 영역에서 이름 정의하기 인화목록표의 구분값(A3:E3)별로 하나하나 이름 정의하려면 시간이 오래 걸리고 번거롭습니다. 메뉴를 사용하여 범위를 지정하고 이름 정의를 해보겠습니다. ❶ [A3:E10] 범위를 지정합니다. ❷ [홈] 탭-[편집] 그룹-[찾기 및 선택]을 클릭한 후 ❸ [이동 옵션]을 클릭합니다. ❹ [이동 옵션] 대화상자에서 [상수]를 클릭하고 ❺ [확인]을 클릭합니다.

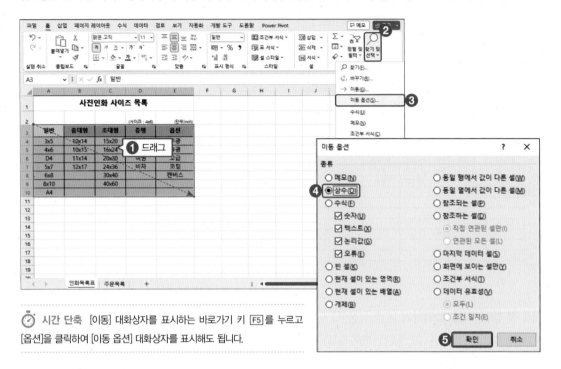

⏱ **시간 단축** [이동] 대화상자를 표시하는 바로가기 키 F5 를 누르고 [옵션]을 클릭하여 [이동 옵션] 대화상자를 표시해도 됩니다.

06 설정한 데이터만 범위가 지정된 상태에서 ❶ [수식] 탭-[정의된 이름] 그룹-[선택 영역에서 만들기]를 클릭합니다. ❷ [선택 영역에서 이름 만들기] 대화상자에서 [첫 행]에만 체크하고 ❸ [확인]을 클릭합니다. ❹ 임의의 셀을 클릭해 범위를 해제한 후 ❺ [이름 상자]의 목록 버튼☑을 클릭하면 정의된 이름 목록이 표시됩니다.

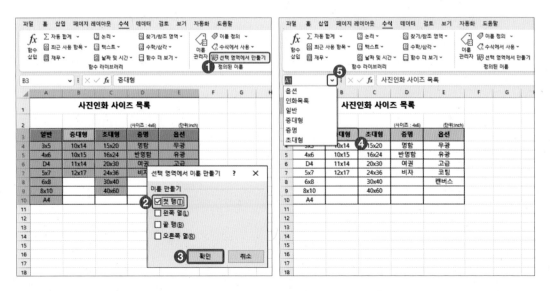

07 옵션으로 이름 정의한 범위를 데이터 유효성 목록으로 연결하기 ❶ [주문목록] 시트를 클릭합니다. ❷ [F4:F28] 범위를 지정하고 ❸ [데이터] 탭-[데이터 도구] 그룹-[데이터 유효성 검사]를 클릭합니다.

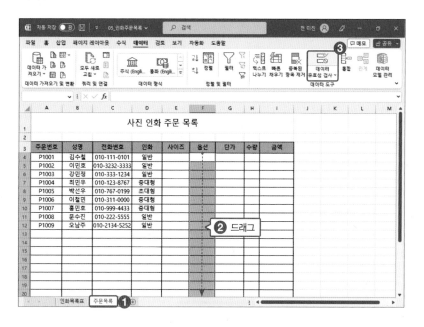

08 ❶ [데이터 유효성] 대화상자에서 [설정] 탭을 클릭하고 ❷ [제한 대상]으로 [목록]을 클릭합니다. ❸ [원본]에 **=옵션**을 입력하고 ❹ [확인]을 클릭합니다. ❺ [F4] 셀을 클릭하면 옵션 목록이 표시됩니다.

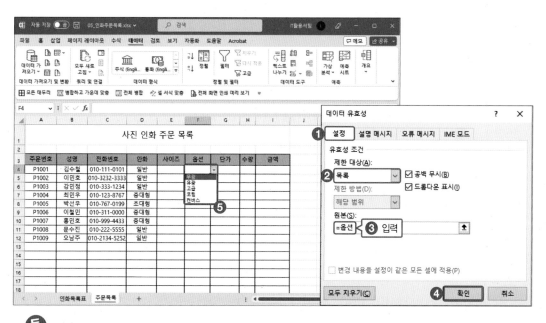

바로 통 하는TIP '옵션'으로 이름 정의한 범위를 목록으로 표시할 때는 등호(=)를 먼저 입력합니다. 등호(=)를 입력하지 않으면 '옵션' 텍스트만 목록으로 표시합니다. 정의된 이름을 원본에 입력하지 않고 목록에서 선택할 때는 [원본]을 클릭한 후 F3 을 눌러 [이름 붙여넣기] 대화상자에서 '옵션'을 클릭합니다.

문서
편집&
서식

수식&
함수

데이터
관리&
분석

차트

매크로&
VBA

09 인화목록으로 이름 정의한 범위를 데이터 유효성 목록으로 연결하기 주문번호, 성명, 전화번호 셀에 데이터가 입력되어 있을 때만 **04** 단계에서 이름 정의한 인화목록이 표시되도록 해보겠습니다. ❶ [D4:D28] 범위를 지정하고 ❷ [데이터] 탭-[데이터 도구] 그룹-[데이터 유효성 검사]를 클릭합니다.

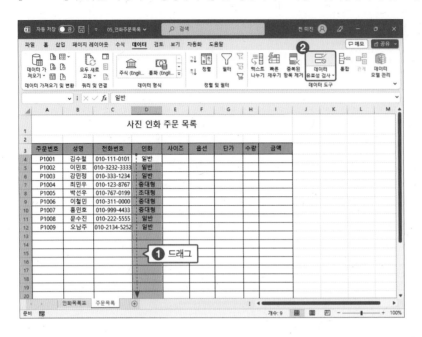

10 ❶ [데이터 유효성] 대화상자의 [설정] 탭에서 [제한 대상]으로 [목록]을 클릭합니다. ❷ [원본]에 **=IF(AND($A4〈〉"",$B4〈〉"",$C4〈〉""),인화목록,"")**를 입력합니다. ❸ [설명 메시지] 탭을 클릭하고 ❹ [제목]에 **필수**를 입력합니다. ❺ [설명 메시지]에 **주문번호, 성명, 전화번호는 필수 입력**을 입력하고 ❻ [확인]을 클릭합니다.

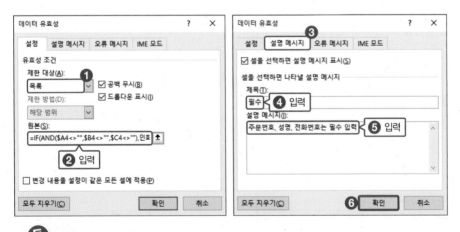

바로 통 하는TIP 수식 **=IF(AND($A4〈〉"",$B4〈〉"",$C4〈〉""),인화목록,"")**는 만약(IF) 주문번호($A4)와 성명($B4), 전화번호($C4) 셀이 모두 공백이 아니면 이름 정의한 '인화목록'을 목록으로 표시하고, 공백이 있으면 목록을 표시하지 않는다는 의미입니다. 각 함수에 대한 자세한 내용은 핵심기능 12(105쪽)를 참고합니다.

11 인화목록 표시하기 [D13] 셀에 인화목록이 표시되지 않습니다. ❶ [A13], [B13], [C13] 셀에 **P1010**, **홍민정**, **010-000-0000**을 입력합니다. ❷ [D13] 셀에서 인화목록▼을 클릭하고 ❸ [증명]을 클릭합니다.

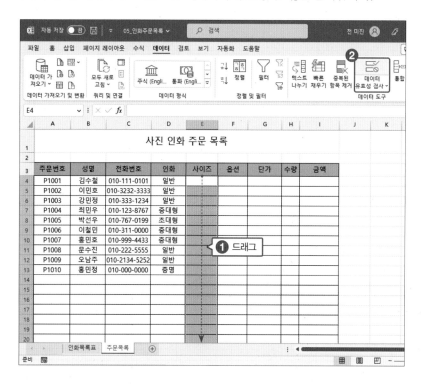

12 인화목록과 연결된 인화와 사이즈를 이중 목록으로 표시하기 인화목록에 연결된 인화와 사이즈가 각각 다르게 표시되도록 이중 데이터 유효성 목록을 설정하겠습니다. ❶ [E4:E28] 범위를 지정하고 ❷ [데이터] 탭-[데이터 도구] 그룹-[데이터 유효성 검사]를 클릭합니다.

문서
편집&
서식

수식&
함수

데이터
관리&
분석

차트

매크로&
VBA

13 ❶ [데이터 유효성] 대화상자에서 [설정] 탭을 클릭하고 ❷ [제한 대상]으로 [목록]을 클릭합니다. ❸ [원본]에 **=INDIRECT(D4)**를 입력합니다. ❹ [확인]을 클릭합니다.

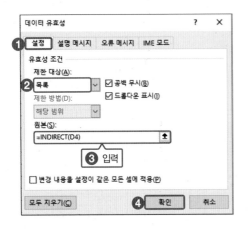

바로**통**하는**TIP** 수식 **=INDIRECT(D4)**는 원본에 =D4를 입력하면 인화 셀의 텍스트 값을 목록으로 표시합니다. 하지만 여기서는 인화(D4) 셀의 사이즈 범위가 목록으로 표시되어야 하므로 INDIRECT 함수로 수식을 만듭니다. INDIRECT 함수는 셀 값을 정의된 이름의 범위로 변환합니다.

14 [D4] 셀의 인화목록 값에 따라 [E4] 셀의 인화 사이즈 목록의 범위가 다르게 표시됩니다. 인화, 사이즈, 옵션을 각각 클릭해봅니다.

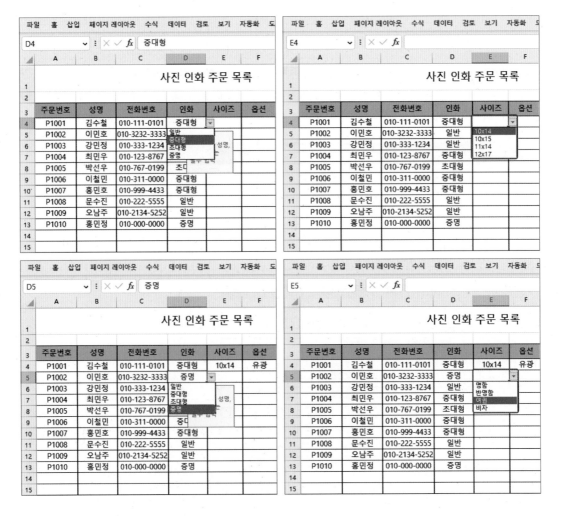

문서
편집&
서식

수식&
함수

데이터
관리&
분석

차트

매크로&
VBA

2010 \ 2013 \ 2016 \ 2019 \ 2021 \ M365

핵심기능

06

사용자 지정 표시 형식
설정하기

실습 파일 1장\06_차량일지.xlsx
완성 파일 1장\06_차량일지_완성.xlsx

셀에 입력된 문자와 수치 데이터가 화면에서 어떻게 보일지 결정하는 것이 표시 형식입니다. 기본적으로 표시 형식은 [홈] 탭-[표시 형식] 그룹에 모여 있는데, 해당 아이콘을 클릭해서 데이터 서식을 쉽게 적용할 수 있으며 데이터에 맞춰 사용자가 직접 표시 형식을 지정할 수도 있습니다. 작성 규칙과 표시 형식 코드는 71쪽을 참고합니다. 차량일지에 입력된 데이터에 맞게 사용자 지정 표시 형식을 설정하는 방법을 알아보겠습니다.

미리 보기

회사에서 바로 통하는 키워드: 셀 서식, 사용자 지정 형식

| 한눈에 보는 작업 순서 | 숫자에 자릿수 표시하기 | ▶ | 날짜 서식 지정하기 | ▶ | 숫자에 천 단위 표시하기 | ▶ | 숫자를 한글로 표시하기 | ▶ | 숫자에 단위 표시하기 | ▶ | 시간을 누적 분으로 표시하기 | ▶ | 문자에 'ㄴ' 표시하기 | ▶ | 숫자에 특수 문자 표시하기 |

01 숫자를 데이터 자릿수에 맞춰 표시하기 ❶ [K1] 셀을 클릭하고 ❷ Ctrl + 1 을 누릅니다. ❸ [셀 서식] 대화상자의 [표시 형식] 탭에서 [범주]를 [사용자 지정]으로 클릭합니다. ❹ [형식] 입력란에 **000-00-0**을 입력하고 ❺ [확인]을 클릭합니다. '세 자리-두 자리-한 자리' 서식을 적용했습니다.

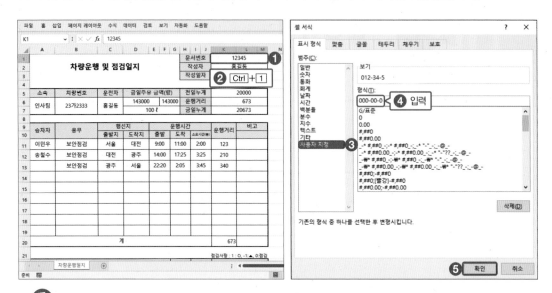

바로 통 하는TIP 표시 형식에서 0은 숫자를 표시하는 기호로 유효한 자릿수가 아니더라도 숫자의 자릿수를 맞추는 기호입니다. 유효한 자릿수란 실제 입력한 숫자의 자릿수를 말합니다. 1234이면 유효한 자릿수가 네 자리이고 12이면 유효한 자릿수가 두 자리입니다. '000-00-0'은 문서번호를 '세 자리-두 자리-한 자리' 형식으로 표시합니다.

02 날짜를 연-월-일(요일)로 사용자 지정 형식 적용하기 ❶ [K3] 셀을 클릭하고 ❷ Ctrl + 1 을 누릅니다. ❸ [셀 서식] 대화상자의 [표시 형식] 탭에서 [범주]를 [사용자 지정]으로 클릭합니다. ❹ [형식] 입력란에 **yyyy-mm-dd(aaa)**를 입력하고 ❺ [확인]을 클릭합니다. '연-월-일(요일)' 서식을 적용했습니다.

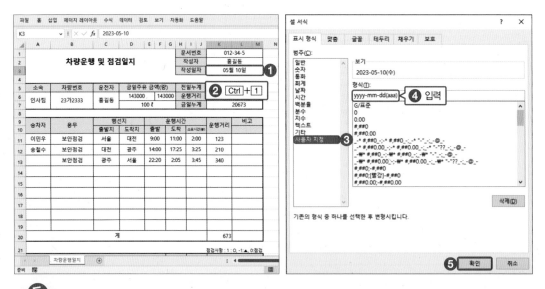

바로 통 하는TIP y는 연도, m은 월, d는 날짜, a는 요일을 표시하는 기호입니다. 'yyyy-mm-dd(aaa)'는 날짜를 '연도-월-일(요일)' 형식으로 표시합니다.

03 숫자 데이터에 천 단위마다 콤마 표시하기 ❶ [F6] 셀을 클릭하고 ❷ Ctrl + 1 을 누른 후 ❸ [셀 서식] 대화상자의 [표시 형식] 탭에서 [범주]를 [사용자 지정]으로 클릭합니다. ❹ [형식] 입력란에 (₩ #,##0)를 입력하고 ❺ [확인]을 클릭합니다.

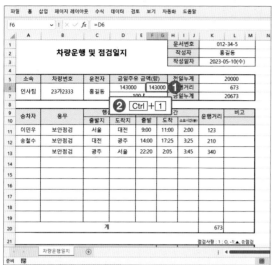
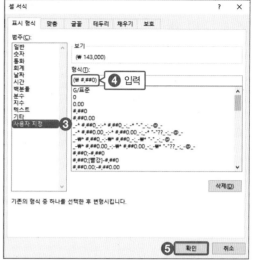

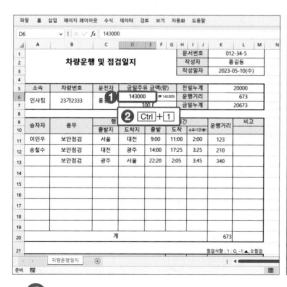 **바로 통 하는TIP** #은 유효한 자릿수의 숫자를 표시하는 기호입니다. (₩ #,##0)는 괄호 안에 통화 기호를 표시하고 천 단위마다 콤마를 표시합니다. 사용자 형식 코드가 #,###이면 입력한 값이 0일 경우 아무것도 표시하지 않는 데 비해 #,##0은 0을 표시합니다.

04 숫자 데이터를 한글로 바꾸고 뒤에 원 표시하기 ❶ [D6] 셀을 클릭하고 ❷ Ctrl + 1 을 누릅니다. ❸ [셀 서식] 대화상자의 [표시 형식] 탭에서 [범주]를 [기타]로 클릭합니다. ❹ [형식]에서 [숫자(한글)]을 클릭합니다.

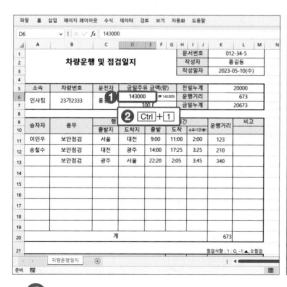

바로 통 하는TIP [숫자(한글)] 서식은 숫자를 입력하면 한글로 표시해주는 서식입니다. [기타]의 형식 목록에 [숫자(한글)]이 표시되지 않으면 [로캘(위치)]를 [한국어]로 변경합니다.

문서
편집&
서식

수식&
함수

데이터
관리&
분석

차트

매크로&
VBA

05 ❶ 다시 [범주]를 [사용자 지정]으로 클릭하고 ❷ [형식] 입력란에 입력되어 있는 서식 코드 맨 뒤에 **원**을 입력한 후 ❸ [확인]을 클릭합니다. **04** 단계에서 사용한 [숫자(한글)] 서식을 수정해서 적용했습니다. 숫자가 한글로 표기되며 '원'이 붙습니다.

06 숫자 데이터에 단위 표시하기 ❶ [K5:K7] 범위를 지정합니다. ❷ Ctrl 을 누른 채 [K11:K20] 범위를 지정하고 ❸ Ctrl + 1 을 누릅니다.

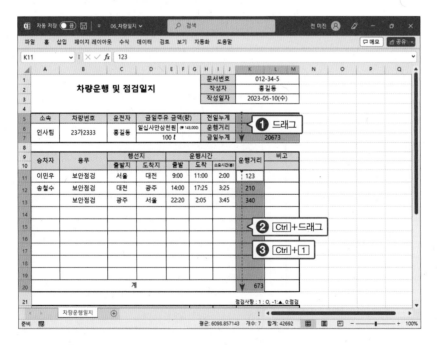

07 ❶ [셀 서식] 대화상자의 [표시 형식] 탭에서 [범주]를 [사용자 지정]으로 클릭합니다. ❷ [형식] 입력란에 #,##0ㄹ을 입력하고 [한자]를 누릅니다. ❸ 목록에서 [Tab]을 눌러 확장한 후 ❹ [㎞]를 클릭합니다. ❺ [셀 서식] 대화상자의 [확인]을 클릭합니다. ㎞가 자동으로 붙도록 서식을 적용했습니다.

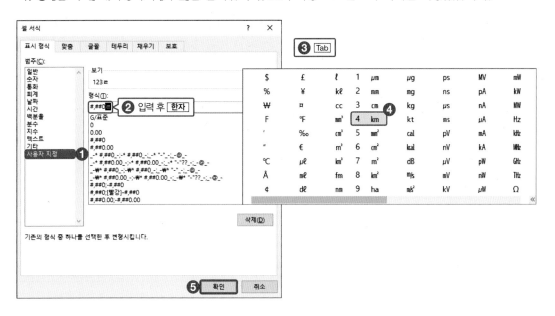

08 시간을 누적 분으로 표시하기 ❶ [I11:I19] 범위를 지정하고 ❷ [Ctrl]+[1]을 누릅니다. ❸ [셀 서식] 대화상자의 [표시 형식] 탭에서 [범주]를 [사용자 지정]으로 클릭합니다. ❹ [형식] 입력란에 **[m]**을 입력하고 ❺ [확인]을 클릭합니다. 소요시간이 누적 분으로 표시됩니다.

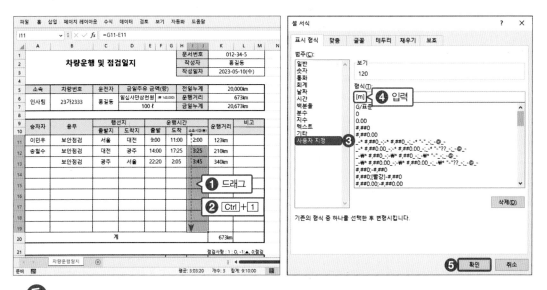

바로 통 하는TIP 시간 형식에서 h는 시간, m은 분, s는 초를 표시하는 기호입니다. m은 59분까지 표시되지만 [m]는 60분이 넘는 누적 분까지 표시합니다.

문서
편집&
서식

수식&
함수

데이터
관리&
분석

차트

매크로&
VBA

09 문자 데이터에 특수 문자 표시하기 ① [A23:A33] 범위를 지정하고 **②** Ctrl + 1 을 누릅니다. **③** [셀 서식] 대화상자의 [표시 형식] 탭에서 [범주]를 [사용자 지정]으로 클릭합니다. **④** [형식] 입력란에 − @를 입력하고 **⑤** [확인]을 클릭합니다. 내용 앞에 ' − '이 자동으로 붙도록 서식을 적용했습니다.

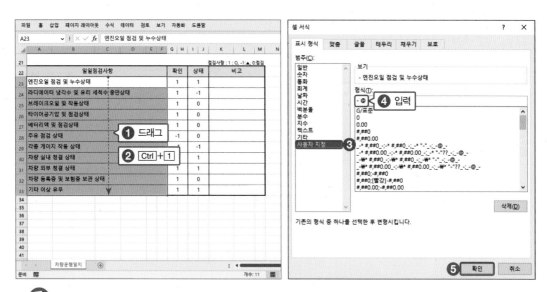

바로**통**하는**TIP** @는 문자를 표시하는 기호로 − @는 문자 데이터 앞에 하이픈(−)과 띄어쓰기를 표시합니다.

10 숫자 데이터에 색과 특수 문자 표시하기 ① [G23:J33] 범위를 지정하고 **②** Ctrl + 1 을 누릅니다. **③** [셀 서식] 대화상자의 [표시 형식] 탭에서 [범주]를 [사용자 지정]으로 클릭합니다. **④** [형식] 입력란에 O;[파랑]▲;[빨강]"점검"를 입력하고 **⑤** [확인]을 클릭합니다. 숫자 데이터가 'O, ▲, 점검'으로 표시됩니다.

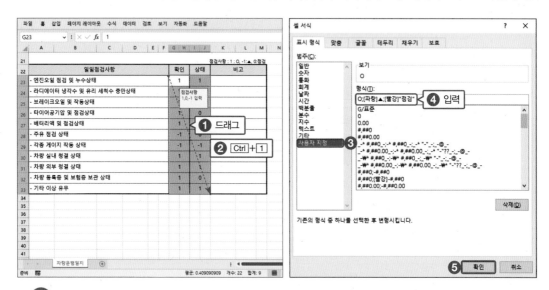

바로**통**하는**TIP** 사용자 지정 형식은 **양수;음수;0;문자** 형식을 세미콜론(;)으로 구분하여 표시합니다. O;[파랑]▲;[빨강]"점검" 형식은 양 수일 때 검은색 O, 음수일 때 파란색 ▲, 0은 빨간색 '점검'으로 표시합니다. ▲를 입력할 때는 ㅁ을 입력한 후 한자 를 누르고 Tab 을 눌러 목록 을 확장한 후 클릭합니다.

표시 형식과 사용자 지정 형식

1 표시 형식

❶ **표시 형식 지정 목록**: 일반, 숫자, 통화, 회계 등의 다양한 표시 형식을 지정합니다.

❷ **회계 표시 형식**: 원화(₩), 달러($), 엔화(¥) 등을 지정하고 숫자 세 자리마다 쉼표를 표시합니다.

❸ **백분율 스타일**: 숫자에 100을 곱한 후 % 기호를 붙입니다.

❹ **쉼표 스타일**: 숫자 세 자리마다 구분 기호로 쉼표(,)를 표시합니다.

❺ **자릿수 늘림**: 소수 자릿수를 한 자리씩 늘립니다.

❻ **자릿수 줄임**: 소수 자릿수를 반올림하며 한 자리씩 줄입니다.

❼ **[셀 서식] 대화상자 표시 아이콘**: [셀 서식] 대화상자를 표시합니다.

2 사용자 지정 형식

[셀 서식] 대화상자에서 지정하고 싶은 형식을 찾을 수 없다면 사용자가 직접 형식을 입력합니다. 사용자 지정 형식은 한 번에 네 개까지 지정할 수 있으며 기본적으로 '양수, 음수, 0, 문자 형식'을 세미콜론(;)으로 구분하여 다음과 같이 표시합니다.

> 양수 형식;음수 형식;0;문자 형식

사용자 지정 형식에는 조건이나 색을 지정할 수 있으며, 조건이나 색은 대괄호([ ])에 입력합니다. 입력 가능한 색상은 [검정], [파랑], [녹청], [녹색], [자홍], [빨강], [흰색], [노랑]으로 8가지가 있으며 색상을 맨 앞에 입력합니다.

입력값	증감 ❶	증감 ❷
12000	▲12,000	▲ 12,000
-6000	▼6,000	▼ 6,000
0	-	
-10500	▼10,500	▼ 10,500
75600	▲75,600	▲ 75,600
0	-	
56000	▲56,000	▲ 56,000

> [조건] 형식;[조건] 형식   [색] [조건] 형식;[색] [조건] 형식

사용자 지정 형식 코드 증감 ❶ : [파랑]▲#,##0;[빨강]▼#,##0;"–"	양수는 파란색 ▲와 천 단위마다 콤마 표시; 음수는 빨간색 ▼와 천 단위마다 콤마 표시; 0은 – 기호로 표시
사용자 지정 형식 코드 증감 ❷ : [파랑]▲* #,##0;[빨강]▼* #,##0;#	양수/음수일 때 ▲/▼와 숫자 사이에 빈 여백만큼 공백(*)을 표시; 0일 때는 표시 안 함

사용자 지정 형식은 데이터 형식별로 약속된 서식 기호가 있습니다.

데이터 형식	서식 기호	기능
숫자	#	유효한 숫자를 표시하는 기호(무효한 0은 표시 안 함)
	0	숫자를 표시하는 기호(무효한 0을 표시하여 자릿수를 맞춤)
	?	숫자를 표시하는 기호(무효한 0을 공백으로 표시하여 자릿수를 맞춤)
	%	백분율을 표시
	.	소수점을 표시
	,	숫자 세 자리마다 구분 기호
	₩, $, ¥	통화 유형 기호
문자	@	문자를 대표하는 형식으로 문자에 특정 문자를 표시하고 싶을 때 사용
	YY/YYYY	연도를 두 자리 또는 네 자리로 표시
	M/MM MMM/MMMM	월을 1~12 또는 01~12로 표시 월을 영문 세 자리 또는 영어로 표시. 예) Jan 또는 January
	D/DD	일을 1~31 또는 01~31로 표시
	DDD/DDDD	요일을 영문 세 자리 또는 영어로 표시. 예) Mon 또는 Monday
	AAA/AAAA	요일을 한글 한 자리 또는 한글로 표시. 예) 월 또는 월요일
	H/HH	시간을 0~23 또는 00~23으로 표시
	M/MM	분을 0~59 또는 00~59로 표시
	S/SS	초를 0~59 또는 00~59로 표시
날짜	*	* 뒤에 입력한 문자를 셀의 빈 여백에 반복해서 표시
	;	양수, 음수, 0, 문자 형식을 구분 또는 지정된 조건에 따른 형식 구분
	[ ]	색상이나 조건 지정
	" "	따옴표(" ") 안에 임의의 문자 삽입

3 천 단위 또는 백만 단위로 표시하기

자릿수가 큰 숫자는 셀 공간을 많이 차지하고 데이터를 읽기도 불편합니다. 이때는 세 자리씩 끊어서 표시할 수 있습니다.

> 사용자 형식 코드 단위(천 원) : #,##0,
> 사용자 형식 코드 단위(백만 원) : #,##0,,

분양가	천 단위	백만 단위
123,400,000	12,340	123
345,600,000	34,560	346
456,700,000	45,670	457
845,546,000	24,555	846
1,546,800,000	54,680	1,547
2,256,900,000	2,256,900	2,257

4 만 단위(네 자리)마다 구분 기호로 쉼표 표시하기

천 단위(세 자리)마다 쉼표를 표시하도록 구분 기호로 표시 형식(#,##0)을 지정하면 자동으로 세 자리마다 쉼표가 표시되어 데이터를 읽기 편합니다. 하지만 만 단위(네 자리)마다 쉼표를 표시하는 구분 기호는 쉼표를 큰따옴표(" ") 안에 문자로 삽입해야 합니다. 자동으로 쉼표를 표시할 수 없으므로 대괄호([ ])를 사용해 조건을 만듭니다.

입력값		만 단위 구분
10,000	일만	1,0000
1,000,000	일백만	100,0000
100,000,000	일억	1,0000,0000
10,000,000,000	일백억	100,0000,0000
1,000,000,000,000	일조	1,0000,0000,0000
10,000,000,000,000	일십조	10,0000,0000,0000

문서
편집&
서식

수식&
함수

데이터
관리&
분석

차트

매크로&
VBA

사용자 형식 코드 만 단위 구분 기호 :
[>999999999999]####","####","####","###0_-;[>99999999]####","####","###0_-;####","###0_-

자릿수가 열두 자리보다 크면([>999999999999]) 1000,0000,0000,0000로 표시하고;
자릿수가 여덟 자리보다 크면([>99999999]) 1000,0000,0000으로 표시하고;
자릿수가 여덟 자리보다 작으면 1000,0000으로 표시하면서 숫자 끝에 공백(_-)을 삽입

5 누적 시간 표시하기

시간 형식은 주로 '시:분:초' 형태의 'h:m:s' 형식을 사용합니다. 시간 형식에서 24시간이 넘어서는 누적 시간을 표시하려면 대괄호와 함께 h, m, s 기호를 사용합니다. 다음과 같이 입고시간부터 출고시간까지 걸린 시간(=출고시간-입고시간)을 표시하려면 결괏값 셀 서식을 [h], [m], [s]로 지정합니다.

사용자 지정 형식 누적 시간 : [h]
사용자 지정 형식 누적 분 : [m]
사용자 지정 형식 누적 초 : [s]

입고시간	출고시간	누적(시)	누적(분)	누적(초)
2023-12-06 11:00 AM	2023-12-06 12:10 PM	1	70	4250
2023-12-06 08:00 AM	2023-12-06 01:00 PM	5	300	18000
2023-12-06 08:30 AM	2023-12-06 07:00 PM	10	630	37800
2023-12-06 05:10 PM	2023-12-07 03:10 PM	22	1320	79200
2023-12-06 01:00 PM	2023-12-08 03:00 AM	38	2280	136800
2023-12-06 10:20 PM	2023-12-10 08:20 AM	82	4920	295200

6 숫자를 한글/한자로 표시하는 형식 코드

형식 코드		설명	표시 형식
2016 버전 이상	2013 이전 버전		
[DBNum1][$-ko-KR]G/표준	[DBNum1][$-412]G/표준	한자로 표시	一千二百五十万
[DBNum2][$-ko-KR]G/표준	[DBNum2][$-412]G/표준	한자 갖은자로 표시	壹阡貳百伍拾萬
[DBNum3][$-ko-KR]G/표준	[DBNum3][$-412]G/표준	단위만 한자로 표시	千2百5十万
[DBNum4][$-ko-KR]G/표준	[DBNum4][$-412]G/표준	한글로 표시	일천이백오십만

2010 \ 2013 \ 2016 \ 2019 \ 2021 \ M365

핵심기능

07

조건부 서식으로 데이터 시각화하기

실습 파일 1장\07_교육출석부.xlsx
완성 파일 1장\07_교육출석부_완성.xlsx

조건부 서식은 사용자가 지정한 조건이나 셀 값을 기준으로 서로 다른 서식을 적용하는 것입니다. 막대나 색조, 아이콘 등으로 데이터를 시각화하여 전체적인 추세나 강조하고 싶은 데이터를 한눈에 확인할 수 있습니다. 조건부 서식을 이용해 출석부를 강조하는 방법에 대해 알아보겠습니다.

미리 보기

이름	구분	1일	2일	3일	4일	5일	6일	7일	8일	9일	10일	출석일	결석	지각	조퇴	출석률
김수진	시작	o	o	지각	o	o	o		지각	o	o	9	1	2		80%
	종료	o	o	o	o	o	o			o	o	9	1			
이진수	시작	o	o	o	o	지각	o	o		o	o	9	1	1		80%
	종료	o	o	o	o	o	o	o		o	o	9	1			
나미영	시작	o	o	지각	o	o	지각			o	o	8	2	2		60%
	종료	o	o	o	o	o	o			o	o	8	2			
홍정민	시작	o	o	o	o	o	지각	o	o	o	o	10		1		100%
	종료	o	o	o	o	o	o	o	o	o	o	10				
박철구	시작	o	o	o	o	지각			지각	o	o	7	3	2		38%
	종료	o	조퇴	o	o	o			o	o	o	7	3		1	
민대국	시작	o	o	o	o	o	o	o	o	o	o	9	1			75%
	종료	o	o	o	조퇴	o	o	o	조퇴	o	o	9	1		2	
최나라	시작	o	o	o	지각	o	o	o	지각		o	9	1	2		80%
	종료	o	o	o	o	o	o	o	o		o	9	1			
강민욱	시작	o	o	o	o	o	o	o	o	o	o	10				98%
	종료	o	o	o	o	o	조퇴	o	o	o	o	10			1	
문희진	시작	o	o	o	o	o	지각	o	o	o	o	10		1		100%
	종료	o	o	o	o	o	o	o	o	o	o	10				
조수연	시작	o	o	o	o	o	o	o	o	o	o	10				95%
	종료	o	o	o	o	o	조퇴	o	o	조퇴	o	10			2	
정지영	시작	o	o	o	o	o	o	o	o	o	o	9	1			78%
	종료	o	o	o	조퇴	o	o	o	o	o	o	9	1			
전상민	시작	o	o	o	o	o	o	지각	지각	o	o	9	1	2		75%
	종료	o	o	o	o	조퇴	o	o	조퇴	o	o	9	1		2	
김철수	시작	o	o	o	o	o	o	o	o	o	o	7	3			40%
	종료	o	o	o	o	o	o	o	o	o	o	7	3			
안주미	시작	o	o	o	o	o	o	o	o	o	o	10				95%
	종료	o	조퇴	o	o	o	o	o	조퇴	o	o	10			2	

교육 출석부(10일)

출석부

회사에서 바로 통하는 키워드: 조건부 서식, 막대/아이콘 표시, 테두리 그리기

한눈에 보는 작업 순서	조건에 맞는 셀을 찾아 강조하기	▶	데이터 막대로 값 표시하기	▶	규칙에 따라 아이콘으로 표시하기	▶	조건에 따라 테두리 그리기

01 지각 셀을 찾아 강조하기 ❶ [D4:M37] 범위를 지정합니다. ❷ [홈] 탭-[스타일] 그룹-[조건부 서식]을 클릭하고 ❸ [셀 강조 규칙]을 클릭한 후 ❹ [같음]을 클릭합니다. ❺ [같음] 대화상자에서 **지각**을 입력하고 ❻ [적용할 서식]으로 [진한 녹색 텍스트가 있는 녹색 채우기]를 클릭한 후 ❼ [확인]을 클릭합니다. 지각 셀에 텍스트 색과 채우기 색이 적용됩니다.

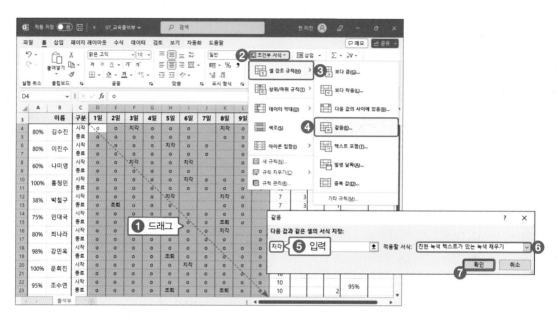

02 조퇴 셀을 찾아 강조하기 범위가 지정되어 있는 상태에서 ❶ [홈] 탭-[스타일] 그룹-[조건부 서식]을 클릭하고 ❷ [셀 강조 규칙]을 클릭한 후 ❸ [같음]을 클릭합니다. ❹ [같음] 대화상자에서 **조퇴**를 입력하고 ❺ [적용할 서식]으로 [진한 노랑 텍스트가 있는 노랑 채우기]를 클릭한 후 ❻ [확인]을 클릭합니다. 조퇴 셀에 텍스트 색과 채우기 색이 적용됩니다.

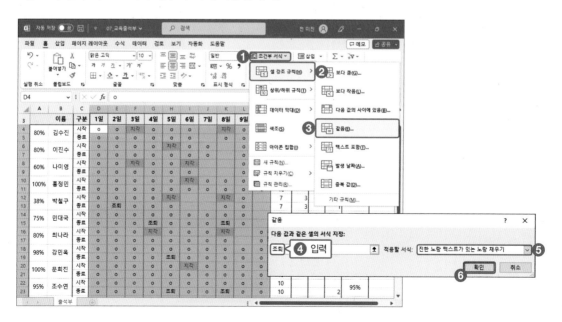

03 결석 셀을 찾아 강조하기 범위가 지정되어 있는 상태에서 ❶ [홈] 탭-[스타일] 그룹-[조건부 서식] 을 클릭하고 ❷ [셀 강조 규칙]을 클릭한 후 ❸ [같음]을 클릭합니다. ❹ [같음] 대화상자에서 **=""**를 입력 하고 ❺ [적용할 서식]으로 [진한 빨강 텍스트가 있는 연한 빨강 채우기]를 클릭한 후 ❻ [확인]을 클릭 합니다. 빈 셀에 채우기 색이 적용됩니다.

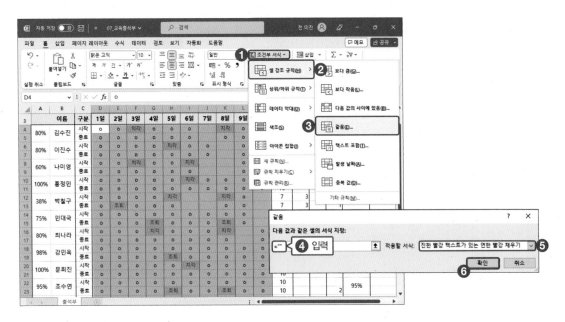

04 데이터 막대로 결석, 지각, 조퇴 데이터 값 표시하기 결석, 지각, 조퇴 데이터 값을 막대로 표시해 보겠습니다. ❶ [O4:Q37] 범위를 지정합니다. ❷ [홈] 탭-[스타일] 그룹-[조건부 서식]을 클릭하고 ❸ [데이터 막대]를 클릭한 후 ❹ [그라데이션 채우기]에서 [연한 파랑 데이터 막대]를 클릭하여 데이터 막 대를 표시합니다.

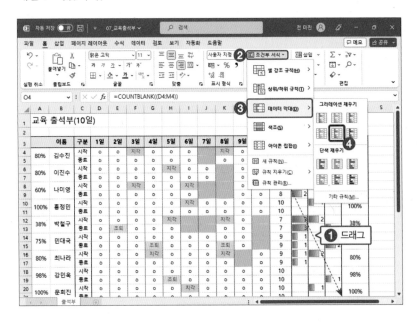

05 출석률 데이터 값을 아이콘으로 표시하기 출석률 데이터 값을 아이콘(✅⚠️❌)으로 표시해보겠습니다. ❶ [A4:A37] 범위를 지정합니다. ❷ [홈] 탭-[스타일] 그룹-[조건부 서식]을 클릭하고 ❸ [아이콘 집합]을 클릭한 후 ❹ [표시기]에서 [3가지 기호(원)✅⚠️❌]을 클릭하여 값에 따라 아이콘을 표시합니다.

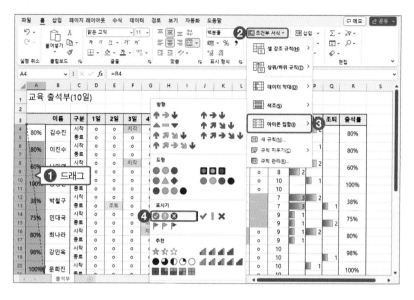

바로 통 하는TIP

세 개의 아이콘은 데이터 값에 따라 백분율로 1/3 영역을 나눠 아이콘을 표시합니다.

06 출석률이 80% 이상인 경우에만 아이콘 표시하기 출석률이 80% 이상인 경우(>=0.8)에만 아이콘(✅)을 표시하도록 규칙을 수정하겠습니다. 범위가 지정되어 있는 상태에서 ❶ [홈] 탭-[스타일] 그룹-[조건부 서식]을 클릭하고 ❷ [규칙 관리]를 클릭합니다. ❸ [조건부 서식 규칙 관리자] 대화상자에서 [아이콘 집합] 규칙을 클릭하고 ❹ [규칙 편집]을 클릭합니다.

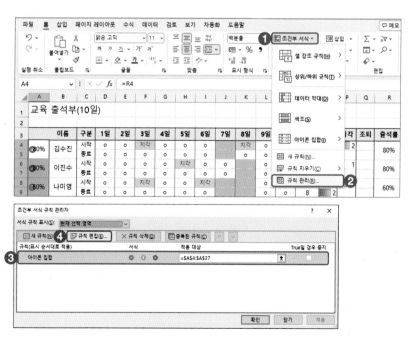

문서
편집&
서식

수식&
함수

데이터
관리&
분석

차트

매크로&
VBA

07 ❶ [규칙 설명 편집]에서 [아이콘만 표시]에 체크합니다. ❷ 첫 번째 [아이콘]에 [✅], [값]에 [〉=], [0.8], [숫자]를 설정합니다. ❸ 두 번째 [아이콘]에 [셀 아이콘 없음], [값]에 [〉=], [0], [숫자]를 설정합니다. ❹ 세 번째 [아이콘]에 [셀 아이콘 없음]을 클릭합니다. ❺ [확인]을 클릭하고 ❻ [조건부 서식 규칙 관리자] 대화상자에서도 [확인]을 클릭합니다. 80% 이상의 데이터 값이 있는 경우(〉=0.8)에만 아이콘(✅)이 표시됩니다.

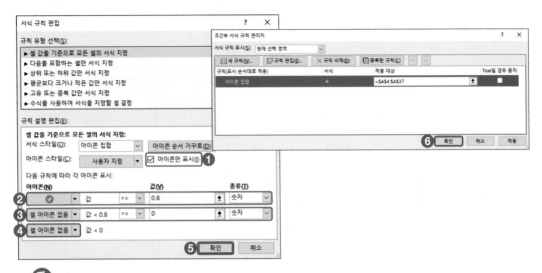

> **바로 통 하는 TIP** 셀 값을 기준으로 숫자, 백분율, 수식, 백분위수로 변경할 수 있습니다. 백분율과 백분위수는 0~100 사잇값을 입력합니다.

08 이름 셀을 기준으로 행 테두리 그리기 이름 셀을 기준으로 행이 구분되게 테두리를 그려보겠습니다. ❶ [A4:R37] 범위를 지정합니다. ❷ [홈] 탭-[스타일] 그룹-[조건부 서식]을 클릭하고 ❸ [새 규칙]을 클릭합니다.

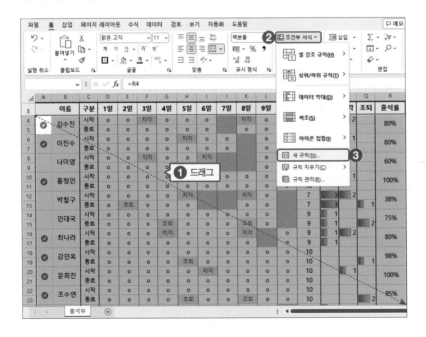

09 ❶ [새 서식 규칙] 대화상자의 [규칙 유형 선택]에서 [수식을 사용하여 서식을 지정할 셀 결정]을 클릭하고 ❷ 수식 입력란에 **=$C4="시작"**를 입력합니다. ❸ [서식]을 클릭합니다.

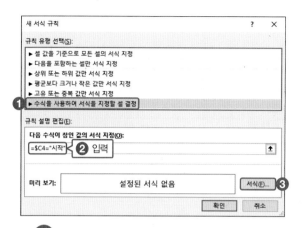

🔧 **바로 통 하는TIP** '이름'을 기준으로 셀을 구분하기 위해 '구분'에서 '시작' 값이 나올 때 테두리를 그리도록 **수식(=$C4="시작")**을 입력했습니다. 첫 번째 셀($C4)은 '시작'이 나오므로 규칙을 적용하고, 다음 셀은 '종료'이므로 규칙이 적용되지 않습니다. 마지막 데이터까지 반복해서 규칙 적용 유무를 판단합니다.

10 ❶ [셀 서식] 대화상자에서 [테두리] 탭을 클릭하고 ❷ [선]-[스타일]에서 [실선——], ❸ [테두리]에서 [위쪽 테두리🔲]를 클릭합니다. ❹ [확인]을 클릭하고 ❺ [새 서식 규칙] 대화상자에서도 [확인]을 클릭합니다. 이름을 기준으로 테두리가 그려졌습니다.

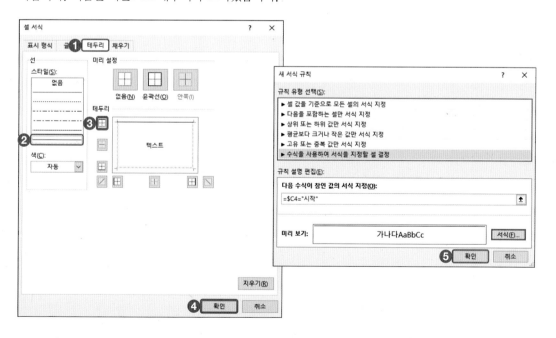

문서
편집&
서식

수식&
함수

데이터
관리&
분석

차트

매크로&
VBA

조건부 서식 규칙 관리자 살펴보기

[조건부 서식 규칙 관리자] 대화상자에서 규칙 목록을 편집하거나 새로운 규칙을 만들 수 있습니다.

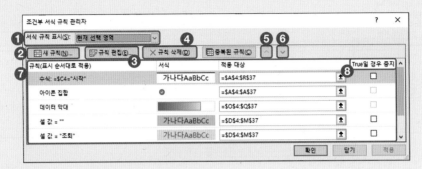

❶ **서식 규칙 표시** : 서식 규칙을 설정해놓은 대상(현재 선택 영역, 현재 시트, 시트2, 시트3…)을 선택합니다.

❷ **새 규칙** : 새로운 조건부 서식을 만듭니다.

❸ **규칙 편집** : 선택한 조건부 서식을 편집합니다.

❹ **규칙 삭제** : 선택한 조건부 서식을 삭제합니다.

❺ ▲ : 선택한 규칙을 위로 이동시켜 우선순위를 높입니다.

❻ ▼ : 선택한 규칙을 아래로 이동시켜 우선순위를 낮춥니다.

❼ **규칙** : 조건부 서식의 종류가 표시되며 위에 있을수록 우선순위가 높습니다. 둘 이상의 조건부 서식 규칙을 모두 만족
하면 규칙 출동이 발생하므로 이 경우 우선순위가 높은 규칙이 적용됩니다.

❽ **True일 경우 중지** : 여러 개의 조건부 서식 규칙을 지원하지 않는 엑셀 2007 이전 버전과의 호환성을 위해 확인란에 체
크하면 이전 버전으로 저장 시 규칙 적용을 중지합니다.

핵심기능

08

여러 시트의 머리글/바닥글 한번에 설정하기

실습 파일 1장\08_매출실적_인쇄.xlsx
완성 파일 1장\08_매출실적_인쇄_완성.xlsx

통합 문서의 여러 시트에 머리글과 바닥글을 설정할 때는 시트를 그룹으로 지정하면 편리합니다. 여러 시트를 그룹화하고 머리글과 바닥글을 설정해보겠습니다. 페이지가 넘어가도 표의 제목 행이 반복되게 인쇄하는 방법도 살펴보겠습니다.

미리 보기

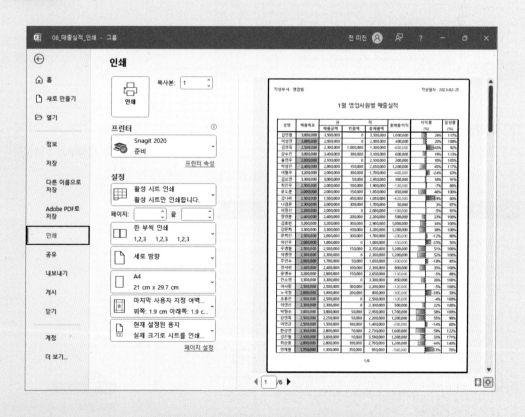

회사에서 바로 통하는 키워드 : 그룹 시트 지정, 머리글/바닥글 설정, 제목 행 반복 인쇄

| 한눈에 보는 작업 순서 | 그룹 시트 지정 및 여백 조정하기 | ▶ | 머리글과 바닥글 설정하기 | ▶ | 인쇄 미리 보기 및 페이지 가운데 맞춤 지정하기 | ▶ | 그룹 시트 해제 및 인쇄될 제목 행 반복하기 |

01 시트를 그룹으로 지정하고 여백 조정하기 ❶ [1월] 시트를 클릭하고 ❷ [Shift]를 누른 채 [3월] 시트를 클릭합니다. ❸ 상태 표시줄에서 [페이지 레이아웃 🔲]을 클릭합니다. ❹ [페이지 레이아웃] 탭-[페이지 설정] 그룹-[여백]을 클릭하고 ❺ [좁게]를 클릭합니다. H열(달성률)까지 한 페이지에 모두 인쇄됩니다.

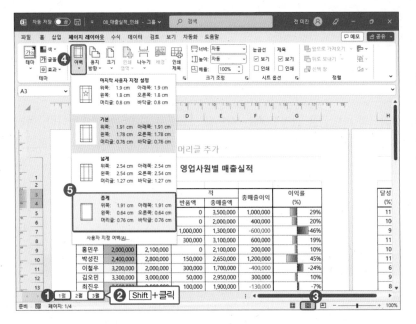

바로 통 하는 TIP
시트를 그룹으로 지정하면 제목 표시줄에 '08_매출실적_인쇄 – 그룹'으로 표시됩니다. 시트가 그룹화된 상태에서 여백, 용지 방향, 크기, 머리글/바닥글을 설정할 수 있지만 인쇄 영역, 인쇄 제목, 배경은 지정할 수 없습니다. 시트 그룹을 해제하려면 임의의 다른 시트를 클릭하거나 시트 탭에서 마우스 오른쪽 버튼을 클릭한 후 [시트 그룹 해제]를 클릭합니다.

02 머리글 설정하기 페이지마다 페이지 번호를 표기하거나 머리글/바닥글을 인쇄하려면 페이지 레이아웃 보기에서 머리글/바닥글을 추가합니다. ❶ [머리글 추가]에서 왼쪽 머리글에 **작성부서 : 영업팀**을 입력합니다. ❷ 오른쪽 머리글에는 **작성일자 :** 을 입력합니다.

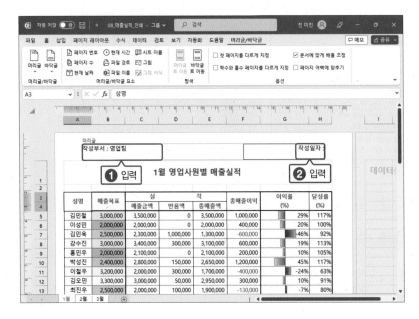

바로 통 하는 TIP
[머리글/바닥글] 탭은 머리글 또는 바닥글 영역을 클릭한 상태에서만 나타납니다. 오른쪽 머리글 '작성일자'의 콜론(:) 뒤에는 공백을 한 칸 입력했습니다.

03 머리글에 현재 날짜를 표시하고 페이지 여백에 맞추기 ❶ [머리글/바닥글] 탭-[머리글/바닥글 요소] 그룹-[현재 날짜]를 클릭합니다. **❷** [머리글/바닥글] 탭-[옵션] 그룹-[페이지 여백에 맞추기]에 체크합니다.

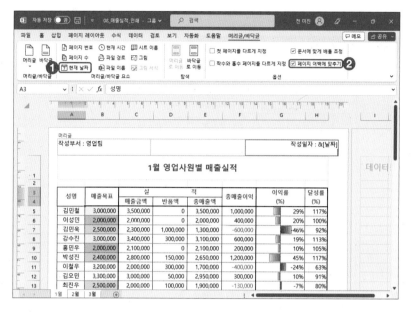

⊘ **엑셀 2019&이전 버전**

[머리글/바닥글 도구]-[디자인] 탭을 확인합니다.

04 바닥글에 페이지 번호 입력하기 ❶ [머리글/바닥글] 탭-[탐색] 그룹-[바닥글로 이동]을 클릭해서 바닥글로 이동합니다. **❷** 바닥글 가운데 영역을 클릭하고 **❸** [머리글/바닥글] 탭-[머리글/바닥글 요소] 그룹-[페이지 번호]를 클릭합니다. **❹** /를 입력한 후 **❺** [페이지 수]를 클릭합니다. **❻** 임의의 셀을 클릭합니다. 바닥글이 '페이지 번호/전체 페이지 수' 형식으로 표기됩니다. **❼** 상태 표시줄에서 [기본⊞]을 클릭합니다.

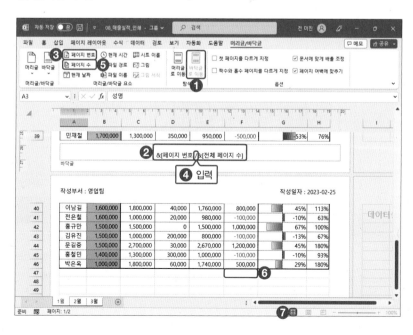

05 인쇄 미리 보기 및 페이지 가운데 맞춤 지정하기 ❶ [파일] 탭-[인쇄]를 클릭하면 그룹화된 시트가 모두 인쇄 미리 보기에 표시됩니다. 인쇄될 내용이 왼쪽으로 약간 치우쳐 있으므로 페이지의 가운데에 위치해보겠습니다. ❷ [페이지 설정]을 클릭합니다. ❸ [페이지 설정] 대화상자에서 [여백] 탭을 클릭한 후 ❹ [페이지 가운데 맞춤]에서 [가로]에 체크하고 ❺ [확인]을 클릭합니다.

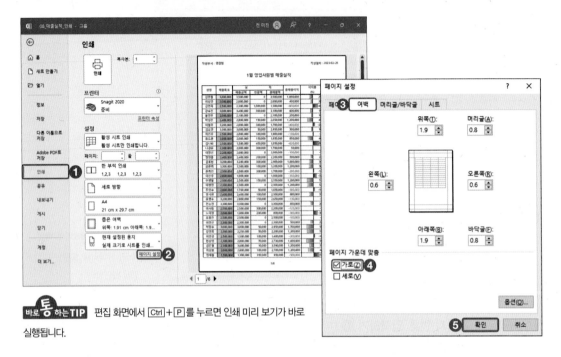

바로 통 하는TIP 편집 화면에서 Ctrl + P 를 누르면 인쇄 미리 보기가 바로 실행됩니다.

06 인쇄될 모양을 확인하고 Esc 를 눌러 [기본] 보기 모드로 돌아옵니다.

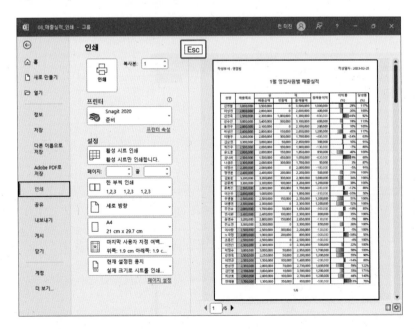

바로 통 하는TIP

[1월]~[3월] 시트가 그룹화된 상태에서 인쇄하면 시트가 모두 인쇄되며, 페이지 번호는 그룹화된 시트의 전체 페이지 수가 인쇄됩니다. 탭별로 따로 인쇄하려면 시트 그룹을 해제합니다.

07 페이지가 넘어가도 제목 행이 반복되게 인쇄하기 인쇄할 페이지 수가 많아도 첫 페이지에 표시되는 제목 행과 열을 반복하여 다음 페이지에 인쇄되도록 인쇄 제목을 지정할 수 있습니다. 그룹화된 시트에서는 인쇄 제목을 설정할 수 없으므로 ❶ [2월] 시트를 클릭한 후 ❷ [1월] 시트를 다시 클릭하여 시트 그룹을 해제합니다. ❸ [페이지 레이아웃] 탭-[페이지 설정] 그룹-[인쇄 제목]을 클릭합니다. ❹ [페이지 설정] 대화상자의 [시트] 탭을 클릭합니다. ❺ [반복할 행]에서 [1월] 시트의 3~4행을 드래그하거나 **$3:$4**를 입력해 반복할 행을 지정합니다. ❻ [확인]을 클릭합니다.

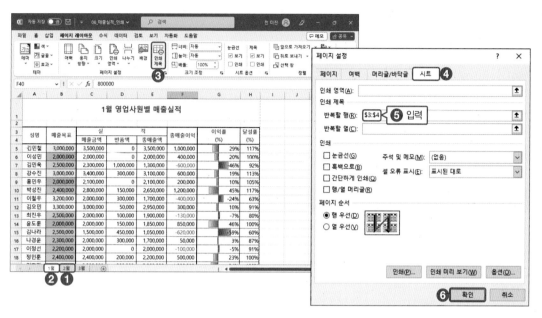

08 같은 방법으로 [2월]~[3월] 시트에서 인쇄 제목을 지정합니다. 인쇄 시 페이지마다 3~4행이 반복해서 인쇄됩니다.

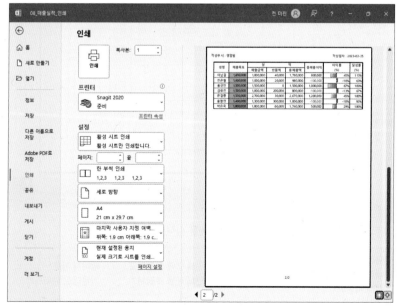

바로 통 하는TIP 인쇄 제목 지정 후 [1월] 시트의 두 번째 페이지를 인쇄 미리 보기로 살펴보면 3~4행이 반복 인쇄되는 것을 확인할 수 있습니다.

문서
편집&
서식

수식&
함수

데이터
관리&
분석

차트

매크로&
VBA

| 2010 | 2013 | 2016 | 2019 | 2021 | M365 |

워터마크 지정하고
인쇄 영역 설정하기

실습 파일 1장\09_구매품의서_인쇄.xlsx
완성 파일 1장\09_구매품의서_인쇄_완성.xlsx

페이지마다 배경 그림을 표시하려면 머리글/바닥글 영역에 그림을 배경으로 삽입합니다. 배경 그림을 지정하고 인쇄 영역과 인쇄 배율을 조정하여 한 페이지에 인쇄하는 방법에 대해 알아보겠습니다.

미리 보기

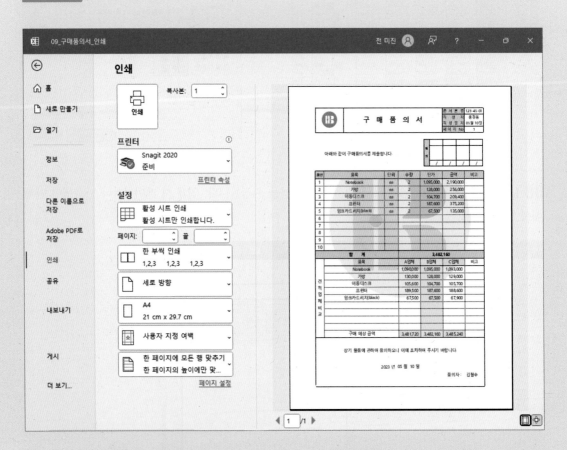

회사에서 바로 통하는 키워드 : 머리글 설정, 그림/배경 삽입, 인쇄 영역/배율 설정, 페이지 설정(여백)

| 한눈에 보는 작업 순서 | 그림 삽입하기 | ▶ | 머리글에 배경 그림 삽입하고 서식 지정하기 | ▶ | 빈 영역의 내용 지우기 | ▶ | 인쇄 영역 설정하고 인쇄 배율 조정하기 | ▶ | 페이지 가로 가운데로 위치하기 |

01 회사 로고 그림 삽입하기 ❶ [A1] 셀을 클릭합니다. ❷ [삽입] 탭-[일러스트레이션] 그룹-[그림]-[이 디바이스]를 클릭합니다. ❸ [그림 삽입] 대화상자에서 예제 폴더의 '그림\logo1.png' 파일을 클릭하고 ❹ [삽입]을 클릭합니다.

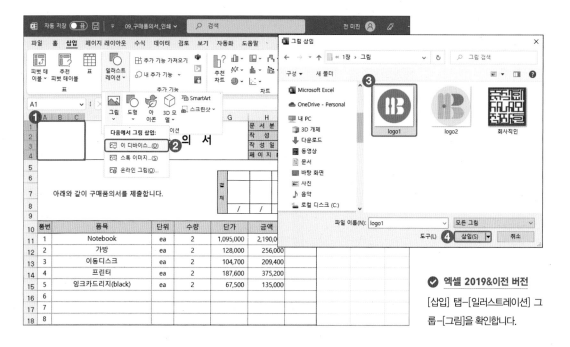

✅ **엑셀 2019&이전 버전**

[삽입] 탭-[일러스트레이션] 그룹-[그림]을 확인합니다.

02 그림 개체를 드래그해서 [A1] 셀의 가운데로 옮깁니다.

03 배경 그림 삽입하기 ❶ 상태 표시줄에서 [페이지 레이아웃 ▥]을 클릭합니다. ❷ [머리글 추가] 영역의 가운데를 클릭하고 ❸ [머리글/바닥글] 탭-[머리글/바닥글 요소] 그룹-[그림]을 클릭합니다.

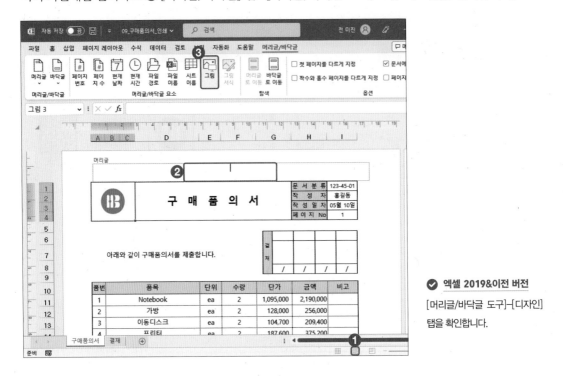

✅ **엑셀 2019&이전 버전**
[머리글/바닥글 도구]-[디자인]
탭을 확인합니다.

04 ❶ [그림 삽입] 대화상자에서 [파일에서]-[찾아보기]를 클릭합니다. ❷ [그림 삽입] 대화상자에서 예제 폴더의 '그림\logo2.png' 파일을 클릭한 후 ❸ [삽입]을 클릭합니다.

05 배경 그림 서식 지정하기 ❶ 그림을 가운데에 배치하기 위해 '&[그림]' 앞에 커서를 두고 Enter 를 여러 번 누릅니다. **❷** [머리글/바닥글] 탭-[머리글/바닥글 요소] 그룹-[그림 서식]을 클릭합니다.

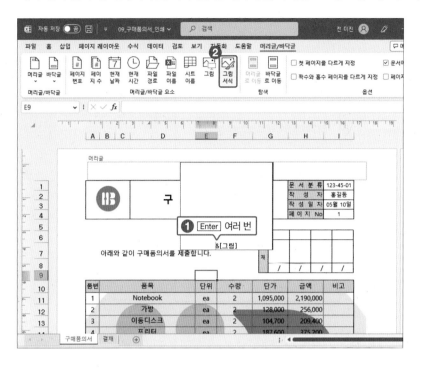

06 ❶ [그림 서식] 대화상자에서 [크기] 탭을 클릭한 후 **❷** [배율]의 [높이]에 **70**을 입력하면 [너비]도 **70%**로 바뀝니다. **❸** [그림] 탭을 클릭하고 **❹** [이미지 조절]에서 [색]은 [희미하게]를 클릭한 후 **❺** [밝기]에 **75**를 입력합니다. **❻** [확인]을 클릭합니다.

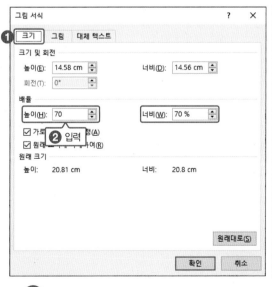
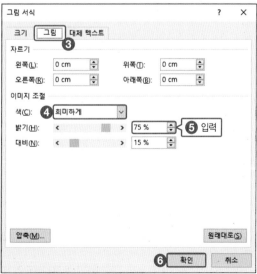

바로 통 하는 TIP 그림 서식 설정 후 임의의 셀을 클릭하면 그림이 배경으로 지정됩니다.

문서
편집&
서식

수식&
함수

데이터
관리&
분석

차트

매크로&
VBA

07 ❶ [파일] 탭-[인쇄]를 클릭하고 인쇄 미리 보기에서 인쇄될 내용과 페이지 수를 확인합니다. ❷ Esc 를 누릅니다.

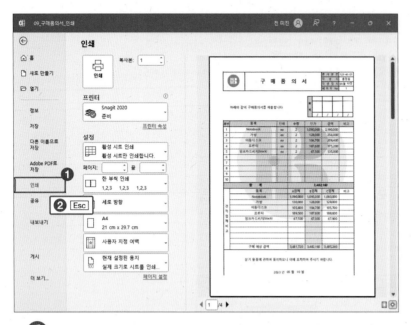

바로 통 하는TIP 인쇄 미리 보기에서 인쇄될 내용이 4페이지로 표시됩니다. 이는 보고서 내용이 한 페이지를 넘겼거나 빈 페이지에 불필요한 임의의 문자 등이 입력되어 있는 경우입니다. 인쇄되어야 할 원래 페이지 수보다 전체 페이지 수가 늘어났습니다.

08 인쇄될 내용의 마지막 셀 확인하기 ❶ 상태 표시줄에서 [기본田]을 클릭하고 ❷ [D1] 셀을 클릭합니다.

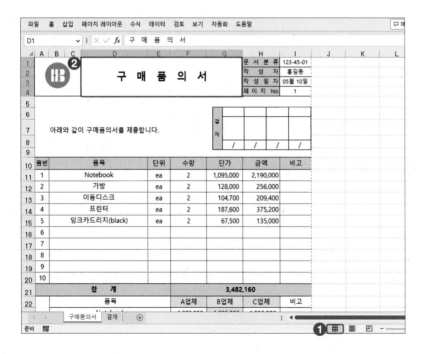

09 인쇄될 내용의 마지막 셀을 확인하기 위해 Ctrl+End를 누르면 [L44] 셀로 이동합니다.

⏱ **시간 단축**

• Ctrl + Home : [A1] 셀로 이동
• Ctrl + End : 워크시트에 입력된 내용이 있는 마지막 셀로 이동

🔵**바로 통 하는TIP** 엑셀에서 내용을 입력했다 지웠다가 하는 등의 일련의 작업을 하다 보면 흔적이 남게 됩니다. 작업하는 동안에는 잘 모르지만 인쇄 시에는 불필요한 빈 페이지가 인쇄될 수 있으므로 흔적을 찾아 지워줍니다.

10 **빈 영역의 내용 지우기 ❶** [J:L] 열 머리글 범위를 지정한 후 ❷ Ctrl+─를 눌러 열을 삭제합니다. ❸ Ctrl+S를 눌러 저장합니다.

🔵**바로 통 하는TIP**

[J1] 셀을 클릭한 후 Ctrl+Shift+End를 누르고 흔적이 남아 있는 마지막 셀까지 범위(J1: L44)를 지정한 후 Ctrl+─를 눌러 열을 삭제할 수도 있습니다.

11 Ctrl + End 를 누르면 마지막 셀인 [I36] 셀로 이동합니다.

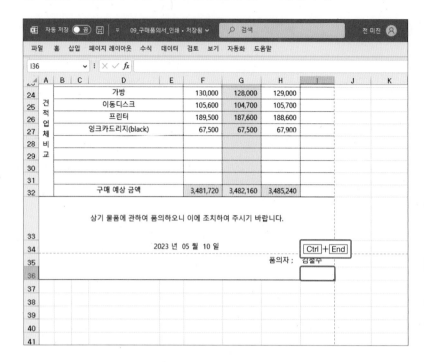

바로**통**하는TIP

열을 삭제한 후에는 반드시 저장
(Ctrl + S)합니다. 저장하지 않
으면 Ctrl + End 를 눌렀을 때
[L44] 셀로 이동합니다.

12 인쇄 영역 지정하기 ❶ [A1:I36] 범위를 지정합니다. **❷** [페이지 레이아웃] 탭-[페이지 설정] 그룹-[인쇄 영역]을 클릭하고 **❸** [인쇄 영역 설정]을 클릭합니다.

13 인쇄 배율 자동 조정하기 구매품의서의 아래쪽 테두리가 잘려 두 페이지로 인쇄됩니다. 한 페이지에 인쇄하기 위해 인쇄 배율을 자동으로 조정해보겠습니다. 범위가 지정되어 있는 상태에서 [페이지 레이아웃] 탭-[크기 조정] 그룹-[높이]를 [1페이지]로 클릭합니다. 배율이 97%로 줄어듭니다.

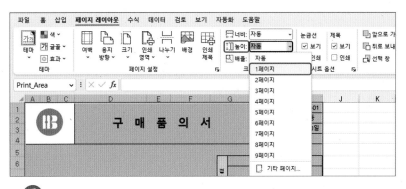

바로 통 하는TIP [높이]를 [1페이지]로 선택하면 엑셀이 1페이지에 맞게 세로 배율이 97%로 줄어든 상태를 표시합니다.

14 페이지 가운데로 위치하기 인쇄될 내용이 왼쪽으로 약간 치우쳐 있으므로 페이지 가운데로 위치해 보겠습니다. ❶ [파일] 탭-[인쇄]를 클릭하고 ❷ [페이지 설정]을 클릭합니다. ❸ [페이지 설정] 대화상자에서 [여백] 탭을 클릭하고 ❹ [페이지 가운데 맞춤]에서 [가로]와 [세로]에 모두 체크한 후 ❺ [확인]을 클릭합니다. 인쇄될 페이지 모양을 확인합니다.

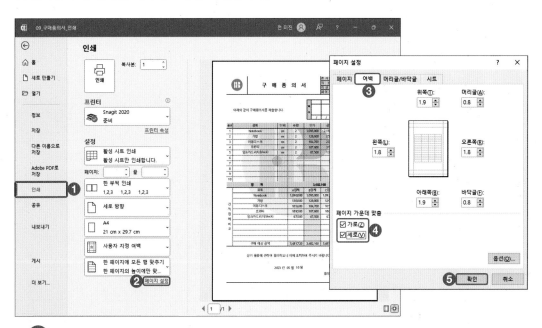

바로 통 하는TIP 인쇄 미리 보기 화면에서 오른쪽 아래의 [여백 표시 🔲] 아이콘은 여백을 표시하고, [확대/축소 ⊕] 아이콘은 페이지를 확대/축소합니다. 미리 보기 화면에서 인쇄될 내용의 일부가 잘 보이지 않을 때는 [확대/축소 ⊕] 아이콘을 클릭하여 페이지를 확대한 후 내용을 확인합니다.

문서
편집&
서식

수식&
함수

데이터
관리&
분석

차트

매크로&
VBA

CHAPTER

02

엑셀 활용에 유용한
수식과 함수 기능

보편적으로 많이 사용하는 서식과 달리 함수는 업무에 따라 사용하는 함수가 정해져 있습니다. 다양한 함수를 익혀도 어느새 잊어버리기 일쑤고 알아두면 좋은 함수도 모르고 지나치는 경우가 많습니다. 엑셀을 잘 활용하기 위해 꼭 알아두어야 할 수식과 함수를 살펴보겠습니다.

| 2010 | 2013 | 2016 | 2019 | 2021 | M365 |

편집 가능한 범위를 지정하고 통합 문서 보호하기

실습 파일 2장\10_구매품의서.xlsx
완성 파일 2장\10_구매품의서_완성.xlsx

시트 보호하기를 설정하면 편집을 허용하지 않은 범위를 마음대로 편집할 수 없기 때문에 데이터와 수식을 보호할 수 있습니다. 범위 편집 허용과 시트 보호하기는 함께 사용하는 것이 더 효율적입니다. 품의서처럼 양식이 정해진 문서의 변형을 막기 위해 편집 가능한 범위를 지정하고 시트와 통합 문서를 보호하는 방법에 대해 알아보겠습니다.

미리 보기

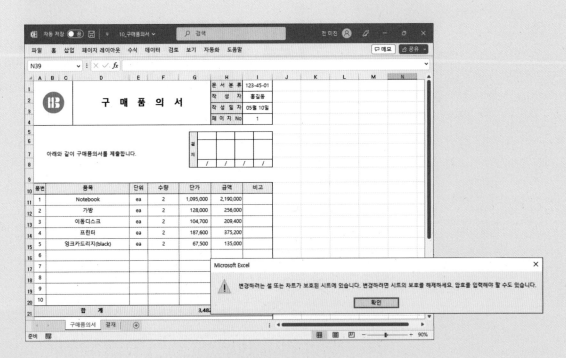

회사에서 바로 통하는 키워드 : 범위 편집 허용, 시트 보호, 통합 문서 보호

한눈에 보는 작업 순서	편집 가능한 범위 지정하기	▶	시트 보호 지정하기	▶	통합 문서 보호 지정하기

01 **편집 가능한 범위 지정하기** 구매품의서에서 문서분류, 작성자, 작성일자, 페이지 No, 품목, 단위, 수량, 단가, 품의자는 품의 내용에 따라 매번 바꿔야 합니다. 해당 셀을 편집할 수 있도록 설정해보겠습니다. ❶ [I1:I4] 범위를 지정하고 ❷ Ctrl 을 누른 채 [B11:G20] 범위를 지정합니다. ❸ [검토] 탭–[보호] 그룹–[범위 편집 허용]을 클릭합니다.

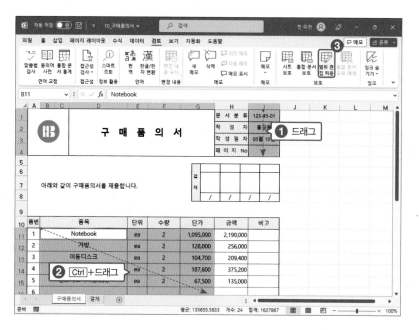

02 ❶ [범위 편집 허용] 대화상자에서 [새로 만들기]를 클릭합니다. ❷ [새 범위] 대화상자에서 [제목]에 **구매내용편집범위**를 입력하고 ❸ [확인]을 클릭합니다. ❹ [범위 편집 허용] 대화상자에서도 [확인]을 클릭합니다.

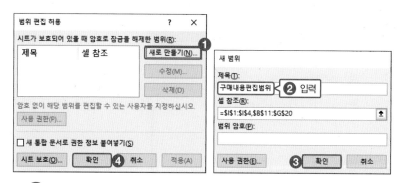

바로 통 하는TIP 셀이나 셀 범위의 편집을 허용해야 한다면 워크시트를 보호하기 전에 먼저 셀 편집을 허용해야 합니다. 다른 방법으로는 편집을 허용할 셀 범위를 지정한 후 Ctrl + 1 을 눌러 [셀 서식] 대화상자를 불러온 후 [보호] 탭에서 [잠금]의 체크를 해제하여 셀 범위를 편집할 수 있도록 설정합니다.

문서
편집&
서식

수식&
함수

데이터
관리&
분석

차트

매크로&
VBA

03 시트 보호 지정하기 편집을 허용한 범위 이외에 금액, 합계, 날짜 등 나머지 셀을 편집하지 못하도록 시트를 보호하겠습니다. ❶ 임의의 셀을 클릭한 후 ❷ [검토] 탭-[보호] 그룹-[시트 보호]를 클릭합니다. ❸ [시트 보호] 대화상자에서 [잠긴 셀 선택]과 [잠금 해제된 셀 선택], [열 삽입], [행 삽입], [열 삭제], [행 삭제]에 체크합니다. 더 이상 보호할 내용이 없다면 ❹ [확인]을 클릭합니다.

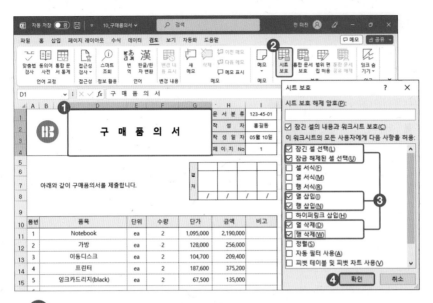

바로 통 하는 TIP 시트 보호를 해제하려면 [검토] 탭-[보호] 그룹-[시트 보호 해제]를 클릭합니다. 만약 [시트 보호] 대화상자에서 암호를 지정했다면 암호를 입력해야 시트 보호를 해제할 수 있으므로 암호를 잊어버리지 않도록 주의합니다.

04 편집을 허용한 범위인 문서분류, 작성자, 작성일자, 페이지 No, 품목, 단위, 수량, 단가, 품의자 이외의 셀에 있는 데이터를 수정하거나, 행과 열을 삭제하려고 하면 경고 메시지가 나타납니다.

05 통합 문서 보호 지정하기 시트 보호는 셀을 보호하는 것이고 워크시트를 보호하려면 통합 문서를 보호해야 합니다. ❶ 임의의 셀을 클릭한 후 ❷ [검토] 탭-[보호] 그룹-[통합 문서 보호]를 클릭합니다. [구조 및 창 보호] 대화상자에서 [구조]에 체크가 되어 있는 것을 확인한 후 ❸ [확인]을 클릭합니다.

06 시트 탭에서 마우스 오른쪽 버튼을 클릭하면 [삽입], [삭제] 등의 워크시트 편집과 관련된 메뉴가 비활성화되어 나타납니다.

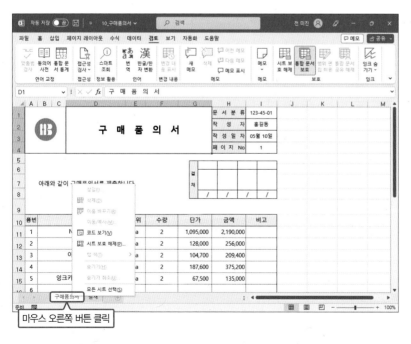

마우스 오른쪽 버튼 클릭

바로 통 하는 TIP 통합 문서의 시트 보호를 해제하려면 [검토] 탭-[보호] 그룹-[통합 문서 보호]를 다시 클릭합니다. 만약 [구조 및 창 보호] 대화상자에서 암호를 지정했다면 암호를 입력해야 통합 문서 보호를 해제할 수 있으므로 암호를 잊어버리지 않도록 주의합니다.

문서 편집& 서식

수식& 함수

데이터 관리& 분석

차트

매크로& VBA

핵심기능

11

셀 이름을 정의하고 수식 만들기

실습 파일 2장\11_단위견적표.xlsx
완성 파일 2장\11_단위견적표_완성.xlsx

서로 다른 시트의 셀을 참조하거나 함수의 인수가 많을 때, 혹은 수식이 길고 복잡해질 때 셀의 정의된 이름을 사용합니다. 수식을 직관적으로 이해하기 쉽고 수정할 때도 편리합니다. 셀 이름을 정의하고 정의된 이름으로 수식을 만들어보겠습니다. 수식 구조와 셀 참조 방식은 103쪽을 참고합니다.

미리 보기

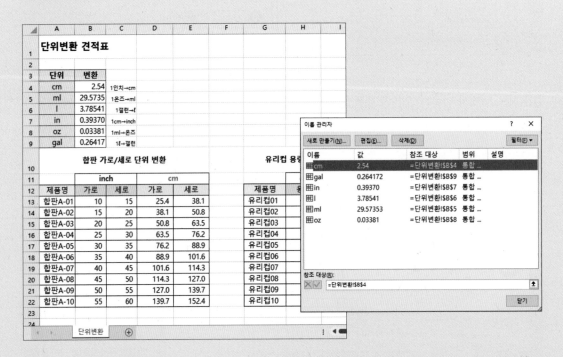

회사에서 바로 통하는 키워드 : 셀 이름 정의, INDIRECT

한눈에
보는
작업 순서

셀 이름 정의하기 ▶ 정의된 이름으로 수식 만들기

01 셀 이름 정의하기 자주 사용하는 셀이나 셀 범위에 이름을 정의해두면 수식에 셀 주소 대신 이름을 사용할 수 있습니다. 열 이름인 cm, ml, l, in, oz, gal로 셀 이름을 정의해보겠습니다. ❶ [A4:B9] 범위를 지정합니다. ❷ [수식] 탭-[정의된 이름] 그룹-[선택 영역에서 만들기]를 클릭합니다. ❸ [선택 영역에서 이름 만들기] 대화상자에서 [왼쪽 열]에 체크한 후 ❹ [확인]을 클릭합니다.

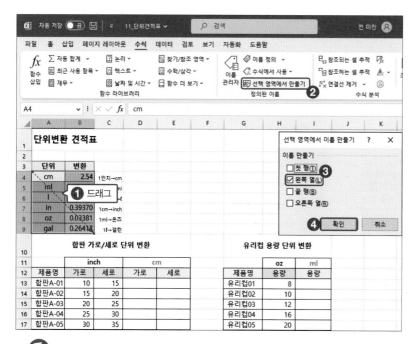

바로 통 하는TIP [선택 영역에서 이름 만들기]는 셀 이름을 정의할 때마다 매번 범위를 지정할 필요 없이 데이터의 첫 행(제목 행)이나 왼쪽 열 (제목 열)의 이름을 셀 이름으로 지정합니다. 정의된 이름을 수정/삭제하려면 [수식] 탭-[정의된 이름] 그룹-[이름 관리자]를 클릭합니다.

02 [이름 상자]의 목록 버튼 을 클릭하면 선택 영역에서 만든 이름 목록이 표시됩니다.

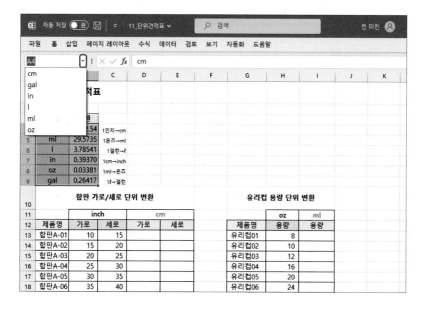

03 정의된 이름으로 수식 만들기 합판의 가로/세로 길이 단위를 인치(inch)에서 센티미터(cm)로 변환하겠습니다. ❶ [D13:E22] 범위를 지정합니다. ❷ **=B13*cm**를 입력한 후 Ctrl + Enter 를 눌러 수식을 채웁니다.

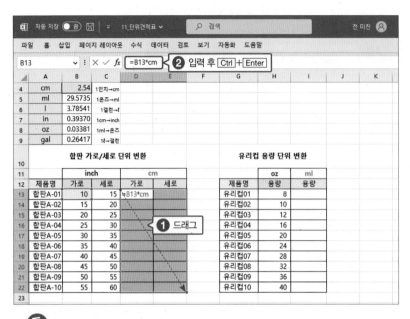

> **바로 통 하는TIP** 가로/세로 길이를 센티미터(cm)로 변환하려면 [$B$4] 셀을 절대 참조하여 수식을 =B13*$B$4로 만들 수 있습니다. 여기서는 정의된 이름(cm)으로 수식을 **=B13*cm**로 만들었습니다. 수식에서 F3 을 눌러 정의된 이름을 목록에서 선택할 수도 있습니다. 만약 정의된 이름을 잘못 입력했거나 정의 이름이 없을 때는 셀에 #NAME? 오류가 표시됩니다.

04 컵의 부피 단위인 온스(oz)를 밀리리터(ml)로 변환해보겠습니다. ❶ [I13:I22] 범위를 지정합니다.
❷ **=H13*INDIRECT($I$11)**를 입력한 후 Ctrl + Enter 를 눌러 수식을 채웁니다.

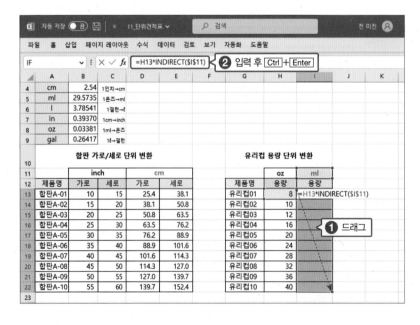

> **바로 통 하는TIP**
> 온스(oz)를 밀리리터(ml)로 변환하려면 정의한 이름(ml)을 사용하여 =H13*ml로 수식을 만들 수 있습니다. 여기서는 정의한 셀 이름을 직접 입력하지 않고 셀 이름이 입력된 셀(I11)을 참조하여 수식 **=H13*INDIRECT($I$11)** 를 입력합니다. INDIRECT 함수는 셀 값을 정의한 이름의 범위로 변환합니다.

수식 구조와 셀 참조 방식

수식은 등호(=)를 입력하고 피연산자, 연산자, 함수 등을 조합하여 만듭니다. 피연산자는 숫자일 수도 있지만 셀 주소와 정의된 이름이 될 수도 있습니다. 연산자는 산술, 문자 연결, 비교 연산자로 데이터를 계산하라는 명령 기호입니다.

1 수식 구조

=	피연산자	연산자	피연산자
❶ 등호	❷ 숫자 또는 셀 주소, 또는 정의된 이름	❸ 산술, 비교, 문자 연결 연산자 등	❹ 숫자 또는 셀 주소, 또는 정의된 이름

2 연산자 종류와 우선순위

연산자는 산술, 비교, 문자 연결, 참조 연산자가 있습니다. 산술, 문자 연결, 참조 연산자는 수식에 직접 사용하지만 비교 연산자는 TRUE, FALSE 값을 결과로 표시하므로 함수식에 주로 쓰입니다.

❶ **산술 연산자**: 일반, 숫자, 통화, 회계 등의 다양한 표시 형식을 지정합니다.

기능	백분율	거듭제곱	곱하기	나누기	더하기	빼기
연산자	%	^	*	/	+	−

❷ **비교 연산자**: 두 값을 비교하여 참 또는 거짓으로 결괏값이 나타납니다.

기능	같다	크다	크거나 같다	작다	작거나 같다	빼기
연산자	=	〉	〉=	〈	〈=	−

❸ **문자 연결 연산자** : 문자열을 여러 개 연결해서 하나로 만듭니다.

기능	연결
연산자	&

각 연산자 사이의 우선순위는 산술 연산자(−(음수), %, ^, *, /, +, −)→문자 연결 연산자(&)→비교 연산자(=, 〈, 〉, 〈=, 〉=, 〈〉)순입니다. 우선순위가 같은 연산자는 왼쪽에 있는 연산자를 먼저 계산합니다. 연산자 우선순위를 바꾸려면 괄호()를 씁니다. 괄호 연산자 안에 있는 수식을 가장 먼저 계산합니다.

문서
편집&
서식

수식&
함수

데이터
관리&
분석

차트

매크로&
VBA

3 셀 참조 방식

수식에서 셀을 참조하는 방식에 따라 상대, 절대, 혼합 참조가 있습니다. 셀 참조에 $를 직접 입력하거나 F4를 눌러서 [A1]→[$A$1]→[A$1]→[$A1]→[A1] 순으로 바꿀 수 있습니다.

참조	주소 형식	설명	수식 복제
상대	[A1]	일반적인 셀 주소 형식으로, 셀을 참조하여 수식을 만드는 방법 중 가장 많이 사용됩니다. 수식을 복제하면 셀 위치에 따라 참조한 셀 주소가 바뀝니다.	A1 → B1, C1, D1 / A2, A3, A4
절대	[$A$1]	열 머리글과 행 머리글 앞에 $ 기호를 붙입니다. 절대 참조 수식을 입력한 후 수식을 복제하면 셀 위치에 관계없이 참조한 셀 주소가 바뀌지 않고 고정됩니다.	$A$1 → A1(고정) / A1(고정)
혼합	[A$1]	행 앞에 $를 붙입니다. 행 고정 참조로 수식을 입력한 후 복제하면 셀 위치에 따라 $가 붙은 행이 고정되고 열만 바뀝니다.	A$1 → B1, C1, D1 / A1(고정)
	[$A1]	열 앞에 $를 붙입니다. 열 고정 참조로 수식을 입력한 후 복제하면 셀 위치에 따라 $가 붙은 열이 고정되고 행만 바뀝니다.	$A1 → A1(고정) / A1, A2, A3

4 이름 정의하기

자주 참조하는 셀 주소는 이름을 정의합니다. 수식이 복잡해지고 길어질수록 정의된 이름을 사용하면 수식을 직관적으로 이해하기가 쉽고 수식을 수정할 때 편리합니다. 이름 정의는 [수식] 탭-[정의된 이름] 그룹에 있는 기능을 사용합니다.

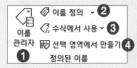

❶ **이름 관리자** : 셀 이름을 새로 만들거나 편집 또는 삭제할 수 있습니다 (Ctrl + F3).

❷ **이름 정의** : 셀이나 셀 범위를 지정한 후 셀 이름을 정의합니다.

❸ **수식에서 사용** : 목록에서 정의한 이름을 수식에서 사용하고자 할 때 사용합니다(F3).

❹ **선택 영역에서 만들기** : 데이터의 제목 행이나 제목 열 등을 이용해서 이름을 정의할 때 사용합니다(Ctrl + Shift + F3).

핵심기능
....
12

여러 항목을 비교하여 조건에 맞는 물품 찾기

실습 파일 2장\12_물품목록.xlsx
완성 파일 2장\12_물품목록_완성.xlsx

논리 함수는 조건을 만족시키면 참값, 만족시키지 못하면 거짓값을 반환합니다. 회사 사무 관련 물품 목록에서 물품의 폐기, 연장, 처분 여부를 IF, AND, OR 함수를 사용해 수식으로 작성해보겠습니다. 물품 상태는 점수에 따라 상, 중, 하로 구분하고, 물품 상태에 따라 '폐기', '연장', '처분' 심사를 해보겠습니다. 폐기와 처분 항목은 손실처리하고 심사를 완료합니다. 논리 함수의 자세한 형식은 108쪽을 참고합니다.

미리 보기

A 품명	B 부서	C 규격	D 구입 연도	E 취득가	F 잔존가	G 내용 연수	H 사용 연수	I 상태 점수	J 물품 상태	K 폐기 심사	L 연장 심사	M 처분 심사	N 손실처리
1인용의자	경영전략팀	1480 x 1000 x 150	2015	250,000	22,500	5	7	4	중			처분	(22,500)
1인용책상	경영전략팀	2400 x 800 x 200	2016	300,000	66,000	5	6	3	하	폐기			(66,000)
2단서랍장	경영전략팀	145 x 100 x 20	2017	278,000	97,300	5	5	6	중		연장		0
4단캐비넷	경영전략팀	4000 x 1000 x 20	2021	450,000	391,500	5	1	8	상		연장		0
냉난방에어콘	경영전략팀	150 x 100 x 20	2014	2,120,000	1,000	5	8	2	하	폐기			(1,000)
냉장고	기획팀	127 x 100 x 20	2016	1,500,000	330,000	5	6	6	중		연장		0
라운드테이블	기획팀	128 x 100 x 20	2017	670,000	234,500	5	5	6	중		연장		0
로비긴의자L	영업1팀	8800 x 9000 x 500	2020	1,450,000	1,073,000	5	2	8	상		연장		0
로비소파	영업1팀	9000 x 700 x 500	2016	1,000,000	220,000	5	6	6	중		연장		0
문서세단기	영업1팀	5000 x 1000 x 20	2018	670,000	321,600	5	4	7	상		연장		0
복합기	영업2팀	332 x 215 x 178	2013	780,000	1,000	5	9	2	하	폐기			(1,000)
빔프로젝트 A100	영업2팀	350 x 200 x 160	2014	1,080,000	378,000	5	5	2	하			처분	(378,000)
스캐너	영업2팀	400 x 350 x 200	2021	340,000	295,800	5	1	8	상		연장		0
울트라북 11	영업2팀	1000 x 400 x 400	2017	1,340,000	469,000	5	5	6	중		연장		0
전자 칠판	인사팀	243 x 176 x 80	2012	1,240,000	1,000	5	10	3	하	폐기			(1,000)
정수기	전산실	210 x 148 x 15	2017	1,050,000	367,500	5	5	5	중		연장		0
캐비닛	정보전략팀	1200 x 900 x 500	2015	456,000	218,880	5	4	2	하			처분	(218,880)
캠코더	정보전략팀	8000 x 8000 x 20	2021	689,000	599,430	5	1	9	상		연장		0
커피머신	총무팀	1000 x 900 x 500	2020	470,000	347,800	5	2	7	상		연장		0
컬러잉크젯 프린터	총무팀	1200 x 900 x 500	2016	450,000	99,000	5	6	3	하	폐기			(99,000)
데부리 22C	총무팀	3800 x 1300 x 200	2015	450,000	40,500	5	7	2	하	폐기			(40,500)

(기준연도:2022년)

회사 사무 관련 물품 목록

목록 목록 (2) ⊕

데이터
관리&
분석

차트

매크로&
VBA

회사에서 바로 통하는 키워드: IF, AND, OR

한눈에 보는 작업 순서	IF 함수 중첩해서 사용하기	▶	IF, AND 함수 사용하기	▶	IF, OR 함수 사용하기

01 물품 상태 수식 입력하기 IF 함수를 중첩하여 물품 상태를 점검한 상태 점수에 따라 상, 중, 하로 표시하겠습니다. ❶ [J4] 셀을 클릭하고 ❷ **=IF(I4>=7,"상",IF(I4>=4,"중","하"))**를 입력한 후 [Enter]를 누릅니다. ❸ [J4] 셀의 채우기 핸들을 더블클릭합니다.

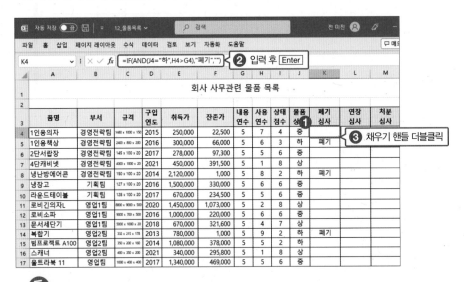

바로 통하는 TIP IF와 같은 논리 함수는 수식을 바로 입력하기보다는 자연어로 대치해보는 것이 수식을 이해하는 데 도움이 됩니다. **IF(조건1, 참값1,IF(조건2,참값2,거짓값))** 형식을 '만약(상태 점수가 7점 이상,상,만약(상태 점수가 4점 이상,중,하))'로 구성해본 후 이를 다시 함수 형식에 맞게 **=IF(I4>=7,"상",IF(I4>=4,"중","하"))**로 입력합니다.

02 폐기 심사 수식 입력하기 IF와 AND 함수를 사용해서 물품 상태가 '하'이면서 사용 연수가 내용 연수보다 클 경우 '폐기'로 표시하겠습니다. ❶ [K4] 셀을 클릭하고 ❷ **=IF(AND(J4="하",H4>G4),"폐기","")**를 입력한 후 [Enter]를 누릅니다. ❸ [K4] 셀의 채우기 핸들을 더블클릭합니다.

바로 통하는 TIP **IF(AND(조건1,조건2),참값,거짓값)** 형식을 '만약(그리고(물품 상태가 '하',사용 연수가 내용 연수보다 클 경우),폐기,공란)'으로 구성해본 후 이를 다시 함수 형식에 맞게 **=IF(AND(J4="하",H4>G4),"폐기","")**로 입력합니다.

03 연장 심사 수식 입력하기 IF와 AND 함수를 중첩하여 폐기하지 않고 상태 점수가 5점 이상인 물품을 '연장'으로 표시하겠습니다. ❶ [L4] 셀을 클릭하고 ❷ **=IF(AND(K4="",I4>=5),"연장","")** 를 입력한 후 Enter를 누릅니다. ❸ [L4] 셀의 채우기 핸들을 더블클릭합니다.

바로**통**하는**TIP** IF(AND(조건1,조건2),참값,거짓값) 형식을 자연어로 '만약(그리고(폐기 심사(K4)가 공백,상태 점수(I4)가 5점 이상),연장, 공란'으로 구성해본 후 이를 다시 함수 형식에 맞게 **=IF(AND(K4="",I4)=5),"연장","")** 로 입력합니다.

04 처분 심사 수식 입력하기 IF와 OR 함수를 중첩하여 폐기와 연장 항목 이외에는 '처분'으로 표시하겠습니다. ❶ [M4] 셀을 클릭하고 ❷ **=IF(OR(K4="폐기",L4="연장"),"","처분")** 를 입력한 후 Enter를 누릅니다. ❸ [M4] 셀의 채우기 핸들을 더블클릭합니다.

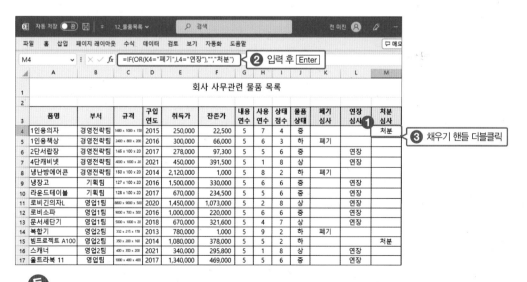

바로**통**하는**TIP** IF(OR(조건1,조건2),참값,거짓값) 형식을 '만약(또는(폐기 항목이 폐기,연장 항목이 연장),공란,처분)'으로 구성해본 후 이를 다시 함수 형식에 맞게 **=IF(OR(K4="폐기",L4="연장"),"","처분")** 로 입력합니다.

05 손실처리 수식 입력하기 IF와 OR 함수를 중첩하여 '폐기'와 '처분' 항목은 잔존가액을 손실처리하도록 수식을 입력하겠습니다. ❶ [N4] 셀을 클릭하고 ❷ **=IF(OR(K4="폐기",M4="처분"),-F4,0)**를 입력한 후 Enter를 누릅니다. ❸ [N4] 셀의 채우기 핸들을 더블클릭합니다. 폐기심사(K4)가 '폐기' 또는 처분심사(M4)가 '처분'이면 음수(−)인 잔존가액을, 아니면 0을 표시합니다.

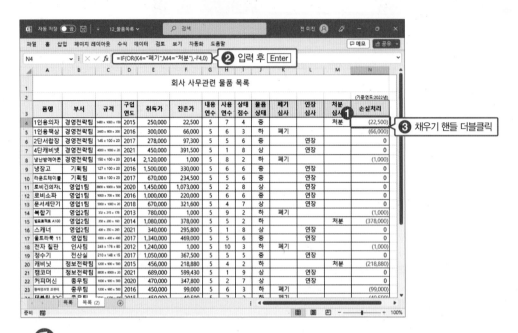

바로 통 하는TIP IF(OR(조건1,조건2),참값,거짓값) 형식을 자연어로 '만약(또는(폐기 항목이 폐기,처분 항목이 처분), −잔존가액,0)'으로 구성해본 후 이를 다시 함수 형식에 맞게 **=IF(OR(K4="폐기",M4="처분"),-F4,0)**로 입력합니다.

논리 함수

논리 함수는 조건에 따라 값을 다르게 돌려주는 함수입니다. 조건을 만족시키면 참값을 반환하고 조건을 만족시키지 못하면 거짓값을 반환합니다. 논리 함수에서 자주 사용하는 함수로는 IF, AND, OR, NOT이 있습니다. 엑셀에서 가장 많이 사용하는 함수이고 쓰임새 또한 다양하므로 잘 알아두는 것이 좋습니다.

1 조건에 따라 결괏값이 달라지는 IF 함수

IF 함수는 조건식에 따라 참 또는 거짓으로 구분할 때 사용합니다.

함수 범주	논리 함수	
함수 형식	IF(조건식,참값,거짓값)	
사용 예	자연어 : 만약(점수가 80점 이상이면,합격,불합격)	수식 : =IF(점수>=80,"합격","불합격")

2 여러 조건에 맞는 값을 구하는 IF 함수의 중첩

조건이 여러 개일 때 IF 함수 안에 IF 함수를 중첩해서 사용하며 64개까지 중첩할 수 있습니다.

함수 범주	논리 함수	

함수 형식	IF(조건식1,참값1,
	　IF(조건식2,참값2,
	　　IF(조건식3,참값3,
	　　…
	　　IF(조건식64,참값64,거짓값))),…,)	

사용 예	자연어 : 만약(점수가 90점 이상이면,A, 만약(점수가 80점 이상이면,B,C))	수식 : =IF(점수)=90,"A",IF(점수)=80,"B","C"))

3 여러 조건을 비교하는 조건식이라면 IF 함수와 AND, OR, NOT 함수

AND 함수는 여러 조건을 모두 만족할 때 참값을 반환하고, OR 함수는 여러 조건 중의 하나라도 만족하면 참값을 반환하며, NOT 함수는 조건을 만족하지 않을 때 참값을 반환합니다.

함수 범주	논리 함수	
함수 형식	IF(　AND(조건식1,조건식2,조건식3,…,조건식255) 　OR(조건식1,조건식2,조건식3,…,조건식255),참값,거짓값) 　NOT(조건식)	
사용 예	자연어 : 만약(직급이 차장이거나 부장이면, 간부교육,역량교육)	수식 : =IF(OR(직급="차장",직급="부장"), "간부교육","역량교육")

4 여러 조건에 맞는 값을 구하는 IFS 함수의 중첩

엑셀 2016 버전에 새로 추가된 IFS 함수는 IF를 중첩하지 않고 127개의 조건식을 만들 수 있습니다. IFS 함수에서 조건을 순서대로 지정한 후 앞서 지정한 조건을 만족하지 않을 경우를 모두 포괄하려면 조건식 TRUE를 입력합니다.

함수 범주	논리 함수	
함수 형식	IFS(조건식1,참값1,조건식2,참값2,…,TRUE,)	
사용 예	만약에(점수가 90점 이상이면 A, 점수가 80점 이상이면 B, 점수가 80점 미만이면 C)	수식 : =IFS(점수)=90,"A",점수)=80,"B",점수(80,"C") 또는 =IFS(점수)=90,"A",점수)=80,"B",TRUE,"C")

문서
편집&
서식

수식&
함수

데이터
관리&
분석

차트

매크로&
VBA

수식 오류 해결하기

13

실습 파일 2장\13_매출일보.xlsx
완성 파일 2장\13_매출일보_완성.xlsx

수식에서 인수의 데이터 형식이 잘못되었거나([#VALUE!]) 0으로 나눴을 때([#DIV/0!]) 오류가 발생합니다.
IFERROR와 ISERROR 함수를 사용하여 오류를 처리하는 방법에 대해 알아보겠습니다. 오류에 대한
자세한 설명은 113쪽을 참고합니다.

미리 보기

	A	B	C	D	E	F	G	H	I	J	K	L
1				**영업사원별 매출일보**								
2												
3						(총매출액*10%)		(반품액/매출금액)				
4	성명	매출목표	매출금액	반품액	총매출액	이익금	오류처리	반품률	오류처리			
5	김민철	3,000,000	3,500,000	200,000		#VALUE!	-	6%	6%			
6	강민욱	2,500,000	2,250,000	50,000	2,200,000	220,000	220,000	2%	2%			
7	이민규	2,500,000		50,000	(50,000)	-5,000	- 5,000	#DIV/0!	0%			
8	한상민	2,300,000	1,800,000	70,000	1,730,000	173,000	173,000	4%	4%			
9	김진철	2,100,000	1,600,000			#VALUE!	-	0%	0%			
10	최상호	2,000,000	2,100,000	100,000	2,000,000	200,000	200,000	5%	5%			
11	민재철	1,700,000	1,300,000	700,000	600,000	60,000	60,000	54%	54%			
12	이남길	1,600,000	3,000,000	40,000	2,960,000	296,000	296,000	1%	1%			
13	전은철	1,600,000	0	30,000	(30,000)	-3,000	- 3,000	#DIV/0!	0%			
14	홍규만	1,500,000	1,650,000	0	1,650,000	165,000	165,000	0%	0%			
15	김유진	1,500,000	0		0	-	-	#DIV/0!	0%			
16	문길중	1,500,000	2,700,000	30,000	2,670,000	267,000	267,000	1%	1%			
17	홍철민	1,400,000	1,300,000	800,000	500,000	50,000	50,000	62%	62%			
18	박은옥	1,000,000	800,000	60,000	740,000	74,000	74,000	8%	8%			

매출일보

회사에서 바로 통하는 키워드 : 수식 오류(#VALUE!, #DIV/0!), IFERROR, IF, ISERROR

한눈에 보는 작업 순서	오류가 반환되는 셀 확인하기	▶	IFERROR 함수로 오류 해결하기	▶	IF와 ISERROR 함수로 오류 해결하기

01 이익금 계산하기 총 매출액에서 10%를 곱하여 이익금을 계산해보겠습니다. ❶ [F5] 셀을 클릭하고 ❷ **=E5*10%**를 입력한 후 [Enter]를 누릅니다. ❸ [F5] 셀의 채우기 핸들을 더블클릭하여 수식을 채웁니다. #VALUE! 오류가 표시되는 셀이 있습니다.

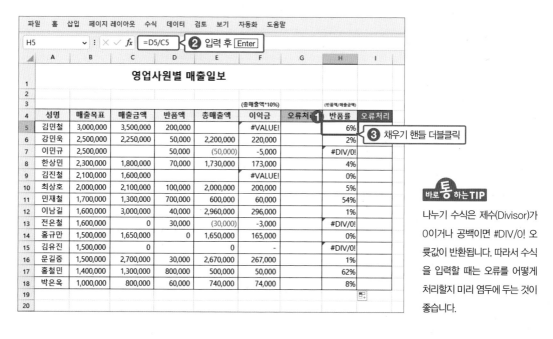

바로 **통**하는TIP

산술 연산 수식은 피연산자 형식이 잘못되면 #VALUE! 오류가 반환됩니다. 즉, [E5] 셀에는 숫자 데이터 형식이 입력되어 있어야 하지만 눈에 보이지 않는 텍스트 형식("")이 입력되어 있어 오룻값이 반환되었습니다.

02 반품률 계산하기 반품액에서 매출금액을 나눠 반품률을 계산해보겠습니다. ❶ [H5] 셀을 클릭하고 ❷ **=D5/C5**를 입력한 후 [Enter]를 누릅니다. ❸ [H5] 셀의 채우기 핸들을 더블클릭하여 수식을 채웁니다. #DIV/0! 오류가 표시되는 셀이 있습니다.

	A	B	C	D	E	F	G	H	I
					(총매출액*10%)			(반품액/매출금액)	
	성명	매출목표	매출금액	반품액	총매출액	이익금	오류처리	반품률	오류처리
5	김민철	3,000,000	3,500,000	200,000		#VALUE!		6%	
6	강민욱	2,500,000	2,250,000	50,000	2,200,000	220,000		2%	
7	이민규	2,500,000		50,000	(50,000)	-5,000		#DIV/0!	
8	한상민	2,300,000	1,800,000	70,000	1,730,000	173,000		4%	
9	김진철	2,100,000	1,600,000			#VALUE!		0%	
10	최상호	2,000,000	2,100,000	100,000	2,000,000	200,000		5%	
11	민재철	1,700,000	1,300,000	700,000	600,000	60,000		54%	
12	이남길	1,600,000	3,000,000	40,000	2,960,000	296,000		1%	
13	전은철	1,600,000	0	30,000	(30,000)	-3,000		#DIV/0!	
14	홍규만	1,500,000	1,650,000	0	1,650,000	165,000		0%	
15	김유진	1,500,000	0		0	-		#DIV/0!	
16	문길중	1,500,000	2,700,000	30,000	2,670,000	267,000		1%	
17	홍철민	1,400,000	1,300,000	800,000	500,000	50,000		62%	
18	박은욱	1,000,000	800,000	60,000	740,000	74,000		8%	

바로 **통**하는TIP

나누기 수식은 제수(Divisor)가 0이거나 공백이면 #DIV/0! 오룻값이 반환됩니다. 따라서 수식을 입력할 때는 오류를 어떻게 처리할지 미리 염두에 두는 것이 좋습니다.

03 IFERROR 함수로 오류 해결하기 #VALUE! 오류 대신 0을 표시해보겠습니다. ❶ [G5] 셀을 클릭하고 ❷ =IFERROR(E5*10%,0)를 입력한 후 [Enter]를 누릅니다. ❸ [G5] 셀의 채우기 핸들을 더블클릭하여 수식을 채웁니다. 오류가 표시되었던 셀이 0으로 변경되어 값이 표시되지 않습니다.

| 파일 | 홈 | 삽입 | 페이지 레이아웃 | 수식 | 데이터 | 검토 | 보기 | 자동화 | 도움말 |

| G5 | ❷ 입력 후 [Enter] | fx | =IFERROR(E5*10%,0) |

영업사원별 매출일보

	A	B	C	D	E	F	G	H	I
	성명	매출목표	매출금액	반품액	총매출액	이익금	오류처리	반품률	오류처리
5	김민철	3,000,000	3,500,000	200,000		#VALUE!	-		
6	강민욱	2,500,000	2,250,000	50,000	2,200,000	220,000	220,000		
7	이민규	2,500,000		50,000	(50,000)	-5,000	-	5,000	#DIV/0!
8	한상민	2,300,000	1,800,000	70,000	1,730,000	173,000	173,000	4%	
9	김진철	2,100,000	1,600,000			#VALUE!	-	0%	
10	최상호	2,000,000	2,100,000	100,000	2,000,000	200,000	200,000	5%	
11	민재철	1,700,000	1,300,000	700,000	600,000	60,000	60,000	54%	
12	이남길	1,600,000	3,000,000	40,000	2,960,000	296,000	296,000	1%	
13	전은철	1,600,000	0	30,000	(30,000)	-3,000	-	3,000	#DIV/0!
14	홍규만	1,500,000	1,650,000	0	1,650,000	165,000	165,000	0%	
15	김유진	1,500,000	0		0	-	-		#DIV/0!
16	문길중	1,500,000	2,700,000	30,000	2,670,000	267,000	267,000	1%	
17	홍철민	1,400,000	1,300,000	800,000	500,000	50,000	50,000	62%	
18	박온욱	1,000,000	800,000	60,000	740,000	74,000	74,000	8%	

(총매출액*10%) / (반품액/매출금액)

❸ 채우기 핸들 더블클릭

바로 통 하는 TIP IFERROR(오류를 검사할 셀이나 수식,오류가 있을 때 반환할 오류 메시지) 함수는 수식(E5*10%)에 오류가 있는지 검사하여 오류가 있다면 처리할 값(0)을 입력합니다.

04 IF와 ISERROR 함수로 오류 해결하기 #DIV/0! 오류 대신 0을 표시해보겠습니다. ❶ [I5] 셀을 클릭하고 ❷ =IF(ISERROR(D5/C5),0,D5/C5)를 입력한 후 [Enter]를 누릅니다. ❸ [I5] 셀의 채우기 핸들을 더블클릭하여 수식을 채웁니다. 오류가 표시되었던 셀에 0%가 표시됩니다.

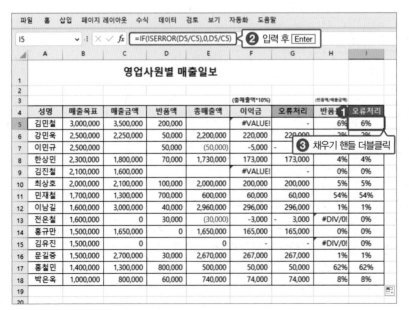

| 파일 | 홈 | 삽입 | 페이지 레이아웃 | 수식 | 데이터 | 검토 | 보기 | 자동화 | 도움말 |

| I5 | ❷ 입력 후 [Enter] | fx | =IF(ISERROR(D5/C5),0,D5/C5) |

영업사원별 매출일보

	A	B	C	D	E	F	G	H	I
	성명	매출목표	매출금액	반품액	총매출액	이익금	오류처리	반품률	오류처리
5	김민철	3,000,000	3,500,000	200,000		#VALUE!	-	6%	6%
6	강민욱	2,500,000	2,250,000	50,000	2,200,000	220,000	220,000	2%	2%
7	이민규	2,500,000		50,000	(50,000)	-5,000	-		
8	한상민	2,300,000	1,800,000	70,000	1,730,000	173,000	173,000	4%	4%
9	김진철	2,100,000	1,600,000			#VALUE!	-	0%	0%
10	최상호	2,000,000	2,100,000	100,000	2,000,000	200,000	200,000	5%	5%
11	민재철	1,700,000	1,300,000	700,000	600,000	60,000	60,000	54%	54%
12	이남길	1,600,000	3,000,000	40,000	2,960,000	296,000	296,000	1%	1%
13	전은철	1,600,000	0	30,000	(30,000)	-3,000	-	3,000	#DIV/0! 0%
14	홍규만	1,500,000	1,650,000	0	1,650,000	165,000	165,000	0%	0%
15	김유진	1,500,000	0		0	-	-	#DIV/0!	0%
16	문길중	1,500,000	2,700,000	30,000	2,670,000	267,000	267,000	1%	1%
17	홍철민	1,400,000	1,300,000	800,000	500,000	50,000	50,000	62%	62%
18	박온욱	1,000,000	800,000	60,000	740,000	74,000	74,000	8%	8%

(총매출액*10%) / (반품액/매출금액)

❸ 채우기 핸들 더블클릭

바로 통 하는 TIP ISERROR (오류를 검사할 셀이나 수식) 함수는 수식(D5/C5)에 오류가 있으면 참값을, 오류가 없으면 거짓값을 반환합니다. ISERROR 함수를 IF 함수와 같이 사용하여 참이면 오류 시 처리할 값(0)을, 거짓이면 반품률(D5/C5)을 입력합니다.

오류 알아보기

1 수식의 오류 메시지

잘못된 수식을 입력한 셀에는 오류가 표시됩니다. 오류가 표시된 셀을 클릭하고 (⚠)−[오류 검사 옵션]을 클릭하면 오류를 해결할 수 있는 방법이 표시됩니다.

오류 메시지	의미
####	열 너비가 충분하지 않거나 날짜 또는 시간을 사용해서 오류가 발생했습니다. 또는 계산한 결괏값의 자 릿수가 엑셀의 숫자 범위를 넘었습니다.
#DIV/0!	숫자를 0으로 나눴습니다.
#N/A	데이터가 없거나 VLOOKUP, LOOKUP, HLOOKUP, MATCH 함수에서 인수가 부적절합니다.
#NAME?	잘못된 이름을 사용했습니다.
#NULL!	교차하지 않는 두 영역의 논리곱을 지정했습니다.
#NUM!	수식이나 함수가 잘못되었거나 숫자가 범위를 벗어났습니다.
#REF!	유효하지 않은 셀을 참조했습니다.
#VALUE!	인수나 피연산자 형식이 잘못되었습니다.

2 셀이나 수식에 오류가 있는지 검사하는 IFERROR 함수

IFERROR 함수는 엑셀 2007에서 추가된 함수입니다. 오류가 있는지 없는지 판단하는 기준은 수식이나 셀에 오룻값이 있는가 하는 것입니다. 즉, 검사하는 셀 값이 #NAME?, #VALUE!, #DIV/0!, #NUM!, #NULL!, #N/A, #REF!이거나 오룻값을 참조할 때 오류가 있다고 판단합니다.

함수 범주	논리 함수
함수 형식	=IFERROR(오류를 검사할 셀이나 수식,오류가 있을 때 반환할 오류 메시지)

3 정보 함수

정보 함수는 셀 값의 유형이나 수식 결과의 오류를 검사하여 참 또는 거짓으로 결괏값을 알려줍니다. IFERROR 함수와 유사하지만 오룻값에 따라 정확하게 오류를 해결할 때 사용합니다.

함수 범주	정보 함수	
	ISBLANK(Value)	빈 셀을 참조하면 TRUE 아니면 FALSE
	ISERROR(Value)	셀이나 수식에 오류가 있으면 TRUE 아니면 FALSE
함수 형식	ISERR(Value)	#N/A를 제외한 오류가 있으면 TRUE 아니면 FALSE
	ISNA(Value)	#N/A 오류가 있으면 TRUE 아니면 FALSE
	ISEVEN(Value)	짝수이면 TRUE 아니면 FALSE
	ISODD(Value)	홀수이면 TRUE 아니면 FALSE

문서
편집&
서식

수식&
함수

데이터
관리&
분석

차트

매크로&
VBA

함수 형식	ISLOGICAL(Value)	논릿값이면 TRUE 아니면 FALSE
	ISNUMBER(Value)	숫자이면 TRUE 아니면 FALSE
	ISNOTEXT(Value)	숫자와 빈 셀이면 TRUE 아니면 FALSE
	ISTEXT(Value)	문자이면 TRUE 아니면 FALSE
	ISREF(Value)	참조값이면 TRUE 아니면 FALSE
인수	Value : 오류를 검사할 셀이나 수식	

핵심기능

14

조건에 맞는 개수와 합계를 구하고 특정 키워드 강조하기

실습 파일 2장\14_도서목록.xlsx
완성 파일 2장\14_도서목록_완성.xlsx

기초 함수인 SUM, AVERAGE, COUNT 뒤에 IF를 붙인 함수를 사용하면 조건에 맞는 셀의 합계, 평균, 개수를 구할 수 있습니다. 도서 분류별로 도서의 개수, 합계를 구해보겠습니다. 특정 키워드가 포함된 도서를 찾아 강조도 해보겠습니다. 조건에 맞는 합계, 평균, 개수와 관련된 함수의 자세한 설명은 120쪽을 참고합니다.

미리 보기

도서명	분류	출판사명	저자명	발행일	ISBN	정가	할인율	할인가		분류	개수	합계		키워드	개수
질문은 내려놓고 그냥 행복하라	자기계발	필름의 꿈		2023-03-30	9791162203002	16,800	10%	15,120		가정/생활	1	18,850		행복	6
한밤중의 심리학 수업	자기계발	미디어숲	황양망	2023-04-10	9791159096334	17,300	10%	15,570		경영/경제	11	201,330		용기	6
1퍼센트 부자의 법칙	자기계발	나비스물	사이토 히로시	2023-01-30	9788986836448	17,000	10%	15,300		과학	3	44,550		대화	3
가르칠 수 있는 용기	인문	한문화	파커J파머	2013-04-25	9788997092772	15,000	10%	13,500		교육	1	10,920		여행	4
오늘 밤, 세계에서 이 사랑이 사라진다 해도	소설	모모	이치조 미사키	2021-06-28	9788950974169	14,000	10%	12,600		그림책	2	17,650		꿈	5
불편한 편의점	소설	나무옆의자	김호연	2021-04-20	9791161903538	14,000	10%	12,600		사회사상	1	13,500		습관	4
아버지의 해방일지	소설	창비	정지아	2022-09-02	9788901219943	15,000	10%	13,500		소설	23	246,760		사색	4
해커스 토익	외국어		David Cho	2022-03-14	9788970656250	12,900	10%	11,610		시	4	37,700		사랑	2
데일 카네기 인간관계론	자기계발	현대지성	데일카네기	2005-01-10	9788995585511	11,500	10%	10,350		에세이	20	255,195		친구	2
스키너의 심리상자 열기	인문	에코의서재	로렌 슬레이터	2005-07-12	9788970129792	15,000	10%	13,500		여행산문	3	31,920		이야기	4
거의 정반대의 행복여행	에세이	위즈덤하우스	난다	2018-02-28	9791162203002	15,000	10%	16,980		역사	2	16,980		세계	4
4차 산업혁명 시대의 공유 경제	경영/경제	교보문고	아룬 순다라라잔	2018-02-05	9791159096334	16,800	10%	15,120		예술/대중문화	1	24,480		인문	2
여행의 기술	여행산문	청미래	알랭 드 보통	2011-11-10	9788986836448	14,000	10%	12,600		외국어	4	53,217		투자	4
용기의 심리학	자기계발	갈리온	모린 스텐스	2014-04-25	9788997092772	12,000	10%	10,800		요리	4	101,120		공부	4
꿈이 있는 아내는 늙지 않았다	자기계발	21세기북스	김미경	2018-04-15	9788950974169	17,000	10%	15,300		인문	9	141,030		권력	2
연애의 행방	소설	소미미디어	히가시노 게이고	2018-01-31	9791161903538	13,800	10%	12,420		자기계발	21	250,000		경제	4
신경 끄기의 기술	자기계발	갤리온	마크 맨슨	2017-10-27	9788901219943	15,000	10%	13,500		종교	2	26,100		와인	2
만만하게 보이지 않는 대화법	자기계발	홍익출판사	나이토 요시히토	2018-03-14	9788970656250	13,800	10%	12,420		컴퓨터/인터넷	8	163,540		토익	4
백만불짜리 습관	자기계발	용오름	브라이언 트레이시	2005-01-10	9788995585511	10,000	10%	9,000						엑셀	7
왕의 우명다고 한평대에 42의 여성문부전	소설	문학사상	송윤규,방현희	2018-01-12	9788970129792	14,800	10%	13,320						파워포인트	4
모든 요일의 여행	에세이	북라이프	김민철	2016-07-30	9791185459523	13,500	10%	12,150						요리	3
와인에 어울리는 요리	요리	부즈럼	우진영	2008-12-12	9788001704495	13,000	25%	9,750						기술	3
사색의 인문학	인문	사색의나무	한병선	2016-06-15	9791195826704	13,000	10%	11,700						연애	2
미움받을 용기	인문	인플루엔셜	가시미 이치로	2014-11-17	9788996991342	14,900	10%	13,410						세상	4
지적 대화를 위한 넓고 얕은 지식	인문	한빛비즈	채사장	2014-12-04	9788994120966	16,000	10%	14,400						심리	4
공부의 철학	인문	책세상	지바 마사야	2018-03-15	9791159312168	15,000	10%	13,500							
갈매기의 꿈	소설	현문미디어	리처드 바크	2015-10-11	9788997962426	12,800	10%	11,520							
법륜 스님의 행복	종교	나의 마을	법륜	2016-01-25	9788954637169	14,000	10%	12,600							

도서 | 분류목록

회사에서 바로 통하는 키워드 : SORT, UNIQUE, COUNTIF, SUMIF, FIND, 데이터 유효성 검사, 조건부 서식

한눈에 보는 작업 순서	SORT/UNIQUE 함수로 분류목록 만들기	▶	COUNTIF/SUMIF 함수로 분류별 개수/합계 구하기	▶	특정 키워드가 포함된 도서 개수 구하기	▶	키워드를 조건으로 데이터 유효성 목록 만들기	▶	키워드를 조건으로 조건부 서식 지정하기

01 도서 분류목록 만들기

도서 목록에서 고유 행을 UNIQUE 함수로 추출하고, SORT 함수를 이용해 오름차순으로 정렬해보겠습니다. ❶ [K4] 셀을 클릭하고 ❷ **=SORT(UNIQUE(B4:B135),1,1)**를 입력하고 Enter 를 누릅니다.

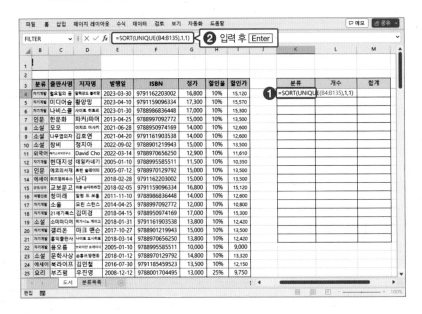

바로 통 하는 TIP

분류 범위(B4:B135)에서 고윳값(UNIQUE(B4:B135))을 추출한 후 첫 번째 열(1)을 기준으로 오름차순(1) 정렬(SORT)합니다. 추출하고 정렬한 범위를 동적으로 반환하므로 수식을 복사할 필요가 없습니다.

✅ **엑셀 2021(Microsoft 365) 버전** UNIQUE, SORT 동적 배열 함수는 엑셀 2021(Microsoft 365) 버전에 새로 추가된 함수입니다. 엑셀 2021 이전 버전에서는 사용할 수 없습니다. UNIQUE, SORT 함수를 사용해 고유 행을 추출하지 못했다면 [분류목록] 시트의 [A4:A21] 범위를 복사해서 [도서] 시트의 [K4] 셀에 붙여 넣습니다.

02 도서 분류별 개수 구하기

도서 분류별로 개수를 계산합니다. ❶ [L4] 셀을 클릭하고 ❷ **=COUNTIF($B$4:$B$135,K4)**를 입력한 후 Enter 를 누릅니다. ❸ [L4] 셀의 채우기 핸들을 더블클릭합니다.

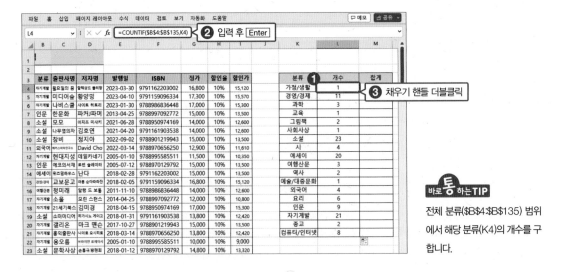

바로 통 하는 TIP

전체 분류($B$4:$B$135) 범위에서 해당 분류(K4)의 개수를 구합니다.

03 도서 분류별 할인가 합계 구하기 도서 분류별로 할인가의 합계를 계산합니다. ❶ [M4] 셀을 클릭하고 ❷ **=SUMIF($B$4:$B$135,K4,$I$4:$I$135)**를 입력한 후 Enter를 누릅니다. ❸ [M4] 셀의 채우기 핸들을 더블클릭합니다.

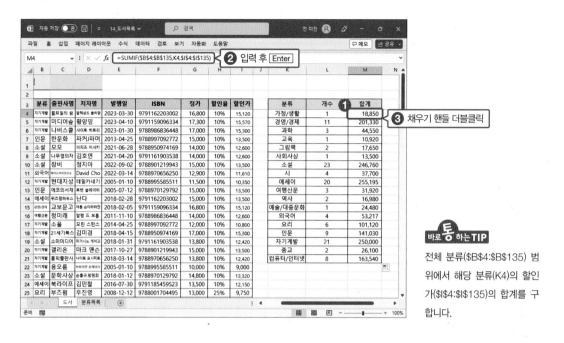

바로 **통** 하는TIP
전체 분류($B$4:$B$135) 범위에서 해당 분류(K4)의 할인가($I$4:$I$135)의 합계를 구합니다.

04 키워드를 조건으로 개수 구하기 도서명에서 키워드를 찾아 개수를 계산합니다. ❶ [P4] 셀을 클릭하고 ❷ **=COUNTIF($A$4:$A$135,"*"&O4&"*")**를 입력한 후 Enter를 누릅니다. ❸ [P4] 셀의 채우기 핸들을 더블클릭합니다.

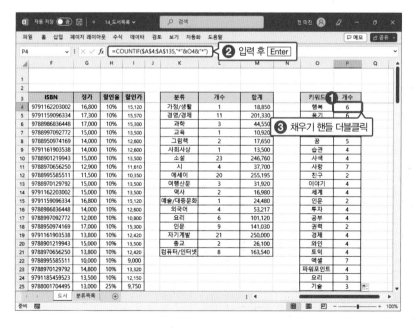

바로 **통** 하는TIP
전체 도서명($A$4:$A$135) 범위에서 키워드("*"&O4&"*")가 포함된 셀의 개수를 구합니다. 일부 글자를 키워드로 찾을 때는 와일드카드 문자(*)를 사용합니다. [P4] 셀은 [O4] 셀의 키워드(행복)의 앞뒤로 어떤 문자(*)가 온 '행복'이라는 단어가 포함된 도서명을 찾습니다.

문서
편집&
서식

수식&
함수
</>

데이터
관리&
분석

차트

매크로&
VBA

05 키워드를 조건으로 데이터 유효성 목록 만들기 ① [C1] 셀을 클릭하고 ② [데이터] 탭-[데이터 도구] 그룹-[데이터 유효성 검사]를 클릭합니다. ③ [데이터 유효성] 대화상자의 [설정] 탭을 클릭하고 ④ [제한 대상]으로 [목록]을 클릭합니다. ⑤ [원본]은 [O4:O28] 범위를 지정하거나 **=$O$4:$O$28**을 입력한 후 ⑥ [확인]을 클릭합니다. [C1] 셀에서 키워드를 목록으로 선택할 수 있습니다.

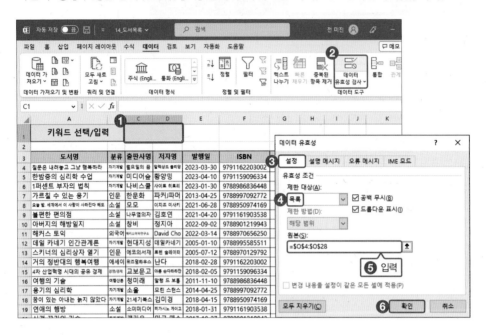

06 키워드를 조건으로 조건부 서식 지정하기 도서를 조회할 키워드를 클릭하면 도서 목록에서 해당 키워드를 포함한 도서명을 찾아 강조되게 해보겠습니다. ① [C1] 셀에서 [여행] 키워드를 클릭합니다. ② [A4:I135] 범위를 지정하고 ③ [홈] 탭-[스타일] 그룹-[조건부 서식]을 클릭한 후 ④ [새 규칙]을 클릭합니다.

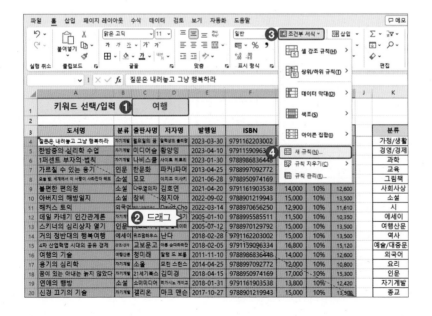

07 ❶ [새 서식 규칙] 대화상자의 [규칙 유형 선택]에서 [수식을 사용하여 서식을 지정할 셀 결정]을 클릭하고 ❷ 수식 입력란에 **=FIND($C$1,$A4)>0**을 입력합니다. ❸ [서식]을 클릭합니다. ❹ [셀 서식] 대화상자에서 [채우기] 탭을 클릭하고 ❺ 적당한 배경색을 지정한 후 ❻ [확인]을 클릭합니다. ❼ [새 서식 규칙] 대화상자에서도 [확인]을 클릭합니다.

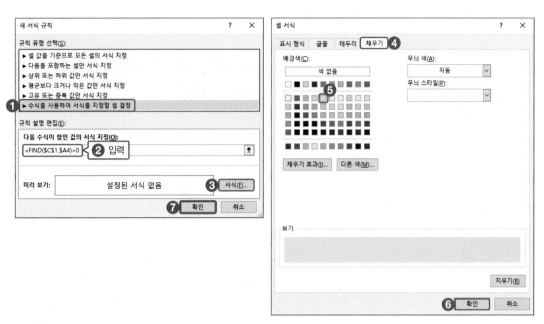

바로 통 하는TIP 조건부 서식에서는 와일드카드 문자(*)로 포함된 문자를 찾으려면 FIND 함수를 사용합니다. **FIND(찾을 문자,문자열)** 함수는 찾을 문자($C$1)가 도서명($A4)의 몇 번째에 위치하는지 알려줍니다. 만약 위치를 찾지 못하면 #VALUE! 오류가 표시됩니다. 따라서 수식 **=FIND($C$1,$A4)>0**에서 FIND 함수를 사용한 결괏값에 숫자(>0)가 나왔다면 그 단어가 도서명에 포함되어 있다는 것을 의미합니다. 텍스트 함수에 대한 자세한 내용은 핵심기능 17(134쪽)을 참고합니다.

08 [C1] 셀에서 키워드를 클릭하면 해당 키워드가 포함된 셀에 지정한 배경색이 표시됩니다.

도서명	분류	출판사명	저자명	발행일	ISBN	정가	할인율	할인가
질문은 내려놓고 그냥 행복하라	자기계발	월요일의 꿈	알렉산드 솔리잉	2023-03-30	9791162203002	16,800	10%	15,120
한밤중의 심리학 수업	자기계발	미디어숲	황양밍	2023-04-10	9791159096334	17,300	10%	15,570
1퍼센트 부자의 법칙	자기계발	나비스쿨	사이토 히토리	2023-01-30	9788986836448	17,000	10%	15,300
가르칠 수 있는 용기	인문	한문화	파커J파머	2013-04-25	9788997092772	15,000	10%	13,500
오늘 밤, 세계에서 이 사랑이 사라진다 해도	소설	모모	이치조 미사키	2021-06-28	9788950974169	14,000	10%	12,600
불편한 편의점	소설	나무옆의자	김호연	2021-04-20	9791161903538	14,000	10%	12,600
아버지의 해방일지	소설	창비	정지아	2022-09-02	9788901219943	15,000	10%	13,500
해커스 토익	외국어	해커스어학연구소	David Cho	2022-03-14	9788970656250	12,900	10%	11,610
데일 카네기 인간관계론	자기계발	현대지성	데일카네기	2005-01-10	9788995585511	11,500	10%	10,350
스키너의 심리상자 열기	인문	에코의서재	로렌 슬레이터	2005-07-12	9788997092792	15,000	10%	13,500
거의 정반대의 행복여행	에세이	위즈덤하우스	난다	2018-02-28	9791162203002	15,000	10%	13,500
4차 산업혁명 시대의 공유 경제	경제/경제	교보문고	아룬 순다라라잔	2018-02-05	9791159096334	16,800	10%	15,120
여행의 기술	여행일반	청미래	알랭 드 보통	2011-11-10	9788986836448	14,000	10%	12,600
용기의 심리학	자기계발	소울	모린 스탠스	2014-04-25	9788997092772	12,000	10%	10,800
꿈이 있는 아내는 늙지 않았다	자기계발	21세기북스	김미경	2004-04-15	9788901219943	17,000	10%	15,300
연애의 행방	소설	소미미디어	히가시노 게이고	2018-01-31	9791161903538	13,800	10%	12,420
신경 끄기의 기술	자기계발	갤리온	마크 맨슨	2017-10-27	9788901219943	15,000	10%	13,500
만만하게 보이지 않는 대화법	자기계발	홍익출판사	나이토 요시히토	2018-04-10	9788901219943	13,800	10%	12,420
백만불짜리 습관	자기계발	용오름	브라이언 트레이시	2005-01-10	9788995585511	10,000	10%	9,000
용을 무엇인고 말한다(제 42회 이상문학상)	소설	문학사상	손홍규 방현희	2018-01-12	9788970129792	14,800	10%	13,320
모든 요일의 여행	에세이	복라이프	김민철	2016-07-30	9791185459523	13,500	10%	12,150

데이터 집계에 자주 사용하는 함수와 와일드카드

1 개수를 세는 COUNT, COUNTA, COUNTBLANK 함수

COUNT는 숫자가 입력되어 있는 셀의 개수를, COUNTA는 공백을 제외한 모든 데이터 개수를, COUNTBLANK는 빈 셀의 개수를 세는 함수입니다.

함수 범주	통계
함수 형식	=COUNT(개수를 세고 싶은 셀 또는 범위,셀 또는 범위,…) =COUNTA(개수를 세고 싶은 셀 또는 범위,셀 또는 범위,…) =COUNTBLANK(개수를 세고 싶은 셀 또는 범위)

2 조건에 맞는 셀의 개수를 세는 COUNTIF, COUNTIFS 함수

COUNTIF는 조건에 만족하는 셀의 개수를 세고, COUNTIFS는 다중 조건에 만족하는 셀의 개수를 세는 함수입니다.

함수 범주	통계
함수 형식	=COUNTIF(개수를 세고 싶은 범위,조건) =COUNTIFS(개수를 세고 싶은 범위1,조건1,개수를 세고 싶은 범위2,조건2,…)

3 셀의 합계와 조건에 맞는 셀의 합계를 구하는 SUM, SUMIF, SUMIFS 함수

SUM은 셀의 합계를, SUMIF는 조건에 만족하는 셀의 합계를, SUMIFS는 다중 조건에 만족하는 셀의 합계를 구하는 함수입니다.

함수 범주	통계
함수 형식	=SUM(합계를 계산할 전체 범위,…) =SUMIF(조건을 검사할 범위,조건,합계를 계산할 범위) =SUMIFS(합계를 계산할 범위,조건을 검사할 범위1,조건1,조건을 검사할 범위2,조건2,…)

4 셀의 평균과 조건에 맞는 셀의 평균을 구하는 AVERAGE, AVERAGEIF, AVERAGEIFS 함수

AVERAGE는 셀의 평균을, AVERAGEIF는 조건에 만족하는 셀의 평균을, AVERAGEIFS는 다중 조건에 만족하는 셀의 평균을 구하는 함수입니다.

함수 범주	통계
함수 형식	=AVERAGE(평균을 계산할 전체 범위,…) =AVERAGEIF(조건을 검사할 범위,조건,평균을 계산할 범위) =AVERAGEIFS(평균을 계산할 범위,조건을 검사할 범위1,조건1,조건을 검사할 범위2,조건2,…)

문서
편집&
서식

수식&
함수
</>

데이터
관리&
분석

차트

매크로&
VBA

5 IF 함수의 조건식과 xxxIF 함수의 조건을 지정하는 방법

IF 함수에서 조건식은 '피연산자–연산자–피연산자' 형식으로 작성합니다. 하지만 COUNTIF, SUMIF, AVERAGEIF 등의 함수에서의 조건은 '연산자–피연산자' 형식으로 작성합니다.

예시	IF 함수의 조건식(Logical_Test)	xxxIF 함수의 조건(Criteria)
점수(F3)가 90 이상	F3>=90	">=90"
직급(D3)이 사원	D3="사원"	"=사원"
실적(F3)이 목표(G3)보다 크면	F3>G3	">"&G3

6 고윳값을 추출하는 UNIQUE 함수와 정렬하는 SORT 함수

엑셀 2021(Microsoft 365) 버전에서 새로 추가된 동적 배열 함수는 범위에서 고윳값을 목록으로 반환하는 UINQUE 함수와 범위에서 오름차순/내림차순으로 정렬하는 SORT 함수가 있습니다. 동적 배열 함수의 결과는 동적 범위로 반환하므로 수식을 복사할 필요가 없습니다. 또한 반환된 범위를 다른 셀에서 참조할 경우 첫 번째 [셀 주소#]을 입력합니다.

함수 범주	찾기/참조 영역 함수
함수 형식	UNIQUE(범위,방향,중복 옵션) – 방향은 FALSE(행), TRUE(열)로 고윳값을 반환하며 기본값(생략)은 고유 행을 반환하는 FALSE입니다. – 중복옵션은 FALSE(고유의 행/열), TRUE(한 번만 입력된 행/열)의 값을 반환합니다. 기본값(생략)은 고유 행/열을 반환하는 FALSE입니다. SORT(범위,기준,정렬 순서,방향) – 기준은 범위에서 몇 번째 열(행)로 정렬할지 숫자로 표시합니다. 기본(생략)은 1입니다. – 정렬 순서는 오름차순(1), 내림차순(-1)을 입력합니다. 기본(생략)은 1입니다. – 방향은 세로 범위에서 행(FALSE), 가로 범위에서 열(TRUE) 방향으로 정렬합니다. 기본(생략)은 FALSE입니다.

7 와일드카드 문자

특정 문자가 포함된 셀을 찾을 때는 와일드카드의 별표(*)와 물음표(?)를 사용합니다. 별표(*)는 모든 문자를 대체해서 찾고, 물음표(?)는 한 개의 문자를 대체해서 찾습니다. 또한 와일드카드 문자는 입력하는 위치에 따라 찾고자 하는 문자열의 조건이 달라집니다. 와일드카드 문자는 COUNTIF, COUNTIFS, SUMIF, SUMIFS, AVERAGEIF, AVERAGEIFS 함수 등에서 사용할 수 있습니다.

와일드카드 문자	기능	사용 예
별표(*)	모든 문자를 대체함	• 행복* : 행복으로 시작하는 문자열을 찾음 예) 행복여행, 행복한 삶 • *행복 : 행복으로 끝나는 문자열을 찾음 예) 일상의 행복, 소소한 행복 • *행복* : 행복이 포함된 문자열을 찾음 예) 지금 행복한가
물음표(?)	한 문자를 대표함	• 여행??? : 여행으로 시작하고 다음에 세 글자가 오는 문자열을 찾음 예) 여행가이드 • ??여행 : 여행으로 끝나고 앞에 두 글자가 오는 문자열을 찾음 예) 배낭여행

핵심기능

15

구조적 참조로 조건에 맞는 개수와 합계 구하기

실습 파일 2장\15_매출세금계산1.xlsx
완성 파일 2장\15_매출세금계산1_완성.xlsx

조건에 맞는 개수와 합계를 구하는 수식에서 셀을 찾을 범위가 고정되어 있으면 데이터를 추가할 때마다 바뀐 범위로 수정해주어야 합니다. 표 서식의 구조적 참조를 사용하면 데이터 범위가 자동으로 확장되어 편리합니다. 거래처별 세금계산서의 발행구분을 다중 조건으로 하는 세금계산서의 발행 건수와 매출 합계를 구해보겠습니다. 표 서식의 구조적 참조에 대한 자세한 설명은 127쪽을 참고합니다.

미리 보기

	A	B	C	D	E	F	G	H	I	J	K	L
1			매출세금계산서					거래처별 세금계산서 발행 건수				
2												
3	일자	거래처	공급가액	세액	매출합계	발행구분			전자	수기	면세	
4	01월 03일	삼우건설	150,000	15,000	165,000	전자		국제엘에스	1	3	1	
5	01월 05일	하나전자	50,000	5,000	55,000	전자		나무전자	1	3	0	
6	01월 11일	하늘미디어	140,000	14,000	154,000	전자		삼우건설	6	0	0	
7	01월 19일	컴월드	254,000	25,400	279,400	전자		삼우전자	0	1	0	
8	01월 20일	국제엘에스	350,000	35,000	385,000	수기		씨아이유통	2	1	0	
9	01월 30일	나무전자	542,000	54,200	596,200	수기		앤틱인쇄	1	1	0	
10	01월 31일	씨아이유통	210,000	21,000	231,000	전자		컴월드	2	0	2	
11	01월 31일	삼우건설	189,000	18,900	207,900	전자		하나전자	4	2	0	
12	01월 31일	하나전자	221,000	22,100	243,100	수기		하늘미디어	2	1	0	
13	01월 31일	하늘미디어	154,000	15,400	169,400	수기		한양택배	1	1	2	
14	01월 31일	컴월드	56,000	-	56,000	면세						
15	02월 03일	앤틱인쇄	345,000	34,500	379,500	전자						
16	02월 13일	국제엘에스	234,000	23,400	257,400	수기		거래처별 매출 세금계산서 합계				
17	02월 14일	나무전자	23,400	2,340	25,740	수기			전자	수기	면세	
18	02월 15일	삼우건설	59,000	5,900	64,900	전자		국제엘에스	330,000	1,144,000	145,000	
19	02월 24일	하나전자	89,000	8,900	97,900	전자		나무전자	107,800	1,245,640	-	
20	02월 27일	삼우건설	125,000	12,500	137,500	전자		삼우건설	2,307,800	-	-	
21	02월 28일	나무전자	98,000	9,800	107,800	전자		삼우전자	-	254,100	-	
22	02월 28일	씨아이유통	127,000	12,700	139,700	수기		씨아이유통	500,500	139,700	-	
23	02월 28일	한양택배	26,000	-	26,000	면세		앤틱인쇄	379,500	154,000	-	
24	03월 02일	하나전자	245,000	24,500	269,500	전자		컴월드	781,000	-	145,000	
25	03월 03일	컴월드	456,000	45,600	501,600	전자		하나전자	775,500	623,260	-	
26	03월 04일	한양택배	125,000	12,500	137,500	수기		하늘미디어	507,100	169,400		

매출계산 | 월별매출 | +

회사에서 바로 통하는 키워드 : 표 만들기, 구조적 참조, COUNTIFS, SUMIFS

한눈에 보는 작업 순서

표 만들기 ▶ COUNTIFS 함수로 조건에 맞는 개수 구하기 ▶ SUMIFS 함수로 조건에 맞는 합계 구하기 ▶ 추가 데이터 입력하기

01 표 만들기 매출세금계산서 목록에 표 서식을 적용해보겠습니다. ❶ [매출계산] 시트에서 임의의 데이터 셀을 클릭합니다. ❷ [삽입] 탭-[표] 그룹-[표]를 클릭합니다. ❸ [표 만들기] 대화상자에서 표에 사용할 데이터 범위($A$3:$F$40)가 지정된 것을 확인하고 [머리글 포함]에 체크합니다. ❹ [확인]을 클릭합니다.

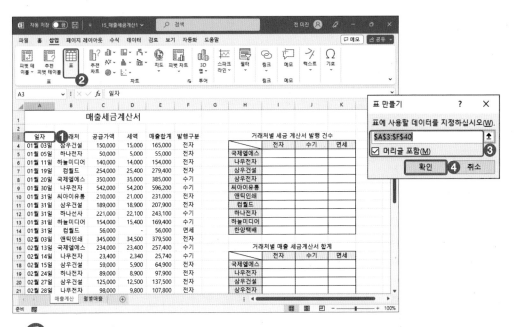

바로 통 하는TIP 표 서식이 적용될 범위에 병합된 셀이 있으면 자동으로 병합이 해제됩니다. 표에 사용할 데이터로 지정한 범위의 첫째 행이 제목 행일 경우 [머리글 포함]에 체크합니다. 체크하지 않으면 선택 범위 맨 위에 열1, 열2, 열3, … 순으로 임시 제목 행이 삽입됩니다.

02 [테이블 디자인] 탭-[속성] 그룹-[표 이름]은 [표1]로 정의되어 있습니다. 표 스타일을 변경하려면 [테이블 디자인] 탭-[표 스타일] 그룹에서 다른 스타일로 변경할 수 있습니다.

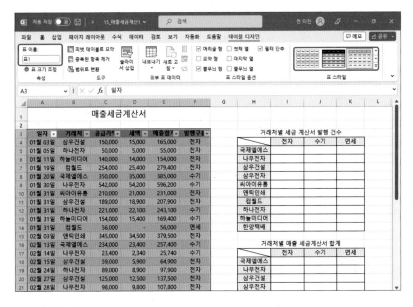

바로 통 하는TIP

엑셀의 작업 환경에 따라 표 이름이 [표1]이 아닌 다른 이름으로 정의되어 있을 수 있습니다. 만약 표의 이름이 다르면 실습의 결과가 다를 수 있으므로 [표 이름]에 **표1**을 입력하고 Enter 를 누릅니다.

✅ **엑셀 2019&이전 버전**

[표 도구]-[디자인] 탭을 확인합니다.

문서
편집&
서식

수식&
함수

데이터
관리&
분석

차트

매크로&
VBA

03 거래처별 세금계산서 발행 건수 구하기 COUNTIFS 함수로 각 거래처의 세금계산서 건수를 발행 구분(전자, 수기, 면세)별로 구하겠습니다. ❶ [I5] 셀을 클릭하고 ❷ **=COUNTIFS**를 입력한 후 ❸ Ctrl + A 를 눌러 [함수 인수] 대화상자를 불러옵니다. ❹ [함수 인수] 대화상자에서 [Criteria_range1]에 **표1[거래처]**, [Criteria1]에 **$H5**, [Criteria_range2]에 **표1[발행구분]**, [Criteria2]에 **I$4**를 입력한 후 ❺ [확인]을 클릭합니다.

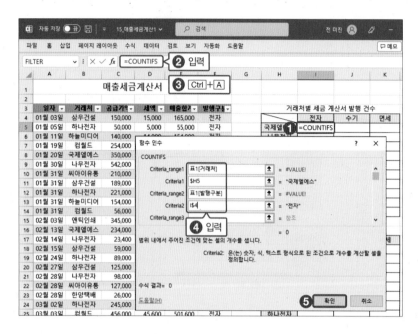

바로 통 하는TIP 표의 구조적 참조 수식에서 [열 머리글]은 열 전체 범위를 의미합니다. 따라서 '표1[거래처]' ($B$4:$B$40) 범위에서 거래처($H5)와 같고, '표1[발행구분]'($F$4:$F$40) 범위에서 발행구분 항목(I$4)이 같은 세금계산서 발행 건수를 구하는 완성 수식은 =COUNTIFS(표1[거래처],$H5,표1[발행구분],I$4)입니다.

04 셀 범위에 수식 채우기 ❶ [I5:K14] 범위를 지정하고 ❷ F2 를 누릅니다. [I5] 셀이 편집 모드로 변경됩니다. ❸ 수식 편집 상태에서 Ctrl + Enter 를 눌러 지정한 범위에 수식을 채웁니다.

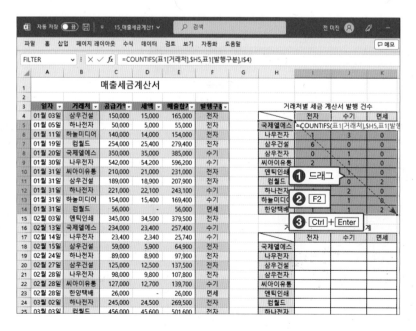

바로 통 하는TIP 표의 구조적 참조 수식은 행이 고정되고 열은 변하는 혼합 참조 방식을 사용합니다. 따라서 =COUNTIFS(표1[거래처],$H5,표1[발행구분],I$4) 수식을 열 방향으로 복사하면 '표1[거래처]', '표1[공급가액]', '표1[세액]' 순으로 위치가 변합니다. 수식에서 구조적 참조 위치를 고정하려면 Ctrl + Enter 를 눌러 수식을 채웁니다.

05 거래처별, 발행구분별 매출합계의 소계 계산하기 거래처별, 발행구분별 매출합계의 소계를 계산하겠습니다. ❶ [I18] 셀을 클릭하고 ❷ **=SUMIFS**를 입력한 후 ❸ Ctrl + A 를 눌러 [함수 인수] 대화상자를 불러옵니다. ❹ [함수 인수] 대화상자에서 [Sum_range]에 **표1[매출합계]**, [Criteria_range1]에 **표1[거래처]**, [Criteria1]에 **$H18**, [Criteria_range2]에 **표1[발행구분]**, [Criteria2]에 **I$17**을 입력한 후 ❺ [확인]을 클릭합니다.

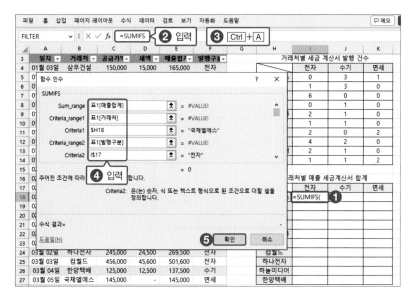

바로 통 하는 TIP

'표1[거래처]'($B$4:$B$40) 범위에서 거래처($H18)와 같고, '표1[발행구분]'($F$4:$F$40) 범위에서 발행구분 항목(I$17)이 같다면 '표1[매출합계]'($E$4:$E$40) 항목의 소계를 구하는 완성 수식은 **=SUMIFS (표1[매출합계],표1[거래처], $H18,표1[발행구분],I$17)**입니다.

06 셀 범위에 수식 채우기 ❶ [I18:K27] 범위를 지정하고 ❷ F2 를 누릅니다. [I18] 셀이 편집 모드로 변경됩니다. ❸ 수식 편집 상태에서 Ctrl + Enter 를 눌러 지정한 범위에 수식을 채웁니다.

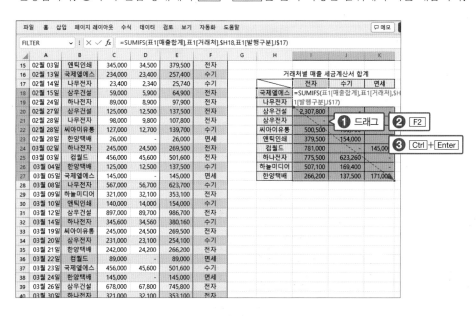

07 추가 데이터 입력하기 마지막 행에 데이터를 추가해보겠습니다. [A41] 셀에 **2023-3-31**, [B41] 셀에 **국제엘에스**, [C41] 셀에 **300000**, [F41] 셀에 **전자**를 입력하면 표 범위가 확장됩니다.

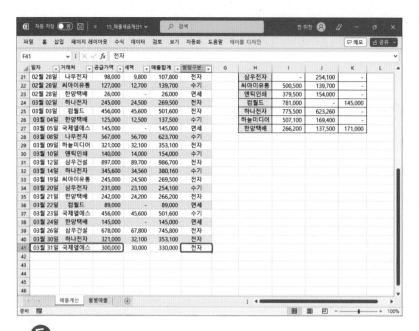

바로 통하는TIP 엑셀의 표 범위가 확장되지 않는다면 [파일] 탭─[옵션]을 클릭하고 [Excel 옵션] 대화상자를 엽니다. [언어 교정]을 클릭하고 [자동 고침 옵션]을 클릭합니다. [자동 고침] 대화상자의 [입력할 때 자동 서식] 탭에서 [표에 새 행 및 열 포함]에 체크하고 [확인]을 클릭한 후 [Excel 옵션] 대화상자에서도 [확인]을 클릭합니다.

08 입력된 데이터가 추가되어 [I5] 셀과 [I18] 셀의 건수와 매출 합계가 재계산됩니다.

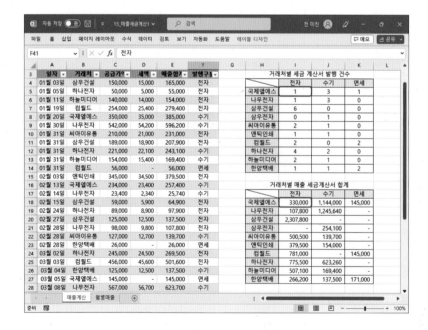

동적 범위 참조 – 표 서식의 구조적 참조

엑셀에서 데이터 범위를 고정하지 않고 동적인 범위로 참조하는 방식은 세 가지가 있습니다. ❶ 표 서식의 구조적 참조, ❷ 행 또는 열 전체를 지정(B:B) ❸ OFFSET 함수로 정의하는 동적 참조입니다. 이 중 두 번째 방식은 범위를 전체로 지정하는 것이기 때문에 사용하기에 매우 편리하고 유용해 보이지만 행 전체 또는 열 전체를 계산하기 때문에 계산 속도가 떨어지고 데이터 외 임의의 범위를 잘못 인식하여 계산이 틀리는 경우가 종종 있습니다. 따라서 꼭 필요한 경우가 아니면 사용하지 않는 것이 좋습니다. 첫 번째 방식인 표 서식의 구조적 참조 방식에 대해 살펴보겠습니다.

1 표 서식

엑셀에서 데이터를 표 서식으로 지정하면 표 안의 데이터가 수정/추가/삭제되어도 자동으로 범위가 동적으로 바뀝니다. 따라서 데이터 관리에 효과적일 뿐만 아니라 수식을 작성할 때도 수식의 범위를 매번 수정할 필요가 없어 유용합니다.

2 표 안의 구조적 참조

표 안에 데이터를 참조하여 만들어지는 수식은 대괄호([ ])와 열 머리글을 사용하는 구조적 참조 방식을 사용합니다. 구조적 참조는 수식을 만들 때 일반적으로 사용하는 A1, B$1, $A$2 등의 셀 참조를 사용하지 않는 대신에 표 이름과 행, 열 머리글을 참조하는 방식을 사용합니다. 참조 방식은 행이 고정되는 혼합 참조 방식입니다.

	A	B	C	D
2	품명	수량	단가	공급가액
3	노트북 870 13"	5	1,235,000	6,175,000
4	노트북 860 15"	5	1,315,000	6,575,000
5	노트북 가방 KC13	5	61,000	305,000
6	노트북 가방 KC15	5	65,000	325,000
7	블루투스 마우스 M400	10	34,000	340,000
8	이동 디스크 1T	5	89,000	445,000
9	이동 디스크 2T	5	145,000	725,000
10	요약			14,890,000

일반 셀 참조	구조적 참조
=B3*C3 견적서의 수량*단가	=[@수량]*[@단가] 견적서의 [표1]의 수량*단가
=SUM(D3:D9) 견적서 [D3]~[D9] 셀 합계 계산	=SUM(표1[공급가액]) 견적서 [표1]의 공급가액 열 합계 계산

3 엑셀의 구조적 참조 사용 구문

표 이름과 대괄호([ ]) 안에 열 머리글, 특수 항목 지정자를 조합하여 구조적 참조 수식을 작성할 수 있습니다. 특수 항목 지정자를 사용한 구조적 참조 형식은 '표 이름[[특수 항목 지정자],[열 머리글1]…[열 머리글n]]'입니다. 표, 열, 특수 항목 지정자에 대한 자세한 내용은 다음과 같습니다.

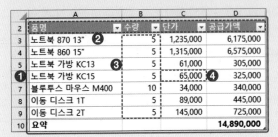

❶ 표1[#모두] : 표 전체를 참조합니다.

❷ 표1[#머리글] : 머리글 영역 전체를 참조합니다.

❸ 표1[수량] : 머리글 영역을 제외한 데이터 영역을 참조합니다.

❹ 표1[@단가] : 선택된 셀과 행 위치가 같은 값을 참조합니다.

지정자	구문	설명
표	표 이름	표 이름의 데이터 범위 전체를 참조합니다.
	표 이름[열 머리글]	표 이름의 특정 열 데이터 범위를 참조합니다.
열	[열 머리글]	해당 열 머리글을 사용하는 데이터 범위를 참조합니다. 예) =SUM(표1[공급가액]) : 표1 공급가액의 합계
	[@열 머리글]	해당 열 머리글을 사용하는 데이터 범위에서 같은 행에 있는 셀 하나를 참조합니다. 예) =표1[@수량]*표1[@단가] : 표1의 해당 행의 수량*해당 행의 단가
특수 항목	#모두	열 머리글, 행, 데이터, 요약 행 등 표의 전체 내용을 반환합니다. 예) =SUM(표1[#모두]) : 표1의 숫자 데이터와 요약 행을 포함한 데이터 전체 합계
	#데이터	표의 열 머리글 행과 요약 행을 제외한 데이터를 반환합니다. 예) =COUNTA(표1[[#데이터],[공급가액]]) : 표1의 데이터에서 공급가액의 개수 예) =SUM(표1[#데이터]) : 표1의 요약 행을 제외한 숫자 데이터의 전체 합계
	#머리글	표의 머리글 행을 반환합니다. 예) =표1[[#머리글],[품명]] : 표1의 머리글 행에서 품명을 반환
	#요약	표의 요약 행을 반환합니다. 요약 행이 없는 경우 #REF!를 반환합니다. 예) =표1[[#요약],[공급가액]] : 표1의 요양 행에서 공급가액을 반환

2010 \ 2013 \ 2016 \ 2019 \ 2021 \ M365

문서
편집&
서식

수식&
함수

데이터
관리&
분석

차트

매크로&
VBA

핵심기능

16

배열 수식과 구조적 참조 수식으로 집계표 만들기

실습 파일 2장\16_매출세금계산2.xlsx
완성 파일 2장\16_매출세금계산2_완성.xlsx

수식에서 함수를 조건으로 지정하여 개수, 평균, 합계를 구할 때는 SUMPRODUCT 함수나 배열 수식을 사용합니다. 이번 실습에서는 SUMPRODUCT와 MONTH 함수로 다중 조건을 검사하여 월별, 거래처별 매출 합계와 거래 건수를 구하는 수식을 만들어보겠습니다.

미리 보기

월별 매출 세금 계산서 합계

		삼우건설	삼우전자	하나전자	하늘미디어	컴월드	국제엘에스	나무전자	씨아이유통	발행구분 앤틱인쇄	전체 전체
	1 월	372,900	-	298,100	323,400	335,400	385,000	596,200	231,000		
	2 월	202,400	-	97,900	-	-	257,400	133,540	139,700	379,500	
	3 월	1,732,500	254,100	1,002,760	353,100	590,600	976,600	623,700	269,500	154,000	548,700
	4 월	-	520,000	-	-	-	-	-	-	-	-
	5 월	-	-	-	-	-	-	-	-	-	-
	6 월	-	-	-	-	-	-	-	-	-	-
	7 월	-	-	-	-	-	-	-	-	-	-
	8 월	-	-	-	-	-	-	-	-	-	-
	9 월	-	-	-	-	-	-	-	-	-	-
	10 월	-	-	-	-	-	-	-	-	-	-
	11 월	-	-	-	-	-	-	-	-	-	-
	12 월	-	-	-	-	-	-	-	-	-	-
	합계	2,307,800	774,100	1,398,760	676,500	926,000	1,619,000	1,353,440	640,200	533,500	574,700

월별 매출 세금 계산서 거래 건수

		삼우건설	삼우전자	하나전자	하늘미디어	컴월드	국제엘에스	나무전자	씨아이유통	발행구분 앤틱인쇄	전체 한양택배
	1 월	2	-	2	2	2	-	1	1		
	2 월	2	-	1	-	-	1	2	1	1	1
	3 월	2	1	3	1	2	3	1	1	1	3
	4 월	-	1	-	-	-	-	-	-	-	-
	5 월	-	-	-	-	-	-	-	-	-	-
	6 월	-	-	-	-	-	-	-	-	-	-
	7 월	-	-	-	-	-	-	-	-	-	-
	8 월	-	-	-	-	-	-	-	-	-	-
	9 월	-	-	-	-	-	-	-	-	-	-
	10 월	-	-	-	-	-	-	-	-	-	-
	11 월	-	-	-	-	-	-	-	-	-	-
	12 월	-	-	-	-	-	-	-	-	-	-
	합계	6		6	3	4	5	4	3	2	4

회사에서 바로 통하는 키워드 : 구조적 참조, 배열 수식, SUMPRODUCT, MONTH, IF

한눈에 보는 작업 순서	SUMPRODUCT 함수로 조건에 맞는 합계 구하기	▶	SUMPRODUCT 함수로 조건에 맞는 개수 구하기	▶	데이터 추가하기

01 월별, 거래처별 매출합계 계산하기 ❶ [월별매출] 시트를 클릭합니다. ❷ [B4:K15] 범위를 지정하고 ❸ **=SUMPRODUCT((표1[거래처]=B$3)*(MONTH(표1[일자])=$A4)*(IF($K$2="전체",1,표1[발행구분]=$K$2))*표1[매출합계])**를 입력한 후 Ctrl + Enter를 눌러 수식을 채웁니다.

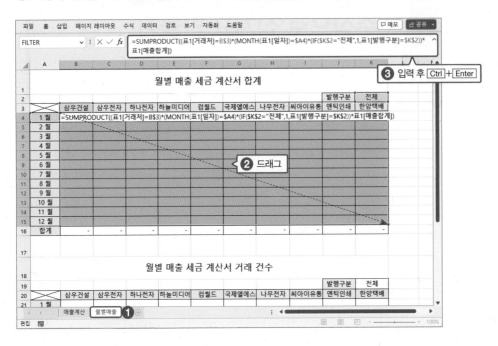

비법 노트

여러 값을 곱하는 PRODUCT, 곱하고 더하는 SUMPRODUCT 함수

PRODUCT 함수는 숫자의 곱을 구할 때 사용합니다. 일반적으로 간단한 곱셈은 곱셈 연산자(*)를 사용하지만, 곱할 숫자가 연속적으로 많으면 PRODUCT 함수를 사용하는 것이 좋습니다. SUMPRODUCT 함수는 배열 또는 범위에서 서로 대응되는 같은 행에 있는 셀의 값을 곱한 후 곱한 값을 누적해 더합니다.

함수 범주	수학/삼각 함수
함수 형식	=PRODUCT(곱하려는 셀 또는 범위,…) =SUMPRODUCT(곱하고 합을 계산할 범위 또는 배열,곱하고 합을 계산할 범위 또는 배열2,…)

SUMPRODUCT 함수식 알아보기 ①

SUMIFS 함수는 조건으로 함수(MONTH(표1[일자])=$A4)를 사용할 수 없습니다. 조건을 함수로 지정하려면 SUMPRODUCT 함수를 사용하여 배열 수식을 완성해야 합니다. 배열 수식은 배열과 배열, 배열과 셀 등을 비교해서 배열이 각각 대응하는 셀의 값이 같은지, 배열이 각각 대응하는 합이 얼마인지 등을 계산합니다.

① SUMPRODUCT(② 삼우건설 * ③ 1(1월) * ④ 전자 * ⑤ 매출합계) +

일자	거래처	공급가액	세액	매출합계	발행구분
01월 03일	삼우건설	150,000	15,000	165,000	전자
01월 05일	하나전자	50,000	5,000	55,000	전자
01월 11일	하늘미디어	140,000	14,000	154,000	전자
01월 19일	컴월드	254,000	25,400	279,400	전자
01월 20일	국제엠에스	350,000	35,000	385,000	수기
01월 30일	나무전자	542,000	54,200	596,200	수기
01월 31일	씨아이유통	210,000	21,000	231,000	전자
01월 31일	삼우건설	189,000	18,900	207,900	전자
01월 31일	하나전자	221,000	22,100	243,100	수기
01월 31일	하늘미디어	154,000	15,400	169,400	수기
01월 31일	컴월드	56,000	-	56,000	면세
02월 03일	앤틱인쇄	345,000	34,500	379,500	전자
02월 13일	국제엠에스	234,000	23,400	257,400	수기
02월 14일	나무전자	23,400	2,340	25,740	수기
02월 15일	삼우건설	59,000	5,900	64,900	전자

표1[거래처]=B$3	곱하기	MONTH(표1[일자])=$A4	곱하기	표1[발행구분]=$K$2	곱하기	표1[매출합계]	더하기
TRUE	*	TRUE	*	TRUE	*	165,000	+
FALSE	*	TRUE	*	TRUE	*	55,000	+
FALSE	*	TRUE	*	TRUE	*	154,000	+
FALSE	*	TRUE	*	TRUE	*	279,400	+
FALSE	*	TRUE	*	FALSE	*	385,000	+
FALSE	*	TRUE	*	FALSE	*	596,200	+
FALSE	*	TRUE	*	TRUE	*	231,000	+
TRUE	*	TRUE	*	TRUE	*	207,900	+
FALSE	*	TRUE	*	FALSE	*	243,100	+
FALSE	*	TRUE	*	FALSE	*	169,400	+
FALSE	*	TRUE	*	FALSE	*	56,000	+
FALSE	*	FALSE	*	TRUE	*	379,500	+
FALSE	*	FALSE	*	FALSE	*	257,400	+
FALSE	*	FALSE	*	FALSE	*	25,740	+
TRUE	*	FALSE	*	TRUE	*	64,900	+

① SUMPRODUCT(

② (표1[거래처]=B$3)*

③ (MONTH(표1[일자])=$A4)*

④ (IF($K$2="전체",1,표1[발행구분]=$K$2)*

⑤ 표1[매출합계])

① 매출합계를 구하기 위해 SUMPRODUCT 함수를 시작해서

② 거래처 범위에서 거래처(B$3)와 같은 항목을 찾음

③ 일자 범위에서 월($A4)과 같은 항목을 찾음

④ 발행구분 범위에서 발행($K$2)과 같은 항목을 찾음
만약 발행($K$2)이 '전체'면 1로 표시

⑤ 매출합계 범위를 ②*③*④*매출합계 순으로 곱하고 더해서 나온 매출합계의 배열 수식을 완성합니다.

02 월별, 거래처별 거래 건수 계산하기 ❶ [B21:K32] 범위를 지정하고 ❷ **=SUMPRODUCT((표1[거래처]=B$20)*(MONTH(표1[일자])=$A21)*(IF($K$19="전체",1,표1[발행구분]=$K$19))*1)**를 입력한 후 Ctrl + Enter를 눌러 수식을 채웁니다.

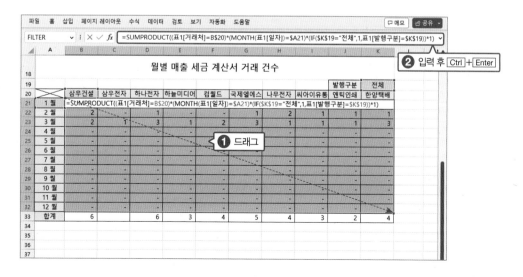

문서
편집&
서식

수식&
함수

데이터
관리&
분석

차트

매크로&
VBA

SUMPRODUCT 함수식 알아보기 ②

COUNTIFS 함수는 조건으로 함수(MONTH(표1[일자])=$A4)를 사용할 수 없습니다. 조건을 함수로 지정하려면 SUMPRODUCT 함수를 사용하여 배열 수식을 완성합니다.

① SUMPRODUCT(② 삼우건설 * ③ 1(1월) * ④ 전자 * ⑤ 1) +

일자	거래처	공급가액	세액	매출합계	발행구분
01월 03일	삼우건설	150,000	15,000	165,000	전자
01월 05일	히니전자	50,000	5,000	55,000	전자
01월 11일	하늘미디어	140,000	14,000	154,000	전자
01월 19일	컴필드	254,000	25,400	279,400	전자
01월 20일	국제엘에스	350,000	35,000	385,000	수기
01월 30일	나무전자	542,000	54,200	596,200	수기
01월 31일	씨아이유통	210,000	21,000	231,000	전자
01월 31일	삼우건설	189,000	18,900	207,900	전자
01월 31일	하나전자	221,000	22,100	243,100	수기
01월 31일	하늘미디어	154,000	15,400	169,400	수기
01월 31일	컴필드	56,000		56,000	면세
02월 03일	앤틱인쇄	345,000	34,500	379,500	전자
02월 13일	국제엘에스	234,000	23,400	257,400	수기
02월 14일	나무전자	23,400	2,340	25,740	수기
02월 15일	삼우건설	59,000	5,900	64,900	전자

표1[거래처]=B$20	곱하기	MONTH(표1[일자])=$A21	곱하기	표1[발행구분]=$K$19	곱하기	1	더하기
TRUE	*	TRUE	*	TRUE	*	1	+
FALSE	*	TRUE	*	TRUE	*	1	+
FALSE	*	TRUE	*	TRUE	*	1	+
FALSE	*	TRUE	*	TRUE	*	1	+
FALSE	*	TRUE	*	FALSE	*	1	+
FALSE	*	TRUE	*	FALSE	*	1	+
FALSE	*	TRUE	*	TRUE	*	1	+
TRUE	*	TRUE	*	TRUE	*	1	+
FALSE	*	TRUE	*	FALSE	*	1	+
FALSE	*	TRUE	*	FALSE	*	1	+
FALSE	*	TRUE	*	FALSE	*	1	+
FALSE	*	FALSE	*	TRUE	*	1	+
FALSE	*	FALSE	*	FALSE	*	1	+
FALSE	*	FALSE	*	FALSE	*	1	+
TRUE	*	FALSE	*	TRUE	*	1	+

① SUMPRODUCT(

② (표1[거래처]=B$20)*

③ (MONTH(표1[일자])=$A21)*

④ (IF($K$19="전체",1,표1[발행분]=$K$19))*

⑤ 1)

① 거래 건수를 구하기 위해 SUMPRODUCT 함수를 시작해서

② 거래처 범위에서 거래처(B$20)와 같은 항목을 찾음

③ 일자 범위에서 월($A21)과 같은 항목을 찾음

④ 발행구분 범위에서 발행($K$19)과 같은 항목을 찾음
만약 발행($K$19)이 '전체'면 1로 표시

⑤ 매출합계 범위를 ②*③*④*1 순으로 곱하고 더해서 나온 거래 건수의 배열 수식을 완성합니다.

03 [K2] 또는 [K19] 셀에서 발행구분을 변경하면 합계와 거래 건수가 발행구분에 따라 다르게 표시됩니다.

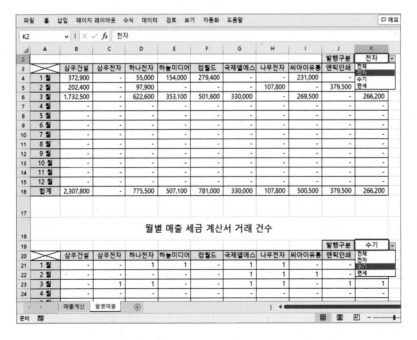

바로 통 하는 TIP

발행구분은 [데이터] 탭-[데이터 도구] 그룹-[데이터 유효성 검사]에서 [목록]으로 =발행구분(매출계산!N4:N7) 범위가 연결되어 있습니다.

04 데이터 추가하기 마지막 행에 데이터를 추가해보겠습니다. ❶ [매출계산] 시트를 클릭하고 ❷ [A42] 셀에 **2023-4-1**, [B42] 셀에 **삼우전자**, [C42] 셀에 **520000**, [F42] 셀에 **면세**를 입력하면 표 범위가 확장됩니다.

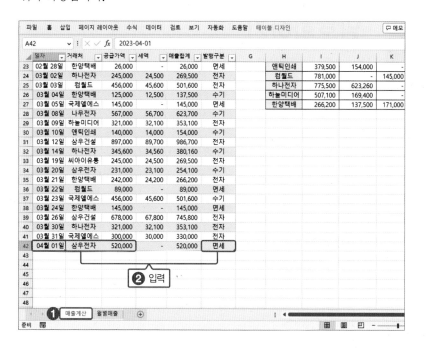

05 ❶ [월별매출] 시트를 클릭하고 ❷❸ [K2]와 [K19] 셀에서 [전체]를 클릭합니다. 앞서 입력한 4월 데이터가 추가되어 [C7] 셀과 [C24] 셀에 합계와 건수가 추가됩니다.

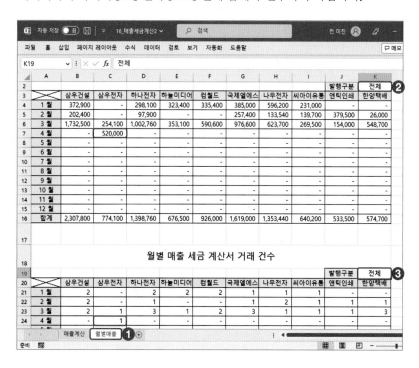

| 2010 | 2013 | 2016 | 2019 | 2021 | M365 |

개인 정보 데이터
암호화하기

실습 파일 2장\17_법인카드목록.xlsx
완성 파일 2장\17_법인카드목록_완성.xlsx

텍스트 함수를 사용하여 이름에서 글자를 추출하고, 주민번호의 여덟 번째 숫자에서 한 자리를 추출하여 성별을 구분해보겠습니다. 비밀번호는 첫 두 자리만 추출해 표시하고, 법인카드의 중간 다섯 자리는 '*'로 암호 처리합니다. 유효기간이 2023년 3월에 만기 되는 항목을 찾아 재발급을 표시하고, 이메일 주소는 아이디만 추출하는 방법에 대해 알아보겠습니다. 텍스트 함수에 대한 자세한 설명은 141쪽을 참고합니다.

미리 보기

	J	K	L	M	N	O
1			법입카드 재발급 신청자명단			
2						
3	이름	성별	비밀암호	카드번호암호	재발급신청	이메일ID확인주소
4	홍*동	남	12**	123-*****-9100		hongkdong
5	이*훈	여	12**	123-*****-9101		leeJH
6	홍*호	남	76**	123-*****-5102		min6
7	강*태	남	26**	456-*****-9103	재발급	kangst
8	정*진	남	56**	456-*****-9104		Jeon200
9	임*명	여	56**	456-*****-2105	재발급	jungsu
10	나*국	남	67**	789-*****-9106		namon
11	김*옥	여	67**	789-*****-1107		Kimsky88
12	이*우	여	38**	789-*****-0108		jinwooho
13	조*욱	남	69**	234-*****-9109	재발급	chomo
14	정*진	여	70**	134-*****-9110		jujusong
15	최*연	남	50**	234-*****-0456		minchul
16	문*진	여	71**	466-*****-9112		moonsola
17	전*미	남	43**	466-*****-8888	재발급	jerryn
18	김*연	남	43**	455-*****-0909		Jeonyoung
19	송*주	남	44**	567-*****-9115		song700
20	문*희	남	45**	567-*****-9789	재발급	hong1004
21	민*호	여	45**	678-*****-2143		minwook
22	홍*호	여	66**	678-*****-4000	재발급	jeonmi
23	이*욱	남	45**	890-*****-2929		leemin33
24						
25	재발급 이메일 주소 명단					
26	kangst@hotmail.com;jungsu@daum.net;chomo@gmail.com;jerryn@gmail.com;hong1004@gmail.com;jeonmi@naver.com;					
27						
28						

법인카드 ⊕

회사에서 바로 통하는 키워드 : **암호화하기, LEFT, RIGHT, MID, IF, OR, AND, VALUE, FIND, PHONETIC**

| 한눈에 보는 작업 순서 | LEFT, RIGHT, MID 함수로 문자 추출하기 | ▶ | 비밀번호/ 카드번호 암호화하기 | ▶ | 날짜에서 연도, 월 추출하기 | ▶ | FIND 함수로 문자 추출하기 | ▶ | 자동 필터 적용 후 이메일 주소와 구분 기호 합치기 |

01 이름의 앞/뒤 글자 추출하기 LEFT와 RIGHT 함수로 이름의 첫 글자와 마지막 글자를 추출하겠습니다. ❶ [J4] 셀을 클릭하고 ❷ **=LEFT(A4,1)&"*"&RIGHT(A4,1)**를 입력한 후 [Enter]를 누릅니다. ❸ [J4] 셀의 채우기 핸들을 [J23] 셀까지 드래그해서 수식을 복사합니다.

바로 통 하는TIP

LEFT(문자열,왼쪽으로부터 추출할 자릿수)와 RIGHT(문자열,오른쪽으로부터 추출할 자릿수) 함수로 이름(A4)의 첫 글자(LEFT(A4,1))와 마지막 글자(RIGHT(A4,1))를 추출하고 '*'를 문자 연결 연산자(&)로 추출한 문자와 연결합니다.

02 성별 표시하기 주민번호에서 성별을 추출하여 '남', '여'로 표시해보겠습니다. '–'을 포함한 주민번호의 여덟 번째 자리에서 첫 글자가 1 또는 3이면 남자고, 2 또는 4이면 여자입니다. ❶ [K4] 셀을 클릭하고 ❷ **=IF(OR(MID(C4,8,1)="1",MID(C4,8,1)="3"),"남","여")**를 입력한 후 [Enter]를 누릅니다. ❸ [K4] 셀의 채우기 핸들을 더블클릭합니다.

바로 통 하는TIP MID(문자열,추출 시작 위치,나머지 추출할 문자의 수) 함수로 발급자주민번호의 여덟 번째 위치에서 문자를 한 개 추출(MID(C4,8,1))하고 추출된 문자가 1, 3일 때는 '남'을, 2, 4일 때는 '여'를 표시합니다. MID 함수로 추출한 값은 문자이므로 이 값을 가지고 숫자와 비교하거나 산술 연산 등을 할 때는 VALUE 함수를 사용하여 숫자 형식(VALUE(MID(C4,8,1)))으로 변환해주어야 수식의 오류를 줄일 수 있습니다.

03 비밀번호 앞자리 추출하고 뒷자리 암호화하기 LEFT 함수로 카드 비밀번호 앞자리를 추출하고 뒷자리를 암호화하겠습니다. ❶ [L4] 셀을 클릭하고 ❷ **=LEFT(E4,2)&"**"**를 입력한 후 Enter 를 누릅니다. ❸ [L4] 셀의 채우기 핸들을 더블클릭합니다.

바로 통 하는 TIP

LEFT(문자열,왼쪽으로부터 추출할 자릿수) 함수로 비밀번호 (E4)의 앞 두 자리(LEFT(E4,2))를 추출하고 나머지 두 자리를 '*'로 암호화합니다.

04 카드번호의 앞/뒤 문자 추출하기 LEFT와 RIGHT 함수로 카드번호의 첫 네 글자와 마지막 다섯 글자를 추출하겠습니다. ❶ [M4] 셀을 클릭하고 ❷ **=LEFT(D4,4)&"*****"&RIGHT(D4,5)**를 입력한 후 Enter 를 누릅니다. ❸ [M4] 셀의 채우기 핸들을 더블클릭합니다.

바로 통 하는 TIP

카드번호(D4)의 네 글자 (LEFT(D4,4))와 마지막 다섯 글자(RIGHT(D4,5))를 추출하고 '*****'와 문자 연결 연산자(&)로 추출한 문자를 연결합니다.

05 재발급 대상자 표시하기 '월/연도'로 입력된 유효기간에서 월 두 자리, 연도 두 자리를 추출하여 2023년 1~3월 사이에 유효기간이 만료되는 데이터를 찾아 재발급을 표시해보겠습니다. ❶ [N4] 셀을 클릭하고 ❷ **=IF(AND(RIGHT(G4,2)="23",VALUE(LEFT(G4,2))<=3),"재발급","")**를 입력한 후 Enter 를 누릅니다. ❸ [N4] 셀의 채우기 핸들을 더블클릭합니다.

바로 통 하는TIP

유효기간의 오른쪽 두 자리(RIGHT(G4,2))가 23이고, 유효기간의 왼쪽 두 자리(LEFT(G4,2))가 3보다 작거나 같으면(<=3) 재발급을 표시합니다. LEFT, RIGHT 함수로 추출한 값은 문자이므로, 이 값을 가지고 숫자와 비교하거나 산술 연산 등을 하려면 VALUE 함수를 사용하여 숫자 형식(VALUE(LEFT(G4,2))<=3)으로 변환해주어야 수식의 오류를 줄일 수 있습니다.

06 이메일 주소에서 아이디 추출하기 LEFT, FIND 함수로 이메일 주소에서 아이디를 추출하겠습니다. ❶ [O4] 셀을 클릭하고 ❷ **=LEFT(H4,FIND("@",H4)-1)**를 입력한 후 Enter 를 누릅니다. ❸ [O4] 셀의 채우기 핸들을 더블클릭합니다.

바로 통 하는TIP

FIND(찾을 문자,문자열,시작 위치) 함수로 이메일 주소(H4)에서 "@" 위치((FIND("@",H4))가 몇 번째 위치하는지 찾습니다. @ 위치 앞에 아이디만 추출해야 하므로 1을 빼면(LEFT(H4, FIND("@",H4)-1)) 아이디가 추출됩니다.

07 자동 필터로 재발급 대상자 검색하기 ❶ [N3] 셀을 클릭하고 ❷ [데이터] 탭-[정렬 및 필터] 그룹-[필터]를 클릭합니다. ❸ [재발급신청] 필드의 [필터 목록▼]을 클릭하고 ❹ [재발급]에만 체크한 후 ❺ [확인]을 클릭합니다.

바로 **통** 하는 **TIP**

자동 필터는 조건에 맞는 데이터를 검색하고 추출하는 기능입니다. 여기서는 '재발급'을 검색하여 재발급 대상자만 추출합니다. 필터에 대한 자세한 설명은 210쪽을 참고합니다.

08 이름 정의하기 여러 명에게 이메일을 발송하기 위해 구분 기호(;)를 입력하고 화면에 보이는 영역만 이름을 정의해보겠습니다. ❶ [I7:I22] 범위를 지정하고 ❷ ;을 입력한 후 Ctrl + Enter 를 누릅니다.

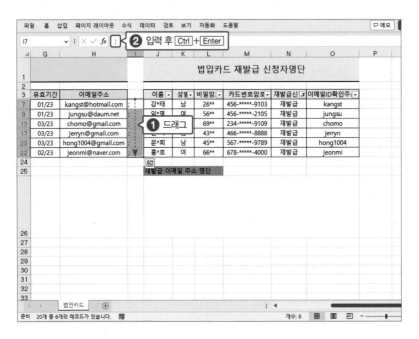

09 ① [H7:I22] 범위를 지정한 후 ② F5 를 누릅니다. ③ [이동] 대화상자에서 [옵션]을 클릭하고 ④ [이동 옵션] 대화상자에서 [화면에 보이는 셀만]을 클릭한 후 ⑤ [확인]을 클릭합니다.

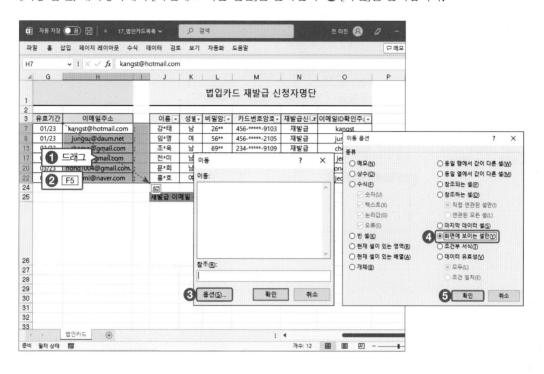

10 화면에 보이는 셀만 선택되어 있는 상태에서 [이름 상자]에 **이메일범위**를 입력하고 Enter 를 누릅니다.

바로 **통** 하는 **TIP**
자동 필터로 추출된 데이터의 범위는 숨겨진 데이터의 범위까지 포함하므로 화면에 보이는 셀만 범위를 지정하여 '이메일범위'로 이름을 정의합니다.

문서
편집&
서식

수식&
함수

데이터
관리&
분석

차트

매크로&
VBA

11 이메일 주소와 구분 기호 합치기 이메일과 구분 기호(;)를 합쳐보겠습니다. ❶ [J26] 셀을 클릭하고
❷ **=PHONETIC(이메일범위)**를 입력한 후 [Enter]를 누릅니다.

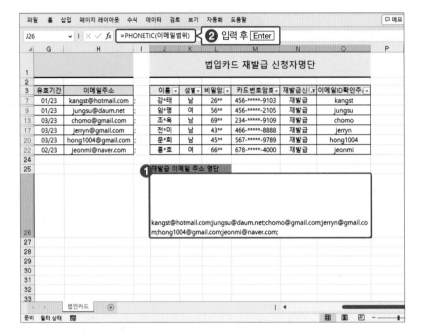

PHONETIC(셀 또는 셀 범위)
함수는 셀 범위의 문자열을 합치
는데, **=PHONETIC(이메일범
위)** 수식은 이메일범위(H7:I7,
H9:I9,H13:I13,H17:I17,H20
:I20,H22:I22)에서 이메일 주소
와 구분 기호(;)를 합칩니다. 이메
일을 발송하려면 [J26] 셀의 값
을 복사한 후 이메일을 보내는
창에서 [받는 사람]란에 붙여 넣
습니다.

12 ❶ [J3] 셀을 클릭하고 ❷ [데이터] 탭–[정렬 및 필터] 그룹–[필터]를 클릭하여 필터를 해제합니다.

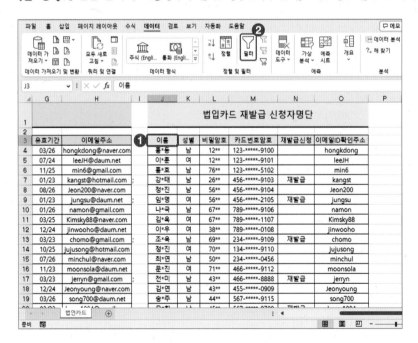

텍스트 함수와 정보 함수

텍스트 함수는 문자열에서 일부 글자만 추출하거나 서로 다른 문자열을 조합하고 셀 서식을 지정할 때 사용할 수 있습니다. 문자열처럼 텍스트와 관련한 작업에는 어디에나 쓸 수 있는 유용한 함수입니다.

1 일부 글자를 추출하는 LEFT, RIGHT, MID 함수

LEFT, RIGHT, MID 함수는 문자열에서 글자 일부를 추출하는 함수입니다. 왼쪽으로부터 몇 개 글자를 추출하려면 LEFT 함수, 오른쪽으로부터 글자를 추출하려면 RIGHT 함수, 문자열 중간에 있는 글자 일부를 추출하려면 MID 함수를 사용합니다.

함수 범주	텍스트 함수
함수 형식	=LEFT(문자열,왼쪽으로부터 추출할 문자의 수) =MID(문자열,추출할 시작 위치,나머지 추출할 문자의 수) =RIGHT(문자열,오른쪽으로부터 추출할 문자의 수)

2 일부 글자의 위치를 찾는 FIND 함수

FIND 함수는 문자열에서 글자 일부의 시작 위치를 찾아주는 함수입니다. 글자의 위치를 찾지 못했을 때는 오류를 표시합니다.

함수 범주	텍스트 함수
함수 형식	=FIND(찾을 문자,문자열,시작 위치) 시작 위치 생략 시 찾기 시작할 문자의 시작 위치는 1입니다.

3 같은 문자를 반복하여 표시하는 REPT 함수

REPT 함수는 텍스트를 주어진 횟수만큼 반복하여 셀에 표시하는 함수입니다. 반복적으로 표시되는 텍스트 길이에 따라 시각적인 효과를 주고 싶을 때 사용합니다. 반복 횟수는 양의 정수로 지정합니다. 음수일 경우에는 오류를 표시합니다.

함수 범주	텍스트 함수
함수 형식	=REPT(반복할 문자,반복 횟수)

4 문자열의 길이를 표시하는 LEN 함수

LEN 함수는 문자열의 문자 개수를 표시하는 함수입니다.

함수 범주	텍스트 함수
함수 형식	=LEN(문자열)

5 서식을 지정하는 TEXT 함수, 텍스트를 숫자로 바꾸는 VALUE 함수

TEXT 함수는 셀 값의 표시 형식을 지정하는 함수입니다. 일반적으로 셀 서식에서 지정한 표시 형식은 화면에 보이는 형식일 뿐 실제 데이터 형식에는 변화를 주지 않습니다. 그러나 TEXT 함수에서 표시 형식을 지정하면 데이터 형식이 텍스트로 바뀝니다. VALUE 함수는 LEFT, RIGHT, MID 함수로 추출한 숫자처럼 보이는 문자 데이터를 숫자로 바꿀 때 사용합니다. 예를 들어 함수로 추출한 '100'은 숫자처럼 보이지만 문자 데이터입니다. 문자 데이터는 계산할 수 없으므로 VALUE 함수를 사용해서 숫자 데이터로 바꾼 후 계산합니다.

함수 범주	텍스트 함수
함수 형식	=TEXT(사용자 지정 형식을 지정할 값,사용자 지정 형식) =VALUE(숫자처럼 보이지만 문자인 텍스트)

6 서식을 지정하는 텍스트의 윗주 문자나 셀 범위 내의 문자를 하나로 합치는 PHONETIC 함수

PHONETIC 함수는 텍스트의 윗주 문자를 추출하거나 윗주가 없으면 지정한 범위 내의 텍스트를 하나로 합쳐 표시합니다.

함수 범주	정보 함수
함수 형식	=PHONETIC(윗주 문자를 가져올 문자열) =PHONETIC(텍스트를 합칠 셀 또는 셀 범위) |	A	B	C	D	E	F	❶ G	❷ H | |---|---|---|---|---|---|---|---|---| | 3 | 회사명 | 구분기호 | 대표 | 구분기호 | 전화번호 | | 윗주 추출 | 합쳐서 표시하기 | | 4 | 주식회사 삼호전자 | ; | 홍길동 | ; | 010-333-3333 | | 주식회사 | 주식회사;홍길동;010-333-3333 | ❶ 윗주 추출 : =PHONETIC(A4) ❷ 회사명의 윗주, 구분기호, 대표, 구분기호, 전화번호를 합쳐서 표시 : =PHONETIC(A4:E4)

핵심기능

18

임금대장에서 근무일수, 근속기간 구하기

실습 파일 2장\18_임금대장.xlsx
완성 파일 2장\18_임금대장_완성.xlsx

임금대장에는 해당 연도 급여와 상여금 내역을 작성하고, 퇴직자가 있으면 퇴직금 정산 내역도 기입해야 합니다. 해당 연도의 근무일수는 NETWORKDAYS 함수, 퇴직금 지급일과 지급연도는 EDATE, YEAR 함수, 근속기간과 근속연수는 DATEDIF 함수를 사용해 작성해보겠습니다. 날짜 함수에 대한 자세한 설명은 147쪽을 참고합니다.

미리 보기

2022년도 임금대장

| 소속 | 인사팀 | 성명: | 홍길동 | 주민번호: | 900204-1****** | 부양가족: | 3 | 기술자격: | ○ | | 작성일자: | 2022-12-31 |

월	출근일수	시간(8H)	기본급	직책수당	기술수당	가족수당	시간외수당	지급총액계	의료보험	국민연금	과세대상액	갑근세	주민세	차감
1	21	168	2,405,000	200,000	20,000	60,000	56,000	2,741,000	125,670	216,450		274,100	27,410	2,097,370
2	18	144	2,405,000	200,000	20,000	60,000		2,685,000	125,670	216,450		268,500	26,850	2,047,530
3	22	176	2,405,000	200,000	20,000	60,000	47,500	2,732,500	125,670	216,450		273,250	27,325	2,089,805
4	21	168	2,405,000	200,000	20,000	60,000	87,000	2,772,000	125,670	216,450		277,200	27,720	2,124,960
5	22	176	2,405,000	200,000	20,000	60,000		2,685,000	125,670	216,450		268,500	26,850	2,047,530
6	20	160	2,405,000	200,000	20,000	60,000	65,600	2,750,600	125,670	216,450		275,060	27,506	2,105,914
7	21	168	2,405,000	200,000	20,000	60,000	15,000	2,700,000	125,670	216,450		270,000	27,000	2,060,880
8	22	176	2,405,000	200,000	20,000	60,000	11,200	2,696,200	125,670	216,450		269,620	26,962	2,057,498
9	20	160	2,405,000	200,000	20,000	60,000		2,685,000	125,670	216,450		268,500	26,850	2,047,530
10	20	160	2,405,000	200,000	20,000	60,000	45,000	2,730,000	125,670	216,450		273,000	27,300	2,087,580
11	22	176	2,405,000	200,000	20,000	60,000		2,685,000	125,670	216,450		268,500	26,850	2,047,530
12	22	176	2,405,000	200,000	20,000	60,000	125,000	2,810,000	125,670	216,450		281,000	28,100	2,158,780
계	251	2,008	28,860,000	2,400,000	240,000	720,000	452,300	32,672,300	1,508,040	2,597,400		3,267,230	326,723	24,972,907

상 여	월	지급액	세율(%)	세액		퇴 직 소 득	입사년월일	2017-03-02	지급년도	2023		퇴직구분	보통	지급금	16,033,333
	6	4,810,000	481,000		4,329,000		퇴직년월일	2022-12-15	지급일자	2023-01-15		신고의유무	유	특별공제액	1,763,667
	12	4,810,000	481,000		4,329,000		근속기간	5년 9년 13일	근속연수	5년	기준공제액		특별추가공제액		176,367
	계	9,620,000	962,000		8,658,000								징수세액		14,093,300

회사에서 바로 통하는 키워드 : 근무일수/근속기간 구하기, YEAR, NETWORKDAYS, EDATE, DATEDIF

| 한눈에 보는 작업 순서 | YEAR 함수로 연도 표시하기 | ▶ | NETWORKDAYS 함수로 월별 근무일수 계산하기 | ▶ | EDATE 함수로 퇴직금 지급일 계산하기 | ▶ | DATEDIF 함수로 근속기간, 근속연수 계산하기 |

01 제목 연도 표시하기 ❶ [A1] 셀을 클릭하고 ❷ **=YEAR(U2)&"년도 임금대장"**를 입력한 후 Enter 를 누릅니다. [U2] 셀에 입력된 날짜에서 연도가 추출되어 제목에 표시됩니다.

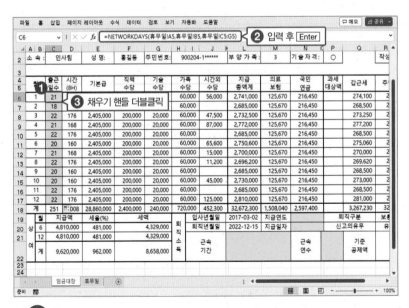

02 월별 근무일수 계산하기 1~12월의 근무일수를 계산해보겠습니다. ❶ [C6] 셀을 클릭하고 ❷ **=NETWORKDAYS(휴무일!A5,휴무일!B5,휴무일!C5:G5)**를 입력한 후 Enter 를 누릅니다. ❸ [C6] 셀의 채우기 핸들을 더블클릭합니다.

바로 통 하는 TIP **NETWORKDAYS(시작일,종료일,휴무일 지정 범위)** 함수는 시작일에서 종료일까지의 일수를 계산하되, 주말이나 공휴일은 제외한 일수를 계산합니다. 여기서는 시작일(휴무일!A5)에서 종료일(휴무일!B5)까지의 일수를 계산하되, 휴무일(휴무일!C5:G5)을 제외한 일수를 구합니다. 휴무일을 지정할 경우 미리 해당 연도의 휴무일을 입력해두어야 합니다. 이번 실습의 휴무일은 [휴무일] 시트에 입력해두었습니다.

03 퇴직금 지급일 표시하기 ❶ [N20] 셀을 클릭하고 **❷ =EDATE(K20,1)**를 입력한 후 `Enter`를 누릅니다. [K20] 셀에 입력된 퇴직년월일로부터 한 달 후 날짜를 표시합니다.

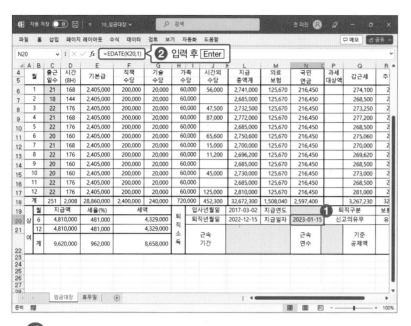

바로 통 하는 TIP 퇴직금 지급일은 **EDATE(개월 수를 계산하기 위한 시작일,전이나 후의 개월 수)** 함수를 사용하여 퇴직한 날짜로부터 1개월 후(EDATE(K20,1)) 날짜를 계산합니다. EDATE 함수는 계산된 결과가 일련번호로 표시되므로 셀 서식의 표시 형식을 날짜 형식으로 지정해야 합니다.

04 퇴직금 지급연도 표시하기 ❶ [N19] 셀을 클릭하고 **❷ =YEAR(N20)**를 입력한 후 `Enter`를 누릅니다. [N20] 셀에 입력된 날짜에서 연도가 추출되어 표시됩니다.

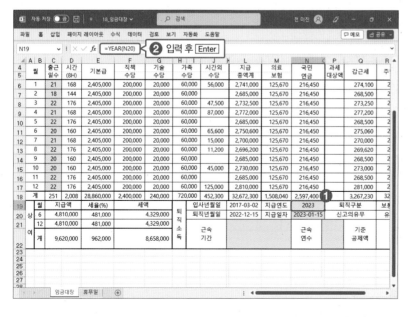

바로 통 하는TIP

퇴직금 지급연도는 **YEAR(날짜 데이터 또는 날짜를 일수로 누적한 숫자)** 함수를 사용하여 지급일에서 연도만 추출(YEAR(N20)) 합니다.

05 근속기간 표시하기 ❶ [K21] 셀을 클릭하고 ❷ **=DATEDIF(K19,K20,"Y")&"년"&DATEDIF(K19,K20, "YM")&"개월"& DATEDIF(K19,K20,"MD")&"일"**를 입력한 후 Enter를 눌러 근속기간을 표시합니다.

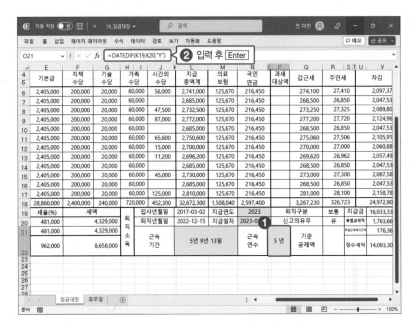

바로 통 하는TIP DATEDIF(시작일,종료일,옵션) 함수를 사용하여 시작일인 입사년월일(K19)로부터 종료일인 퇴직년월일(K20)까지의 경과 연도("Y")와 연도에서 남은 개월 수("YM"), 개월 수에서 남은 일수("MD")를 구합니다.

06 근속연수 표시하기 ❶ [O21] 셀을 클릭하고 ❷ **=DATEDIF(K19,K20,"Y")**를 입력한 후 Enter를 눌러 근속연수를 표시합니다.

바로 통 하는TIP

DATEDIF(시작일,종료일,옵션) 함수를 사용하여 시작일인 입사년월일(K19)로부터 종료일인 퇴직년월일(K20)까지의 경과 연도("Y")를 구합니다.

날짜 함수와 수학/삼각 함수

날짜 함수는 두 날짜 사이의 연수, 개월 수, 일수, 요일을 계산할 때 쓸 수 있는 함수입니다. 날짜 함수를 알아두면 날짜 계산은 물론 날짜를 입력할 때 생기는 번거로움을 줄일 수 있습니다.

1 연, 월, 일을 표시하는 YEAR, MONTH, DAY 함수

날짜 데이터는 연, 월, 일로 구분된 것처럼 보이지만 실제로는 1900년 1월 1일을 기준으로 특정 날짜까지 누적 일수를 숫자로 나타내는 것입니다. 따라서 날짜 데이터에서 연, 월, 일을 추출하여 다른 셀에 사용하려면 LEFT, RIGHT, MID 함수가 아닌 YEAR, MONTH, DAY 함수를 사용해야 합니다. 즉, 누적된 숫자로 이루어진 오늘 날짜에서 연도를 추출하려면 YEAR, 월을 추출하려면 MONTH, 일을 추출하려면 DAY 함수를 사용합니다.

함수 범주	날짜 및 시간 함수
함수 형식	=NOW() =TODAY() =DATE(연,월,일) =YEAR(날짜 데이터 또는 날짜를 일수로 누적한 숫자) =MONTH(날짜 데이터 또는 날짜를 일수로 누적한 숫자) =DAY(날짜 데이터 또는 날짜를 일수로 누적한 숫자) NOW와 TODAY 함수는 인수가 없습니다. NOW는 오늘 날짜와 시간을, TODAY는 오늘 날짜를 표시합니다.

2 날짜 사이의 경과된 기간(연, 월, 일)을 계산하는 DATEDIF 함수

두 날짜 사이의 경과된 기간을 계산하려면 종료 일자에서 시작 일자를 뺍니다. 하지만 두 날짜 사이의 개월 수나 연수를 계산하려면 수식이 조금 복잡해지므로 DATEDIF 함수를 사용합니다. DATEDIF 함수는 두 날짜 사이의 연, 월, 일 간격을 간단하게 계산해줍니다. 단, DATEDIF 함수는 함수 마법사나 수식 자동 완성 목록, 도움말에 함수 설명이 없으므로 직접 입력하여 수식을 만들어야 합니다.

함수 범주	날짜 및 시간 함수	
함수 형식	=DATEDIF(시작일,종료일,옵션)	
	옵션	설명
	y	두 날짜 사이 경과된 연수
	m	두 날짜 사이 경과된 개월 수
	d	두 날짜 사이 경과된 일수
	ym	두 날짜 사이 경과 연도를 제외한 나머지 개월 수
	yd	두 날짜 사이 경과 연도를 제외한 나머지 일수
	md	두 날짜 사이 경과 연도와 개월 수를 제외한 나머지 일수

3 지정한 날짜의 개월 수를 계산하는 EDATE, EOMONTH 함수

EDATE와 EOMONTH 함수는 업무 계획을 수립할 때나 프로젝트 진행 기간을 개월 단위로 계산하고 싶을 때 사용합니다. 예를 들어 1월 2일에 프로젝트를 시작하여 6개월 후에 프로젝트가 끝난다면 프로젝트가 종료되는 날짜를 EDATE나 EOMONTH 함수를 사용해서 계산할 수 있습니다. EDATE 함수가 날짜의 전이나 후 개월 수를 계산하는 데 비해 EOMONTH 함수는 지정한 날짜의 전이나 후의 마지막 날짜를 계산하여 날짜의 일련번호를 반환합니다. 지정한 날짜의 개월 수를 계산하는 EDATE와 EOMONTH 함수 형식은 다음과 같습니다.

함수 범주	날짜 및 시간 함수
함수 형식	=EDATE(개월 수를 계산하기 위한 시작일,전이나 후의 개월 수) =EOMONTH(개월 수를 계산하기 위한 시작일,전이나 후의 개월 수)

4 주말, 휴무일을 제외한 종료일을 계산하는 WORKDAY 함수

근무 시작일로부터 20일을 근무(평일 근무)했을 경우 '=시작일+20'을 입력하면 주말(토, 일)과 공휴일을 제외한 종료일을 표시할 수 없습니다. 따라서 주말과 휴무일을 제외한 종료일을 계산하려면 WORKDAY 함수를 사용합니다. 주말에 근무하고 평일에 일할 때 대체 휴일(주말)을 따로 설정할 수 있는 WORKDAY.INTL 함수는 엑셀 2010 버전부터 제공됩니다. 휴무일이 있다면 미리 해당 연도의 휴무일을 입력해두어야 합니다. 주말, 휴무일을 제외한 종료일을 계산하는 WORKDAY, WORKDAY.INTL 함수 형식은 다음과 같습니다.

함수 범주	날짜 및 시간 함수						
함수 형식	=WORKDAY(시작일,일수,휴무일 지정 범위) =WORKDAY.INTL(시작일,일수,주말 옵션,휴무일 지정 범위) 주말 옵션은 주말의 요일을 선택하는 옵션으로 1~7, 11~17 사잇값을 사용할 수 있습니다.						

옵션	1	2	3	4	5	6	7
주말	토, 일	일, 월	월, 화	화, 수	수, 목	목, 금	금, 토

옵션	11	12	13	14	15	16	17
주말	일	월	화	수	목	금	토

5 주말, 공휴일을 제외한 일수를 계산하는 NETWORKDAYS, NETWORKDAYS.INTL 함수

NETWORKDAYS 함수는 주말과 공휴일을 제외한 두 날짜 사이의 작업 일수를 계산하며, 근무 일수를 계산할 때 주로 사용합니다. 예를 들어 1월 1일(일)부터 1월 31일(화)까지 작업 일수를 NETWORKDAYS 함수로 계산하면 주말을 제외하고 월~금요일까지의 일수인 '22'를 구합니다. 주말, 공휴일을 제외한 일수를 계산하는 NETWORKDAYS, NETWORKDAYS.INTL 함수 형식은 다음과 같습니다.

함수 범주	날짜 및 시간 함수
함수 형식	=NETWORKDAYS(시작일,종료일,휴무일 지정 범위) =NETWORKDAYS.INTL(시작일,종료일,주말 옵션,휴무일 지정 범위) 주말 옵션은 WORKDAY 함수 옵션과 동일합니다.

핵심기능 19

출퇴근 기록으로 근무시간 계산하기

실습 파일 2장\ 19_출퇴근시간기록.xlsx
완성 파일 2장\ 19_출퇴근시간기록_완성.xlsx

문서
편집&
서식

수식&
함수

데이터
관리&
분석

차트

매크로&
VBA

엑셀에서는 24시간을 '1'로 반환하며 1을 24로 나눈 값으로 시간을 계산합니다. 일일 출퇴근 기록표에서 근무시간(08:30~17:30), 잔업시간(17:30~19:30), 연장시간(19:30~)을 기준으로 기본, 잔업, 연장시간을 계산하고 근무시간이 30분 단위로 표시되도록 수식을 작성해보겠습니다. 시간 함수와 수학/삼각 함수에 대한 자세한 설명은 153쪽을 참고합니다.

미리 보기

	A	B	C	D	E	F	G	H	I	J	K	L	M	N
1							일일 출퇴근 기록표							
2						(12:30~13:30)	(17:30~19:30)	(19:30~)					급여(1h)	12,000
3	성명	출근기록	퇴근기록	출근	퇴근	점심(h)	잔업신청	연장신청	기본(h)	잔업(h)	연장(h)	일일급여	잔업수당	연장수당
4	이수연	8:30	17:30	8:30	17:30	1			8	0	0	96,000	-	-
5	김민호	8:22	18:20	8:30	17:30	1	잔업		8	0.5	0	96,000	6,000	-
6	박정수	8:30	20:14	8:30	17:30	1	잔업	연장	8	2	0.5	96,000	24,000	6,000
7	이철진	8:35	18:00	8:35	17:30	1	잔업		7.5	0.5	0	90,000	6,000	-
8	최성수	8:15	18:00	8:30	17:30	1	잔업		8	0.5	0	96,000	6,000	-
9	민호연	8:25	21:15	8:30	17:30	1	잔업	연장	8	2	1.5	96,000	24,000	18,000
10	문지연	8:25	12:30	8:30	12:30	0			4	0	0	48,000	-	-
11	강준기	8:15	21:00	8:30	17:30	1	잔업	연장	8	2	1.5	96,000	24,000	18,000
12	조수민	8:25	20:14	8:30	17:30	1	잔업	연장	8	2	0.5	96,000	24,000	6,000
13	홍성국	8:30	17:30	8:30	17:30	1			8	0	0	96,000	-	-
14	민정호	8:27	14:00	8:30	14:00	1			4.5	0	0	54,000	-	-
15	강성태	8:30	20:14	8:30	17:30	1	잔업	연장	8	2	0.5	96,000	24,000	6,000
16	정지수	8:45	17:30	8:45	17:30	1			7.5	0	0	90,000	-	-
17	오진우	8:15	18:00	8:30	17:30	1	잔업		8	0.5	0	96,000	6,000	-
18	이시형	8:25	21:20	8:30	17:30	1	잔업	연장	8	2	1.5	96,000	24,000	18,000
19	김상호	8:25	15:30	8:30	15:30	1			6	0	0	72,000	-	-
20	이정민	13:30	19:00	13:30	17:30	0	잔업		4	1.5	0	48,000	18,000	-
21	나홍진	8:28	20:30	8:30	17:30	1	잔업	연장	8	2	1	96,000	24,000	12,000
22	박성진	8:14	21:30	8:30	17:30	1	잔업	연장	8	2	2	96,000	24,000	24,000
23	문소라	13:40	18:20	13:40	17:30	0	잔업		3.5	0.5	0	42,000	6,000	-
24	전태현	8:30	20:00	8:30	17:30	1	잔업	연장	8	2	0.5	96,000	24,000	6,000
25	하순철	8:30	18:00	8:30	17:30	1	잔업		8	0.5	0	96,000	6,000	-

회사에서 바로 통하는 키워드 : 근무시간 계산하기, MAX, TIME, N, FLOOR, IF, MIN

한눈에 보는 작업 순서	TIME 함수로 출근/점심 시간 계산하기	▶	FLOOR 함수로 지정한 배수로 내림하기	▶	IF, TIME 함수로 추가 근무시간 계산하기

01 출근시간 표시하기 출근기록에서 업무를 시작하는 시간을 표시해보겠습니다. ❶ [D4] 셀을 클릭하고 ❷ **=MAX(B4,TIME(8,30,0))**를 입력하고 Enter 를 누릅니다. ❸ [D4] 셀의 채우기 핸들을 더블클릭합니다.

바로 **통** 하는TIP

출근시간은 개인별 출근기록 (B4)과 회사에서 정한 출근시간 (TIME(8,30,0)) 중 큰 값을 찾아 표시합니다. 퇴근시간은 개인별 퇴근기록(C4)과 회사에서 정한 퇴근시간(TIME(17,30,0)) 중 작은 값을 찾는 수식 =MIN (C4,TIME(17,30,0))이 [E4] 셀에 입력되어 있습니다.

02 점심시간 표시하기 점심시간(12:30~13:30)이 출퇴근 시간에 포함되면 점심시간 1을 표시해보겠습니다. ❶ [F4] 셀을 클릭하고 ❷ **=N(AND(D4<=TIME(12,30,0),E4>=TIME(13,30,0)))**를 입력한 후 Enter 를 누릅니다. ❸ [F4] 셀의 채우기 핸들을 더블클릭합니다.

바로 **통** 하는TIP

점심시간(12:30~13:30)이 출근시간(D4)과 퇴근시간(E4)에 포함(AND(D4<=TIME(12,30,0),E4>=TIME(13,30,0)))되면 TRUE, 아니면 FALSE이므로 이를 1 또는 0으로 반환하기 위해 N 함수를 사용합니다.

03 기본 근무시간 계산하기 출근시간에서 퇴근시간까지 시간 중 점심시간(12:30~13:30)을 뺀 기본 근무시간을 표시해보겠습니다. ❶ [I4] 셀을 클릭하고 ❷ **=(E4-D4)*24-F4**를 입력한 후 `Enter`를 누릅니다. ❸ [I4] 셀의 채우기 핸들을 더블클릭합니다. ❹ [홈] 탭-[표시 형식] 그룹에서 표시 형식 목록을 [일반]으로 클릭합니다.

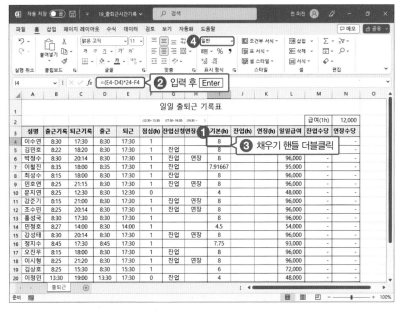

바로 통 하는TIP
퇴근시간(E4)에서 출근시간 (D4)을 빼면 근무시간이 계산됩니다. 1시간(1/24)은 '0.04' 이므로 일련번호로 표시되는 근무시간을 시간으로 반환하기 위해 24를 곱(*24)하고 점심시간 (F4)을 빼면 기본 근무시간이 계산됩니다.

04 30분 단위로 표시하기 기본 근무시간은 지각, 조퇴, 반차 등이 있을 때 소수부가 표시될 수 있습니다. 소수부의 자릿수를 정리하기 위해 30분의 배수 단위로 내림해보겠습니다. ❶ [I4] 셀을 클릭하고 ❷ 수식을 **=FLOOR(((E4-D4)*24-F4),0.5)**로 수정한 후 `Enter`를 누릅니다. ❸ [I4] 셀의 채우기 핸들을 더블클릭합니다.

바로 통 하는TIP
FLOOR(숫자,배수) 함수는 숫자를 지정한 배수로 내림합니다. 여기서는 근무시간 결과를 30분(0.5) 단위의 배수로 내림합니다. 근무시간의 결과인 '7.916666667', '4.5', '7.75', '2.8333'은 30분 단위의 배수로 내림하면 '7.5', '4.5', '7.5', '2.5'로 표시됩니다.

05 잔업시간 계산하기 잔업근무를 신청하고 잔업시간(17:30~19:30)에 근무한 사람의 잔업시간을 표시해보겠습니다. ❶ [J4] 셀을 클릭하고 ❷ **=FLOOR(IF(G4="잔업",MIN(TIME(19,30,0),C4)-E4)*24,0.5)**를 입력한 후 Enter 를 누릅니다. ❸ [J4] 셀의 채우기 핸들을 더블클릭합니다.

바로 **통** 하는 **TIP**

개인별 퇴근기록(C4)과 회사에서 정한 잔업시간(TIME(19,30,0)) 중 작은 값을 찾고 퇴근시간(E4)을 빼서 잔업시간을 계산합니다. 일련번호로 표시되는 잔업시간을 시간으로 반환하기 위해 24를 곱하고(*24), 30분 단위의 배수(0.5)로 내림(FLOOR)합니다.

06 연장시간 계산하기 연장근무를 신청하고 연장시간(19:30~)에 근무한 사람의 연장시간을 표시해보겠습니다. ❶ [K4] 셀을 클릭하고 ❷ **=FLOOR(IF(H4="연장",(C4-TIME(19,30,0))*24),0.5)**를 입력한 후 Enter 를 누릅니다. ❸ [K4] 셀의 채우기 핸들을 더블클릭합니다.

바로 **통** 하는 **TIP**

개인별 퇴근기록(C4)에서 회사에서 정한 잔업시간(TIME(19,30,0))을 빼서 연장시간을 계산합니다. 일련번호로 표시되는 연장시간을 시간으로 반환하기 위해 24를 곱하고(*24), 30분 단위의 배수(0.5)로 내림(FLOOR)합니다.

시간 함수와 수학/삼각 함수, 정보 함수

엑셀에서 시간 데이터는 시, 분, 초로 구분된 것처럼 보이지만 실제 24시간은 숫자 '1'로 나타냅니다. 즉, 1을 24로 나눈 값에 따라 1~24시간을 숫자로 표시합니다. 예를 들어 '06:00:00'은 숫자 '0.25'이고, '18:00:00'은 숫자 '0.75', '24:00:00'은 숫자 '1'입니다. 숫자 '1.25'를 시간으로 표시하면 1일 6시간(30H)입니다.

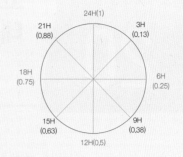

시간	1	2	3	4	5	6	7	8	9	...	18	19	20	21	22	23	24
실제값	0.04	0.08	0.13	0.17	0.21	0.25	0.29	0.33	0.38	...	0.75	0.79	0.83	0.88	0.92	0.96	1

1 시, 분, 초를 표시하는 HOUR, MINUTE, SECOND 함수

시간 함수는 두 시간 사이의 시, 분, 초를 계산할 때 쓰는 함수입니다. 따라서 시간 데이터에서 시, 분, 초를 추출하여 다른 셀에서 사용하려면 HOUR, MINUTE, SECOND 함수를 사용해야 합니다. TIME 함수는 시, 분, 초에 해당하는 숫자를 시간 형식으로 변환합니다.

함수 범주	날짜 및 시간 함수
함수 형식	=TIME(시,분,초) =HOUR(시간 데이터) =MINUTE(시간 데이터) =SECOND(시간 데이터)

2 배수로 반올림, 올림, 내림 처리하는 MROUND, CEILING, FLOOR 함수

반올림, 올림, 내림하려면 ROUND, ROUNDUP, ROUNDDOWN 함수를 주로 쓰지만, 배수로 자릿수를 조절하려면 MROUND, CEILING, FLOOR 함수를 사용합니다. 엑셀 2013 이후 버전에서는 CEILING.MATH, FLOOR.MATH 함수를 사용합니다.

함수 범주	수학/삼각 함수
함수 형식	=MROUND(반올림할 수,배수) =CEILING(올림할 수,배수) =FLOOR(내림할 수,배수)

3 일련번호, 0 또는 1로 반환하는 N 함수

N 함수는 숫자는 숫자로, 숫자가 아닌 값은 0으로, 날짜와 시간의 값은 일련번호로, TRUE 값은 1, 그 외의 값은 0으로 반환합니다.

함수 범주	정보 함수
함수 형식	=N(변환할 값)
사용 예	N(100)은 100으로, N(DATE(2023,1,1))은 44927, N(TRUE)는 1로 표시됩니다.

문서
편집&
서식

수식&
함수

데이터
관리&
분석

차트

매크로&
VBA

핵심기능

20

고윳값으로 여러 시트의 테이블을 비교/분석하기

실습 파일 2장\20_근무안전장비지급.xlsx
완성 파일 2장\20_근무안전장비지급_완성.xlsx

사번이나 상품코드, 주민번호, 사업자번호와 같은 고윳값으로 여러 시트에 있는 데이터를 비교 분석해야 한다면 VLOOKUP 함수를 사용합니다. 사번을 고윳값(찾을 값)으로 지정한 후 1~4차에 안정 장비를 지급한 대상자를 찾아 업데이트하고 미지급한 대상자 명단을 작성해보겠습니다. VLOOKUP, FILTER, SORT 함수에 대한 자세한 설명은 158쪽을 참고합니다.

미리 보기

	A	B	C	D	E	F	G	H	I	J	K
1	사원 목록								미지급 대상자 명단		
2					표1차	표2차	표3차				
3	사번	이름	부서	직급	지급품목	지급품목	지급품목		1차미지급	2차미집급	3차미지급
4	A10001	김진욱	인사팀	사원		상의90/하의28			A10001	A06450	A10001
5	A45001	이정우	관리팀	대리			안전화 270		A10013	A10055	A10009
6	A31019	정수연	공정팀	과장	안전벨트,안전모	상의100/하의36			A10015	A10091	A10010
7	A10003	윤미영	생산팀	부장	안전벨트,안전모	상의/95하의32	안전화 240		A10019	A14001	A10019
8	A10004	한정민	보안팀	사원	안전벨트,안전모	상의100/하의34	안전화 265		A10055	A14205	A14205
9	A56999	전채훈	정보관리팀	사원			안전화 285		A10091	A16005	A16011
10	A16011	오민규	인사팀	과장	안전벨트,안전모				A20010	A16011	A22001
11	A10006	최민호	총무팀	부장	안전벨트,안전모	상의100/하의32	안전화 260		A22001	A22001	A31019
12	A12007	김철수	홍보팀	과장	안전벨트,안전모	상의105/하의34	안전화 265		A31067	A31067	A89891
13	A78901	민대홍	관리팀	사원			안전화 265		A45001	A40111	A90903
14	A10008	강수진	생산팀	대리	안전벨트,안전모	상의100/하의28	안전화 240		A51114	A45001	
15	A10009	조민정	영업팀	대리	안전벨트,안전모	상의100/하의30			A56999	A51114	
16	A10010	이철중	생산팀	대리	안전벨트,안전모	상의90/하의30			A78901	A56999	
17	A10055	이민욱	보안팀	사원			안전화 235		A89879	A78901	
18	A31067	전순덕	정보관리팀	사원			안전화 240		A89891	A89879	
19	A10091	강정철	인사팀	과장			안전화 250		A90903	A89891	
20	A51114	송영문	생산팀	사원			안전화 275		A98333	A90903	
21	A10011	강태욱	총무팀	사원	안전벨트,안전모	상의100/하의32	안전화 270		A98334	A98333	
22	A10019	문철호	관리팀	과장		상의105/하의34			A99343	A98334	
23	A98333	하정운	인사팀	부장			안전화 275			A99343	
24	A98334	김소라	정보관리팀	과장			안전화 240				
25	A10013	김영철	보안팀	과장		상의100/하의32	안전화 280				

사원목록 | 1차 | 2차 | 3차 | 4차 | +

회사에서 바로 통하는 키워드 : VLOOKUP, INDIRECT, IFERROR, FILTER, SORT

한눈에 보는 작업 순서

이름 목록 정의하기 ▶ VLOOKUP 함수로 여러 시트에서 값 찾아 반환하기 ▶ IFERROR 함수로 오류 해결하기 ▶ FILTER 함수로 조건에 맞는 데이터 추출하기 ▶ SORT 함수로 데이터 정렬하기

01 정의된 이름 목록 확인하기 2~4차에 지급한 안전장비 지급 명단 범위는 미리 이름으로 정의해놓았습니다. 이번 단계에서는 [1차] 시트의 지급한 안전장비 범위를 이름으로 정의해보겠습니다. ❶ [1차] 시트를 클릭하고 ❷ [C4:F18] 범위를 지정한 후 ❸ 이름 상자에 **표1차**를 입력하고 Enter 를 누릅니다. ❹ [이름 상자]의 목록 버튼☑을 클릭하면 [표1차], [표2차], [표3차], [표4차]의 정의된 이름 목록이 표시됩니다.

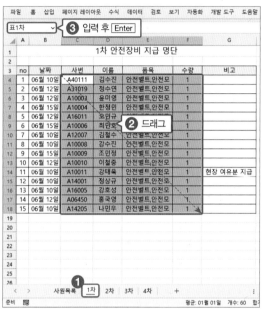

02 1~3차 명단에서 먼저 지급한 안전장비 표시하기 ❶ [사원목록] 시트를 클릭하고 ❷ [E4] 셀을 클릭합니다. ❸ **=VLOOKUP($A4,INDIRECT(E$2),3,0)**를 입력한 후 Enter 를 누릅니다. ❹ [E4] 셀의 채우기 핸들을 [G4] 셀까지 드래그한 후 ❺ [G4] 셀의 채우기 핸들을 더블클릭합니다.

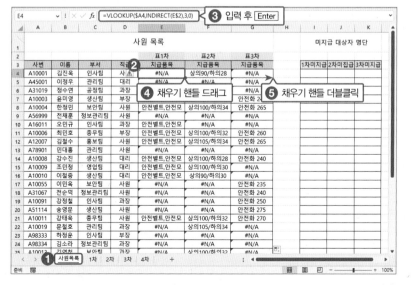

바로 통하는TIP

사번(A4)을 찾아야 하는 [1차]~[3차] 시트의 테이블 범위가 각각 다르므로, 각 시트의 이름을 [표1차], [표2차], [표3차], [표4차]로 정의해놓았습니다. 따라서 사번($A4)을 [E2:G2] 셀 중 해당하는 셀 범위(INDIRECT(E$2))에서 정확하게 일치(0)하는 사번을 찾아서 찾은 행의 지급 장비명(3)을 표시합니다. 사번을 찾지 못하면 #N/A 오류를 표시합니다.

03 #N/A 오류 숨기기 지급품목 명단에서 안전장비를 지급하지 않아 오류(#N/A)가 표시된 경우 공란으로 표시되게 수정하겠습니다. ❶ [E4] 셀을 클릭하고 ❷ **=IFERROR(VLOOKUP($A4,INDIRECT(E$2),3,0),"")**로 수식을 수정한 후 Enter를 누릅니다. ❸ [E4] 셀의 채우기 핸들을 [G4] 셀까지 드래그한 후 ❹ [G4] 셀의 채우기 핸들을 더블클릭합니다.

바로 **통** 하는 TIP IFERROR 함수로 수식 VLOOKUP($A4,INDIRECT(E$2),3,0)에 오류(#N/A)가 있으면 공란("")을 표시합니다.

04 3~4차 명단에서 먼저 지급한 안전장비 표시하기 G열에는 3차에 지급한 '안전화' 품목이 표시되어 있습니다. 4차에도 같은 품목인 '안전화'가 지급되었으므로 3~4차에 안전화가 지급되었으면 G열에 표시되도록 수식을 수정합니다. ❶ [G4] 셀을 클릭하고 ❷ **=IFERROR(IFERROR(VLOOKUP($A4,INDIRECT(G$2),3,0),VLOOKUP($A4,INDIRECT("표4차"),3,0)),"")**를 입력한 후 Enter를 누릅니다. ❸ [G4] 셀의 채우기 핸들을 더블클릭합니다.

바로 **통** 하는 TIP 수식 **=IFERROR(IFERROR(VLOOKUP($A4,INDIRECT(G$2),3,0),VLOOKUP($A4,INDIRECT("표4차"),3,0)),"")**는 찾는 사번($A4)이 [표3차] 범위에 없으면 [표4차] 범위에서 찾습니다. 만약 사번을 찾지 못하면 공란을 표시합니다.

05 안전장비 미지급 대상자 사번 표시하기 안전장비를 미지급한 대상자를 찾아 사번을 표시해보겠습니다. ❶ [I4] 셀을 클릭하고 ❷ **=FILTER($A$4:$A$37,E$4:E$37="","")**를 입력한 후 Enter 를 누르면 사번이 표시됩니다. ❸ [I4] 셀의 채우기 핸들을 [K4] 셀까지 드래그합니다. 안전장비를 미지급한 명단이 표시됩니다.

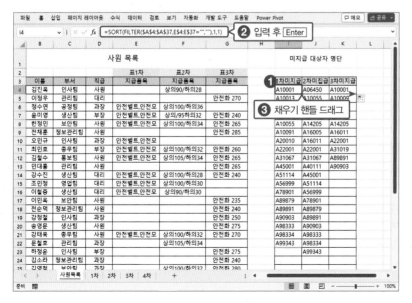

✓ 엑셀 2021 버전

FILTER 함수는 엑셀 2021 버전에 추가된 함수로 데이터를 추출할 사번 범위($A$4:$A$37)에서 지급품목이 공백(E$4:E$37="")인 행을 찾아 사번을 표시하고 조건을 만족하지 못하면 공란("")을 표시합니다. FILTER와 같은 동적 배열 함수는 첫 번째 셀에 결과를 동적 범위로 반환하여 나머지 데이터도 한번에 채웁니다.

✓ 엑셀 2019&이전 버전 FILTER 배열 함수를 사용할 수 없으므로 IF 함수를 사용하여 수식 =IF(E4〈〉"",$A4,"")를 입력합니다.

06 사번 정렬하기 FILTER 함수로 찾아낸 사번을 SORT 함수로 오름차순 정렬해보겠습니다. ❶ [I4] 셀을 클릭하고 ❷ **=SORT(FILTER($A$4:$A$37,E$4:E$37= "",""),1,1)**를 입력한 후 Enter 를 누릅니다. ❸ [I4] 셀의 채우기 핸들을 [K4] 셀까지 드래그합니다. 안전장비 미지급 대상자 사번이 오름차순으로 정리되었습니다.

✓ 엑셀 2019&이전 버전

SORT 함수를 사용할 수 없으므로 [데이터] 탭 – [정렬 및 필터] 그룹 – [오름차순↓]을 클릭합니다.

바로통 하는TIP

SORT 함수는 엑셀 2021 버전에 추가된 함수로 사번 범위(FILTER($A$4:$A$37,E$4:E$37="",""))에서 첫 번째 열(1)을 기준으로 오름차순(1) 정렬(SORT)을 합니다.

찾기/참조 영역 함수 ①

1 원하는 값을 찾아주는 VLOOKUP과 HLOOKUP 함수

VLOOKUP 함수는 목록 범위의 첫 번째 열에서 세로(Vertical) 방향으로 검색하면서 원하는 값을 추출하고, HLOOKUP 함수는 목록 범위의 첫 번째 행에서 가로(Horizontal) 방향으로 검색하면서 원하는 값을 추출합니다.

함수 범주	찾기/참조 영역 함수
함수 형식	=VLOOKUP(찾을 값,데이터를 검색하고 참조할 범위,범위에서 추출할 열 번호,옵션) 		A	B	C	D
---	---	---	---	---
3	사업자번호	회사명	전화번호	거래시작연도
4	123-45-12345	정호도어	02-3218-0000	2010
5	100-11-46001	동진기업	02-2000-1234	2000
6	532-22-74347	만도상사	02-3140-4444	2017
7	345-87-52348	실영공업	02-2240-8888	2015
8	444-34-12000	나라전기	02-398-6000	2016 | • 사업자번호를 세로(Vertical) 방향으로 검색 =HLOOKUP(찾을 값,데이터를 검색하고 참조할 범위,범위에서 추출할 행 번호,옵션) |	A	B	C	D	E	F	G
---	---	---	---	---	---	---	---
3	사업자번호	123-45-12345	100-11-46001	532-22-74347	345-87-52348	444-34-12000	312-22-54159
4	회사명	정호도어	동진기업	만도상사	실영공업	나라전기	포크식품
5	전화번호	02-3218-0000	02-2000-1234	02-3140-4444	02-2240-8888	02-398-6000	054-288-4000
6	거래시작연도	2010	2000	2017	2015	2016	2018	 • 사업자번호를 가로(Horizontal) 방향으로 검색

※ 옵션은 TRUE(1) 또는 FALSE(0)
• TRUE : 근삿값을 찾음(데이터 목록의 첫 번째 열 또는 행의 값이 오름차순으로 정렬되어 있어야 함)
• FALSE : 정확하게 일치하는 값을 찾음

2 Table_Array(데이터 범위)에 대한 규칙과 오류

VLOOKUP과 HLOOKUP 함수의 규칙과 오류는 다음과 같습니다.

❶ 찾는 값(Lookup_value)은 반드시 Table_array의 첫 번째 행(열)에 있어야 합니다. 예를 들어 VLOOKUP 함수를 이용하여 회사명을 찾아 전화번호를 반환하려면 Table_array는 [B4:D8]을 범위로 지정해야 합니다. [A4:D8]을 범위로 지정해서는 안 됩니다.

	A	B	C	D
3	사업자번호	회사명	전화번호	거래시작연도
4	123-45-12345	정호도어	02-3218-0000	2010
5	100-11-46001	동진기업	02-2000-1234	2000
6	532-22-74347	만도상사	02-3140-4444	2017
7	345-87-52348	실영공업	02-2240-8888	2015
8	444-34-12000	나라전기	02-398-6000	2016

	F	G
3	회사명	전화번호
4	나라전기	02-398-6000
5	동진기업	02-2000-1234
6	만도상사	02-3140-4444
7	정호도어	02-3218-0000

• G4 셀 수식 : =VLOOKUP(F4,$B$4:$D$8,2,0)
• 회사명(F4)을 범위($B$4:$D$8)에서 찾아 전화번호를 표시합니다.

문서
편집&
서식

수식&
함수

데이터
관리&
분석

차트

매크로&
VBA

❷ Table_array의 첫 번째 행(열)에서 근삿값을 찾을 때는 반드시 오름차순으로 정렬되어 있어야 합니다.

	A	B	C	D	E	F
1	할인율 조회 테이블					
2	거래기간	1	3	5	7	10
3	할인율	2.0%	4.0%	6.5%	8.0%	10.0%

	H	I
2	거래기간	할인율
3	4	4%
4	5	6.5%
5	12	10%
6	2	2%

- I3 셀 수식 : =HLOOKUP(H3,$B$2:$F$3,2,1)
- 거래기간(H3)을 범위($B$2:$F$3)에서 찾아 '할인율'을 표시합니다. 거래기간이 정확하지 않을 때는 근삿값(TRUE 옵션)으로 할인율을 표시합니다.
  - 1 : 거래기간이 1~2이면 2%
  - 3 : 거래기간이 3~4이면 4%
  - 5 : 거래기간이 5~6이면 6.5%
  - 7 : 거래기간이 7~9이면 8%
  - 10 : 거래기간이 10 이상이면 10%

❸ VLOOKUP이나 HLOOKUP 함수를 사용할 때 원하는 값을 찾지 못하면 해당 셀에 #N/A 오류가 표시됩니다.

	A	B	C	D
1	거래처 테이블			
2				
3	사업자번호	회사명	전화번호	거래시작연도
4	123-45-12345	정호도어	02-3218-0000	2010
5	100-11-46001	동진기업	02-2000-1234	2000
6	532-22-74347	만도상사	02-3140-4444	2017
7	345-87-52348	실영공업	02-2240-8888	2015

	F	G
3	사업자번호	회사명
4	123-45-12345	정호도어
5	532-22-743	#N/A
6	100-11-46001	동진기업
7	100-11-460	#N/A
8	532-22-74347	만도상사

- G4 셀 수식 : =VLOOKUP(F4,$A$4:$D$7,2,0)
- 사업자번호(F4)를 범위($A$4:$D$7)에서 찾아 '회사명'을 표시할 때 사업자번호를 찾지 못하면 #N/A 오류가 표시됩니다.

3 행 또는 열 방향으로 원하는 값을 찾아주는 LOOKUP 함수

VLOOKUP(HLOOKUP) 함수가 첫 열(행)의 세로(가로) 방향으로 검색한다면 LOOKUP 함수는 첫 열(행)과 상관없이 세로나 가로 방향으로 원하는 값을 검색하고 추출할 수 있습니다. 단, LOOKUP 함수를 사용하려면 데이터를 검색할 하나의 행(열) 범위가 반드시 오름차순으로 정렬되어 있어야 합니다. 또 정확히 일치하는 값을 못 찾을 때는 근삿값으로 찾으므로 주의해야 합니다.

함수 범주	찾기/참조 영역 함수
함수 형식	=LOOKUP(찾을 값,데이터를 검색할 하나의 행(열) 범위,결과를 추출할 하나의 행(열) 범위)

	A	B	C	D
1	거래처 테이블			
2				
3	사업자번호	회사명	전화번호	거래시작연도
4	234-32-12362	군영전기	063-440-3636	2015
5	444-34-12000	나라전기	02-398-6000	2016
6	100-11-46001	동진기업	02-2000-1234	2000
7	532-22-74347	만도상사	02-3140-4444	2017
8	123-95-12364	명신제지	064-720-2222	2013
9	244-56-12334	미도상사	054-450-7777	2004
10	912-90-67891	부영기업	031-789-1515	2010

	F	G
3	회사명	사업자번호
5	나라전기	444-34-12000
5	만도상사	532-22-74347
6	론도테크	100-11-46001
7	부영기업	912-90-67891
8	동진기업	100-11-46001

- G4 셀 수식 : =LOOKUP(F4,$B$4:$B$10,$A$4:$A$10)
- 회사명(F4)을 오름차순으로 정렬된 회사명 범위($B$4:$B$10)에서 찾아 사업자번호를 표시합니다. 단, '론도테크'는 회사명 범위($B$4:$B$10)에 정확하게 일치하는 값이 없으므로 근삿값(ㄷ~ㄹ)으로 찾아 '동진기업' 회사명의 사업자코드를 표시하니 주의해야 합니다.

4 원하는 데이터를 찾는 XLOOKUP 함수

XLOOKUP 함수는 엑셀 2021 버전에서 새로 추가된 함수로 VLOOKUP, HLOOKUP, LOOKUP 함수를 하나로 합치면서 처리 속도가 향상되었습니다. 기존 함수(VLOOKUP, HLOOKUP)에서 반드시 첫 열(행)에 찾을 값이 위치해야만 했던 불편한 점이 개선되었으며, LOOKUP 함수에서 찾을 범위가 반드시 오름차순으로 정렬되어 있어야만 했던 점도 개선되었습니다. 핵심기능 20을 XLOOKUP 함수를 사용해서 완성한 '20_근무안전장비지급Xlookup_완성.xlsx' 파일을 참고합니다.

함수 범주	찾기/참조 영역 함수
함수 형식	XLOOKUP(찾을 값,찾을 범위,결과 범위,불일치,찾는 방법,찾는 순서) • 찾을 값 : 찾을 값을 지정합니다. • 찾을 범위 : 찾을 범위를 참조하여 찾을 값을 검색합니다 • 결과 범위 : 결과 범위를 참조하여 결괏값을 표시합니다. • 불일치 : 찾는 값이 없으면 셀에 표시할 값을 입력합니다(생략 시 찾는 값이 없으면 #N/A 오류 표시). • 찾는 방법 : 찾는 값이 정확하게 일치할 때 0, 작은 값(-1), 큰 값(1)을 찾을 때 입력합니다(생략 시 0). • 찾는 순서 : 찾는 순서로 첫 번째 항목부터(1), 마지막 항목부터(-1), 오름차순(2), 내림차순(-2)으로 검색을 수행합니다(생략 시 1).

5 행/열 번호를 알려주는 ROW와 COLUMN 함수

ROW와 COLUMN 함수는 현재 셀의 행 번호와 열 번호를 알려줍니다. 현재 셀의 행 번호를 알고 싶다면 ROW 함수를 인수 없이 사용하고, 특정 셀의 번호를 알고 싶다면 인수에 셀 주소를 입력합니다.

함수 범주	찾기/참조 영역 함수
함수 형식	=ROW(셀 주소) =COLUMN(셀 주소) ROW나 COLUMN 함수의 인수를 생략하면 현재 위치의 셀 번호를 반환합니다.

6 조건에 맞는 데이터를 추출하는 FILTER 함수와 정렬하는 SORT 함수

FILTER와 SORT 함수는 엑셀 2021(Microsoft 365) 버전에서 새로 추가된 동적 배열 함수입니다. 범위에서 조건에 만족하는 데이터를 추출(FILTER)하고 정렬(SORT)합니다. 동적 배열 함수의 결과는 동적 범위로 반환하므로 수식을 복사할 필요가 없습니다. 또한 반환된 범위를 다른 셀에서 참조할 경우 분산 범위 연산자(#)를 사용하여 첫 번째 [셀 주소#]을 입력합니다. 예를 들어 반환된 범위(F1:F10)를 참조할 경우 =F1#을 입력합니다. 배열의 크기가 이미 입력된 데이터나 수식을 참조하면 #분산!(#SPILL!) 오류를 표시합니다.

함수 범주	찾기/참조 영역 함수
함수 형식	=FILTER(배열,배열 조건,조건에 해당 데이터가 없을 경우 표시할 값) • 배열 : 데이터를 추출할 범위를 지정합니다. • 배열 조건 : 조건을 지정할 범위에 조건을 지정하고, TRUE 결과가 나온 배열의 행을 반환합니다. =SORT(배열,정렬기준열,정렬 순서,정렬 방향) • 배열 : 데이터를 정렬할 범위를 지정합니다. • 정렬기준열 : 배열에서 정렬할 기준 열의 번호를 표시합니다(기본값(생략)은 1입니다). • 정렬 순서 : 오름차순(1), 내림차순(-1)으로 정렬합니다(기본값(생략)은 1입니다). • 정렬 방향 : 행 방향(TRUE(0))으로 정렬, 열(FALSE(1)) 방향으로 정렬합니다(기본값(생략)은 0입니다).

핵심기능

21

두 개의 값을 만족하는 데이터 찾기

실습 파일 2장\21_판매일지.xlsx
완성파일 2장\21_판매일지_완성.xlsx

행과 열이 교차하는 위치의 데이터를 찾거나 첫 번째 열과 두 번째 열 값을 모두 만족하는 데이터를 찾으려면 MATCH와 INDEX 함수를 사용합니다. 일자별 판매일지에서 종류/용량 판매가를 참조하여 종류와 용량 값을 모두 만족하는 데이터를 찾아 판매가가 표시되도록 수식을 작성해보겠습니다. INDEX와 MATCH 함수에 대한 자세한 설명은 166쪽을 참고합니다.

미리 보기

회사에서 바로 통하는 키워드 : MATCH, INDEX, 두 조건을 만족하는 데이터, 배열 수식

한눈에 보는 작업 순서	이름 정의하기	▶	MATCH 함수로 찾을 값의 행/열 방향 위치 번호 찾기	▶	INDEX 함수로 행과 열 번호를 참조하여 데이터 찾기	▶	INDEX와 MATCH 함수로 두 조건을 만족하는 데이터 찾기

01 종류 이름 정의하기
[판매일지1], [원두목록] 시트에는 용량, 원두용량, 원두종류, 원두판매가, 판매가를 미리 이름 정의해 두었습니다. 추가로 종류 범위를 이름 정의해보겠습니다. ❶ [판매일지1] 시트에서 [J4:J10] 범위를 지정하고 ❷ [이름 상자]에 **종류**를 입력한 후 Enter 를 누릅니다. ❸ [이름 상자]의 목록 버튼▽을 클릭하면 정의된 이름 목록이 표시됩니다.

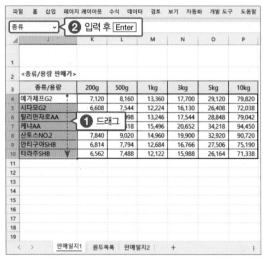

바로 **통** 하는TIP [판매일지1] 시트에는 [용량], [판매가]의 이름이 정의되어 있고, [원두목록] 시트에는 [원두종류], [원두용량], [원두판매가]가 정의되어 있습니다. 범위를 참조할 때 이름을 정의해 두면 수식을 직관적으로 이해할 수 있습니다.

02 종류별로 행 번호 찾기
[판매일지1] 시트에 있는 B열의 종류가 [종류/용량 판매가]의 [종류] 이름 목록에서 몇 번째 행에 위치하는지 알아내기 위해 MATCH 함수를 사용합니다. ❶ [D4] 셀을 클릭하고 ❷ **=MATCH**를 입력한 후 Ctrl + A 를 눌러 [함수 인수] 대화상자를 불러옵니다. ❸ [Lookup_value]에 **B4**, [Lookup_array]에 **종류**, [Match_type]에 **0**을 입력합니다. ❹ [확인]을 클릭해서 수식(=MATCH(B4,종류,0))을 완성합니다. ❺ [D4] 셀의 채우기 핸들을 더블클릭합니다.

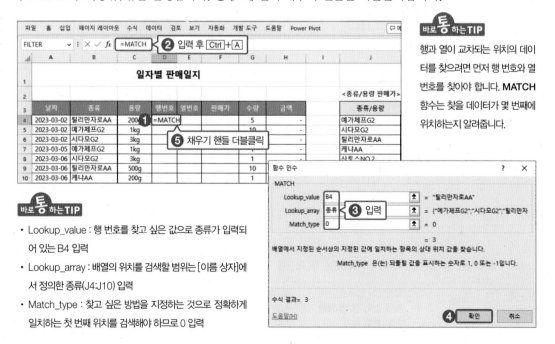

바로 **통** 하는TIP

행과 열이 교차되는 위치의 데이터를 찾으려면 먼저 행 번호와 열 번호를 찾아야 합니다. **MATCH** 함수는 찾을 데이터가 몇 번째에 위치하는지 알려줍니다.

바로 **통** 하는TIP

- Lookup_value : 행 번호를 찾고 싶은 값으로 종류가 입력되어 있는 B4 입력
- Lookup_array : 배열의 위치를 검색할 범위는 [이름 상자]에서 정의한 종류(J4:J10) 입력
- Match_type : 찾고 싶은 방법을 지정하는 것으로 정확하게 일치하는 첫 번째 위치를 검색해야 하므로 0 입력

03 용량별로 열 번호 찾기 ❶ [E4] 셀을 클릭하고 ❷ **=MATCH(C4,용량,0)**를 입력한 후 Enter 를 누릅니다. ❸ [E4] 셀의 채우기 핸들을 더블클릭합니다.

04 판매가 표시하기 MATCH 함수로 찾은 종류의 행 번호와 용량의 열 번호를 참조하여 판매가를 찾아보겠습니다. ❶ [F4] 셀을 클릭하고 ❷ **=INDEX**를 입력한 후 Ctrl + A 를 눌러 [인수 선택] 대화상자를 불러옵니다. ❸ [인수 선택] 대화상자에서 [array,row_num,column_num]을 클릭하고 ❹ [확인]을 클릭합니다.

바로 통 하는TIP 한 개의 범위를 참조해서 행 번호와 열 번호로 원하는 데이터를 찾을 때는 [array,row_num,column_num]을 선택합니다. [reference,row_num, column_num,area_num]은 참조형으로 참조 영역이 여러 개일 때 선택합니다.

05 ❶ [함수 인수] 대화상자에서 [Array]에 **판매가**, [Row_num]에 **D4**, [Column_num]에 **E4**를 입력한 후 ❷ [확인]을 클릭해서 수식(=INDEX(판매가,D4,E4))을 완성합니다. ❸ [F4] 셀의 채우기 핸들을 더블클릭합니다.

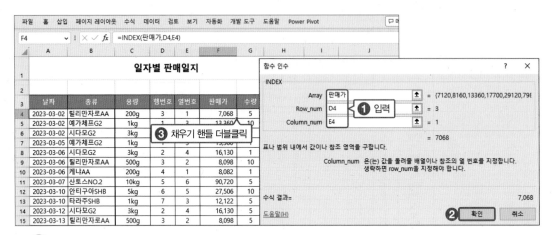

• Array : 행 번호와 열 번호를 사용해서 검색할 데이터 전체 범위를 지정하는 것으로, [이름 상자]에서 정의한 판매가(K4:P10) 입력
• Row_num : 행 번호를 지정하는 것으로 D4 입력
• Column_num : 열 번호를 지정하는 것으로 E4 입력

06 두 개의 값을 만족하는 판매가 위치 찾기 [원두목록] 시트에는 원두종류, 원두용량, 원두판매가 값이 세로 방향으로 입력되어 있습니다. 해당 값을 참고하여 [판매일지2] 시트에 판매가를 입력해보겠습니다. ❶ [판매일지2] 시트를 클릭합니다. ❷ [D4] 셀을 클릭하고 ❸ **=INDEX(원두판매가,MATCH(B4&C4,원두종류&원두용량,0),1)**를 입력한 후 Enter를 누릅니다. ❹ [D4] 셀의 채우기 핸들을 더블클릭합니다. 원두 종류와 용량에 따른 판매가가 구해집니다.

✅ **엑셀 2019&이전 버전**

배열 수식을 입력 후 Ctrl + Shift + Enter를 누릅니다.

함수식 더 알아보기

다음 수식은 원두판매가(원두목록!C4:C45) 범위에서 행 번호(MATCH(B4&C4,원두종류&원두용량,0))
와 열 번호(1) 위치의 판매가를 참조하는 수식입니다. 여기서 틸리만자로AA(B4)와 200g(C4) 위치의 행
번호를 원두종류(원두목록!A4:A45)와 원두용량(원두목록!B4:B45) 범위에서 정확하게 일치하는 값(0)으
로 찾습니다. 행 번호를 찾을 때 두 개의 범위(원두종류&원두용량)에서 데이터를 찾으므로 자동으로 배
열 수식이 작성됩니다. 하지만 엑셀 2019&이전 버전에서는 Ctrl + Shift + Enter 를 눌러 배열 수식을 완
성합니다. 만약 Enter 를 눌러 일반 수식으로 작성하면 #VALUE! 오류가 표시되므로 주의합니다.

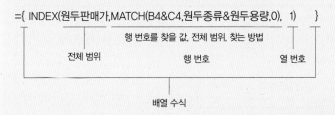

=INDEX(원두판매가,MATCH(B4&C4,원두종류&원두용량,0),1)

	원두종류	원두용량	1열 원두판매가		=틸리만자로AA	&	=200g	1열 원두판매가
1행	예가체프G2	200g	7,120		FALSE		TRUE	7,120
2행	예가체프G2	500g	8,160		FALSE		FALSE	8,160
3행	예가체프G2	1kg	13,360		FALSE		FALSE	13,360
4행	예가체프G2	3kg	17,700		FALSE		FALSE	17,700
5행	예가체프G2	5kg	29,120		FALSE		FALSE	29,120
6행	예가체프G2	10kg	79,820		FALSE		FALSE	79,820
7행	시다모G2	200g	6,608		FALSE		TRUE	6,608
8행	시다모G2	500g	7,544		FALSE		FALSE	7,544
9행	시다모G2	1kg	12,224		FALSE	&	FALSE	12,224
10행	시다모G2	3kg	16,130		FALSE		FALSE	16,130
11행	시다모G2	5kg	26,408		FALSE		FALSE	26,408
12행	시다모G2	10kg	72,038		FALSE		FALSE	72,038
13행	틸리만자로AA	200g	7,068		TRUE		TRUE	7,068
14행	틸리만자로AA	500g	8,098		TRUE		FALSE	8,098
15행	틸리만자로AA	1kg	13,246		TRUE		FALSE	13,246
16행	틸리만자로AA	3kg	17,544		TRUE		FALSE	17,544
17행	틸리만자로AA	5kg	28,848		TRUE		FALSE	28,848

① =INDEX(

② 원두판매가

③ MATCH(B4&C4,원두종류&원두용량,0)

④ 1

⑤)

① 판매가를 구하기 위해 INDEX 함수로 시작해서

② 원두판매가 범위에서

③ 원두종류와 원두용량 범위에서 '틸리만자로AA&200g(B4&C4)'를 만족
하는 행 번호를 찾고

④ 첫 번째 열(1) 위치에 해당하는

⑤ 판매가를 찾습니다.

✅ **엑셀 2021(Microsoft 365) 버전** XLOOKUP 함수를 사용한 수식은 =XLOOKUP(B4&C4,원두종류&원두용량,원두판매가,"",0)
입니다. 완성 수식은 '21_판매일지_완성.xlsx' 파일을 참고합니다.

찾기/참조 영역 함수 ②

1 행 번호와 열 번호로 원하는 데이터를 찾는 INDEX 함수

INDEX 함수는 배열의 시작 셀(1행, 1열)부터 마지막 셀(n행, n열)까지 행 번호와 열 번호를 순차적으로
지정하고 지정된 행과 열 번호를 참조하여 필요한 데이터를 찾는 함수입니다. INDEX 함수 형식은 다음
과 같습니다.

함수 범주	찾기/참조 영역 함수
함수 형식	=INDEX(배열로 된 셀의 범위,셀의 범위에서 참조할 행 번호,셀의 범위에서 참조할 열 번호)

범위(K4:P10)를 참조해서 4행(케냐AA)과 3열(1kg)이 교차하는 위치의 셀 값 15,496을 수식
=INDEX(K4:P10,4,3)으로 찾을 수 있습니다.

	I	J	K	L	M	N	O	P
2			1열	2열	3열	4열	5열	6열
3		종류/용량	200g	500g	1kg	3kg	5kg	10kg
4	1행	예가체프G2	7,120	8,160	13,360	17,700	29,120	79,820
5	2행	시다모G2	6,608	7,544	12,224	16,130	26,408	72,038
6	3행	틸리만자로AA	7,068	8,098	13,246	17,544	28,848	79,042
7	4행	케냐AA	8,082	9,318	15,496	20,652	34,218	94,450
8	5행	산토스NO.2	7,840	9,020	14,960	19,900	32,920	90,720
9	6행	안티구아SHB	6,814	7,794	12,684	16,766	27,506	75,190
10	7행	타라주SHB	6,562	7,488	12,122	15,988	26,164	71,338

2 데이터의 행 번호 또는 열 번호를 찾는 MATCH 함수

MATCH 함수는 특정 범위 내에서 지정된 값과 일치하는 항목의 상대 위치를 찾아 번호를 반환하는 함
수입니다. 즉, 내가 찾고자 하는 값이 행 방향 또는 열 방향으로 몇 번째에 위치하는지 찾아줍니다. 위치
를 찾지 못할 때는 오류를 표시합니다. MATCH 함수의 형식과 인수는 다음과 같습니다.

함수 범주	찾기/참조 영역 함수
함수 형식	=MATCH(행 또는 열 번호를 찾으려는 값,배열 행 또는 열 범위,Match_type)
인수	Match_type • 0 : 배열에서 찾아야 할 값이 정확하게 일치하는 첫 번째 값 검색 • 1 : 오름차순으로 정렬되어 있는 배열에서 작거나 같은 값 중 최댓값 검색 • -1 : 내림차순으로 정렬되어 있는 배열에서 크거나 같은 값 중 최솟값 검색

MATCH 함수에서 Mach_type(0,1,−1)의 사용 예는 다음과 같습니다.

TYPE	사용 예	
0	<table><tr><td></td><td>B</td><td>C</td><td>D</td><td>E</td><td>F</td><td>G</td><td>H</td></tr><tr><td>1</td><td></td><td>1열</td><td>2열</td><td>3열</td><td>4열</td><td>5열</td><td>6열</td></tr><tr><td>2</td><td>용량</td><td>200g</td><td>500g</td><td>1kg</td><td>3kg</td><td>5kg</td><td>10kg</td></tr></table>	범위(C2:H2)를 참조하여 '3kg'인 데이터가 정확하게 들어 있는 첫 번째 위치 '4'를 표시합니다. • 수식 : =MATCH("3kg",C2:H2,0)
1	<table><tr><td></td><td>B</td><td>C</td><td>D</td><td>E</td><td>F</td><td>G</td><td>H</td></tr><tr><td>1</td><td></td><td>1열</td><td>2열</td><td>3열</td><td>4열</td><td>5열</td><td>6열</td></tr><tr><td>2</td><td>용량</td><td>0.2</td><td>0.5</td><td>1</td><td>3</td><td>5</td><td>10</td></tr></table>	오름차순으로 정렬되어 있는 범위(C2:H2)를 참조하여 '2'인 데이터가 들어 있는 위치와 정확하게 일치하지 않을 때는 '2'보다 작거나 같은 값(C2:E2)인 0.2, 0.5, 1에서 최댓값(1)을 찾아 위치 '3'을 표시합니다. • 수식 : =MATCH(2,C2:H2,1)
−1	<table><tr><td></td><td>B</td><td>C</td><td>D</td><td>E</td><td>F</td><td>G</td><td>H</td></tr><tr><td>1</td><td></td><td>1열</td><td>2열</td><td>3열</td><td>4열</td><td>5열</td><td>6열</td></tr><tr><td>2</td><td>용량</td><td>10</td><td>5</td><td>3</td><td>1</td><td>0.5</td><td>0.2</td></tr></table>	내림차순으로 정렬되어 있는 범위(C2:H2)를 참조하여 '4'인 데이터가 들어 있는 위치와 정확하게 일치하지 않을 때는 '4'보다 크거나 같은 값(C2:D2)인 10, 5에서 최솟값(4)을 찾아 위치 '2'를 표시합니다. • 수식 : =MATCH(4,C2:H2,−1)

CHAPTER

03

빠르고 효과적인 데이터 관리& 분석 기능

축적된 방대한 양의 데이터베이스는 분석이 어렵고 작업 시간이 많이 소요됩니다. 엑셀에서 제공하는 데이터베이스 기능을 활용하여 신뢰할 수 있는 데이터를 모으고, 후속 업무와 연계하여 빠르게 데이터를 관리하고 효과적으로 분석하는 방법에 대해 알아보겠습니다.

핵심기능

22

신뢰할 수 있는
데이터베이스 만들기

실습 파일 3장\22_카드거래내역.xlsx
완성 파일 3장\22_카드거래내역_완성.xlsx

데이터베이스의 기본은 신뢰할 수 있는 데이터를 만들고 관리하는 데 있습니다. 카드거래 내역에는 두 행에 걸쳐 데이터가 입력되어 있어 데이터를 분석하기가 쉽지 않습니다. 한 셀에 여러 정보가 있으면 텍스트 나누기로 각 셀에 나눠 표시하고, 중복된 거래처는 제거하여 신뢰할 수 있는 데이터베이스를 만들어 보겠습니다.

미리 보기

	A	B	C	D	E	F	G	H	I	J	K
1	7월 4주차 카드거래 내역										
2											
3	거래일자	거래번호	카드번호	매출구	매출금액	종세금(부가세	총봉사료	할부기긴	가맹점명	가맹점번호	(사업자번호
4	2023-07-23	00011	9441-****-*	체크	12400	1240	0	0	행복할인마트	130025655	(6900100123)
5	2023-07-23	00013	8521-****-*	체크	50000	5000	0	0	홍인주유소	990025622	(8100100999)
6	2023-07-23	00015	1333-****-*	신용	43000	4300	0	0	국수식당	541125345	(8710012399)
7	2023-07-23	00017	9211-****-*	체크	123000	12300	0	0	커피카페	130025655	(6912345123)
8	2023-07-23	00019	8321-****-*	신용	450000	45000	22500	3	레스토랑9	830025777	(2200155555)
9	2023-07-23	00021	9441-****-*	체크	230000	23000	0	0	주식회사 썬바이	125534555	(3333100123)
10	2023-07-23	00023	2781-****-*	신용	790000	79000	0	3	전자랜드	4566512655	(6900654321)
11	2023-07-23	00025	1234-****-*	체크	32100	3210	0	0	나무가구	9876256551	(1122200123)
12	2023-07-23	00027	9999-****-*	체크	70000	7000	0	0	엘백화점	990025622	(8100100999)
13	2023-07-24	00029	2424-****-*	신용	143000	14300	0	0	컴랜드	116512345	(3421145678)
14	2023-07-24	00031	1122-****-*	체크	45000	4500	0	0	홈카페	990012651	(1266645123)
15	2023-07-24	00033	8321-****-*	신용	200000	20000	10000	0	레스토랑9	830025777	(2200155555)
16	2023-07-24	00035	4411-****-*	체크	135000	13500	0	0	인마트	500012345	(4444200123)
17	2023-07-25	00037	2781-****-*	신용	300000	30000	0	5	전자랜드	4566512655	(6900654321)
18	2023-07-24	00039	9441-****-*	체크	120000	12000	0	0	할인마트	130025655	(6900100123)
19	2023-07-24	00041	8521-****-*	체크	90000	9000	0	0	동호주유소	110025622	(9100100111)
20	2023-07-24	00043	1333-****-*	신용	10000	1000	0	0	국수식당	541125345	(8710012399)
21	2023-07-24	00045	9211-****-*	체크	40000	4000	0	0	커피카페	130025655	(6912345123)
22	2023-07-24	00047	8321-****-*	신용	34000	3400	1700	5	레스토랑9	830025777	(2200155555)
23	2023-07-24	00049	9441-****-*	체크	56000	5600	0	0	편의점25	540025555	(3333100123)
24	2023-07-25	00051	2/81-****-*	신용	180000	18000	0	3	전자랜드	4566512655	(6900654321)
25	2023-07-25	00053	1234-****-*	체크	32100	3210	0	0	나무가구	9876256551	(1122200123)

4주

회사에서 바로 통하는 키워드: **텍스트 모으기/나누기, 중복 데이터 제거, INDEX, ROW, COLUMN**

한눈에 보는 작업 순서

데이터의 홀수/짝수 행을 한 행에 표시하기 ▶ 텍스트 나누기 ▶ 중복 데이터 제거하기

01 홀수 행의 데이터 정보를 한 행에 모으기 1행, 3행, 5행 등의 홀수 행에 있는 거래번호, 카드번호, 매출구분, 매출금액, 총봉사료, 가맹점명, 청구일자의 필드 제목과 데이터를 INDEX, ROW, COLUMN 함수로 가져오겠습니다. ❶ [J1] 셀을 클릭하고 ❷ **=INDEX($A$1:$G$110,ROW(A1)*2-1, COLUMN(A1))**를 입력한 후 Enter를 누릅니다. ❸ [J1] 셀의 채우기 핸들을 [P1] 셀까지 드래그합니다.

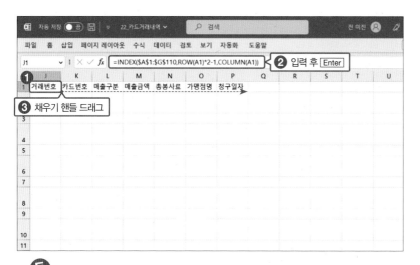

바로 통하는TIP 전체 데이터($A$1:$G$110)에서 거래번호, 카드번호, 매출구분, 매출금액, 총봉사료, 가맹점명, 청구일자는 홀수 행에 있으므로 1행 1열~1행 7열, 3행 1열~3행 7열, 5행 1열~5행 7열 등의 데이터를 참조합니다. 1, 3, 5의 홀수 행 번호(ROW(A1)*2-1)와 1~7열의 열 번호(COLUMN(A1)) 위치에 해당하는 데이터를 가져옵니다.

02 짝수 행의 데이터 정보를 한 행에 모으기 2행, 4행, 6행 등 짝수 행에 있는 할부기간, 총세금(부가세), 가맹점번호(사업자번호)의 필드 제목과 데이터를 INDEX, ROW, COLUMN 함수로 가져오겠습니다. ❶ [Q1] 셀을 클릭하고 ❷ **=INDEX($A$1:$G$110,ROW(A1)*2,COLUMN(C1))**를 입력한 후 Enter를 누릅니다. ❸ [Q1] 셀의 채우기 핸들을 [T1] 셀까지 드래그합니다.

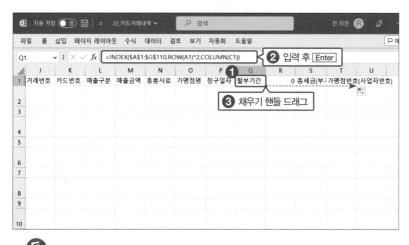

바로 통하는TIP 전체 데이터($A$1:$G$110)에서 할부기간, 총세금(부가세), 가맹점번호(사업자번호)는 짝수 행에 있으므로 2행 3열 ~2행 6열, 4행 3열~4행 6열, 6행 3열~6행 6열 등의 데이터를 참조합니다. 2, 4, 6의 짝수 행 번호(ROW(A1)*2)와 3~6열의 열 번호 (COLUMN(C1)) 위치에 해당하는 데이터를 가져옵니다.

03 데이터 복사 후 값만 붙여넣기 홀수 행 데이터와 짝수 행 데이터를 가져오는 수식이 완성되었으므로 수식을 복사하여 전체 데이터를 가져온 후 값만 붙여 넣겠습니다. ❶ [J1:T1] 범위를 지정하고 ❷ [T1] 셀의 채우기 핸들을 [T55] 셀까지 드래그합니다. ❸ 범위가 지정되어 있는 상태에서 Ctrl + C를 눌러 데이터를 복사한 후 ❹ Ctrl + Alt + V를 누릅니다. ❺ [선택하여 붙여넣기] 대화상자에서 [값]을 클릭하고 ❻ [확인]을 클릭하여 수식을 값으로 붙여 넣습니다. ❼ Esc를 눌러 복사 모드를 해제합니다.

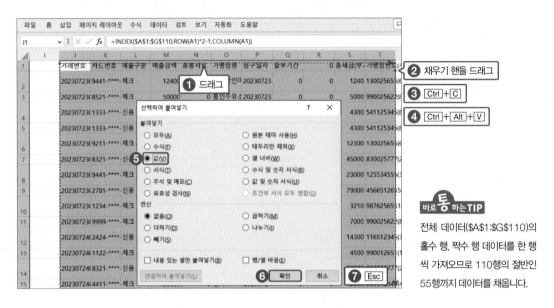

바로 통 하는TIP
전체 데이터($A$1:$G$110)의 홀수 행, 짝수 행 데이터를 한 행씩 가져오므로 110행의 절반인 55행까지 데이터를 채웁니다.

04 원본 데이터 삭제하고 빈 행 추가하기 ❶ [A:I] 열 머리글 범위를 지정한 후 ❷ Ctrl + −를 눌러 원본 데이터를 삭제합니다. ❸ [1:2] 행을 지정하고 ❹ Ctrl + Shift + +를 눌러 빈 행을 삽입합니다. ❺ I열을 클릭하고 ❻ Ctrl + −를 눌러 열을 삭제합니다.

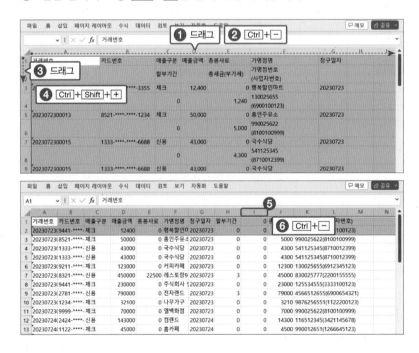

05 제목 입력하기 데이터를 효율적으로 관리하기 위해 열 하나에 여러 정보가 담기지 않도록 분류해 두면 정보를 검색하거나 분석할 때 유리합니다. 거래번호 필드에 두 개의 정보(거래일자, 거래번호)가 입력되어 있으므로 데이터를 각각 나눠보겠습니다. ❶ [A1] 셀을 클릭하고 **7월 4주차 카드거래 내역**을 입력합니다. ❷ B열을 클릭하고 ❸ Ctrl + Shift + + 를 눌러 빈 열을 삽입합니다.

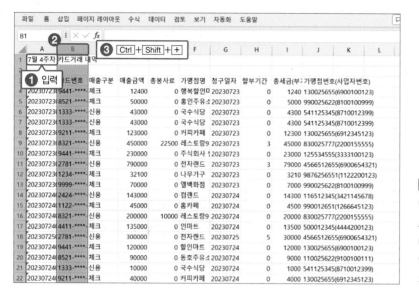

문서
편집&
서식

수식&
함수

데이터
관리&
분석

차트

매크로&
VBA

바로 통 하는 TIP

텍스트를 나누려면 나누려는 열 오른쪽에 빈 열이 있어야 합니다. 만약 빈 열이 없으면 오른쪽 열의 데이터 값이 대치되므로 주의합니다.

06 텍스트 길이가 일정한 거래번호 나누기 거래일자는 여덟 자리, 거래번호는 다섯 자리로 텍스트 길이가 일정하므로 텍스트 나누기에서 너비 8로 분리할 수 있습니다. ❶ [A4:A57] 범위를 지정합니다. ❷ [데이터] 탭−[데이터 도구] 그룹−[텍스트 나누기]를 클릭합니다. ❸ [텍스트 마법사−3단계 중 1단계] 대화상자에서 원본 데이터의 파일 유형으로 [너비가 일정함]을 클릭하고 ❹ [다음]을 클릭합니다.

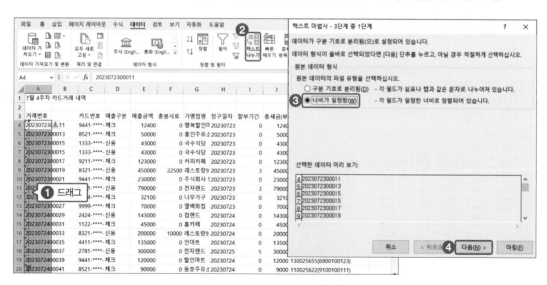

07 ❶ [텍스트 마법사−3단계 중 2단계] 대화상자에서 [데이터 미리 보기] 영역의 눈금에 너비 8의 위치를 클릭하여 구분선을 지정하고 ❷ [다음]을 클릭합니다. ❸ [텍스트 마법사−3단계 중 3단계] 대화상자의 [데이터 미리 보기] 목록에서 첫 번째 열을 클릭하고 ❹ [열 데이터 서식]에서 [날짜]를 클릭합니다. ❺ 두 번째 열을 클릭하고 ❻ [텍스트]를 클릭한 후 ❼ [마침]을 클릭합니다. 거래일자와 거래번호가 나눠집니다.

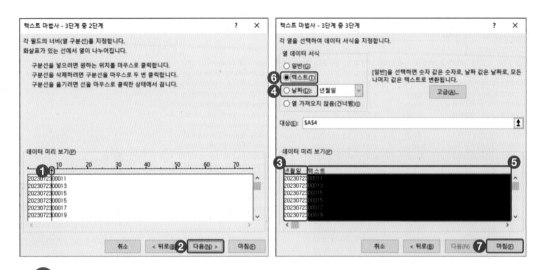

바로 **통** 하는**TIP** 거래일자(여덟 자리)는 [날짜] 서식을 지정하지 않으면 날짜 형식이 아닌 숫자 데이터로 표시됩니다. 거래번호(다섯 자리)는 [텍스트] 서식으로 지정하지 않으면 '00011'로 표시되지 않고 11만 표시되므로 주의합니다.

08 청구일자를 날짜 형식으로 지정하기 ❶ A열의 너비를 적당히 조절하고 ❷ [A3] 셀에 **거래일자**, [B3] 셀에 **거래번호**를 입력합니다. ❸ [H4:H57] 범위를 지정합니다. ❹ [데이터] 탭−[데이터 도구] 그룹−[텍스트 나누기]를 클릭합니다. ❺ [텍스트 마법사−3단계 중 1단계] 대화상자에서 원본 데이터의 파일 유형으로 [구분 기호로 분리됨]을 클릭하고 ❻ [다음]을 클릭합니다.

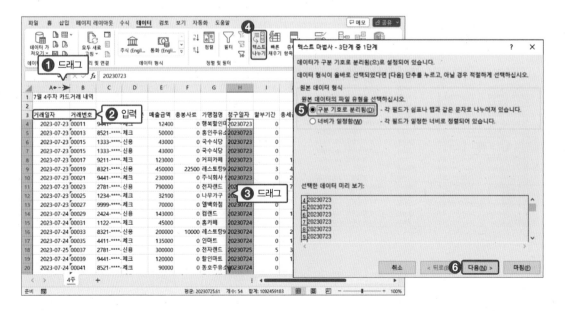

09 ❶ [텍스트 마법사–3단계 중 2단계] 대화상자에서 [다음]을 클릭합니다. ❷ [텍스트 마법사–3단계 중 3단계] 대화상자에서 [날짜]를 클릭하고 ❸ [마침]을 클릭합니다. 청구일자가 날짜 서식으로 지정되었습니다.

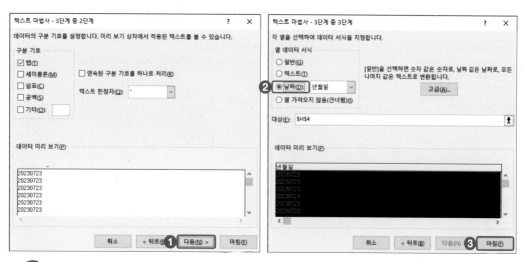

바로 **통** 하는**TIP** H열의 서식을 수정한 후 너비를 적당히 조절하여 데이터를 표시합니다.

10 줄 바꿈 기호를 사용하여 텍스트 나누기 가맹점번호와 사업자번호는 하나의 셀에 함께 입력되어 있습니다. 줄 바꿈 기호를 구분 기호로 설정해 텍스트를 나눠보겠습니다. ❶ [K3:K57] 범위를 지정하고 ❷ [데이터] 탭–[데이터 도구] 그룹–[텍스트 나누기]를 클릭합니다.

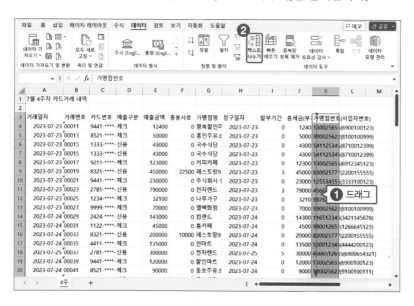

문서
편집&
서식

수식&
함수

데이터
관리&
분석

차트

매크로&
VBA

11 ❶ [텍스트 마법사-3단계 중 1단계] 대화상자에서 원본 데이터의 파일 유형으로 [구분 기호로 분리됨]을 클릭하고 ❷ [다음]을 클릭합니다. ❸ [텍스트 마법사-3단계 중 2단계] 대화상자에서 [구분 기호]의 [기타]에 체크하고 ❹ 입력 상자에서 [Ctrl]+[J]를 누릅니다. 공란이 표시되지만 줄 바꿈 구분 기호를 입력했으므로 가맹점번호와 사업자번호가 나눠집니다. ❺ [다음]을 클릭합니다.

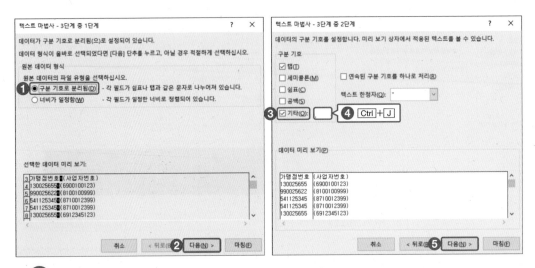

바로 통 하는TIP 텍스트에 줄 바꿈([Enter]) 기호를 표시하려면 숫자 패드가 있는 키보드에서는 [Alt]+[10]을 누르고 숫자 패드가 없는 키보드에서는 [Ctrl]+[J]를 누릅니다. 줄 바꿈을 한 후 [텍스트 나누기]를 실행하면 [기타] 기호가 입력되지 않습니다. 줄 바꿈을 다시 취소하려면 [텍스트 마법사-3단계 중 2단계] 대화상자에서 [기타] 입력란을 드래그한 후 [Delete]를 누릅니다.

12 ❶ [텍스트 마법사-3단계 중 3단계] 대화상자의 [데이터 미리 보기] 목록에서 첫 번째 열을 클릭하고 ❷ [텍스트]를 클릭합니다. ❸ 두 번째 열을 클릭하고 ❹ [텍스트]를 클릭한 후 ❺ [마침]을 클릭합니다. K, L 열의 너비를 적절히 조절합니다.

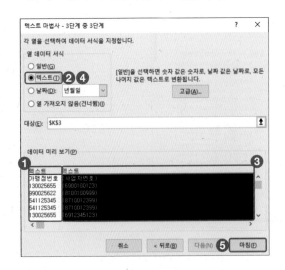

바로 통 하는TIP 가맹점번호를 텍스트 형식으로 지정하지 않으면 숫자 데이터로 표시되어 자릿수가 맞지 않게 됩니다. 사업자번호를 텍스트 형식으로 지정하지 않으면 괄호( )가 데이터 앞뒤로 있기 때문에 음수 형식으로 표시되므로 주의합니다.

13 중복 데이터 제거하기 데이터베이스에 중복된 데이터가 있으면 데이터를 분석할 때 잘못된 결과를 불러올 수 있습니다. 거래일자와 거래번호가 같은 중복 데이터를 제거해보겠습니다. ❶ [A3] 셀을 클릭하고 ❷ [데이터] 탭-[데이터 도구] 그룹-[중복된 항목 제거]를 클릭합니다. ❸ [중복 값 제거] 대화상자에서 [모두 선택 취소]를 클릭하고 ❹ [거래일자], [거래번호]에 체크합니다. ❺ [확인]을 클릭합니다. 3개의 중복된 데이터가 제거되었다는 메시지가 나타나면 ❻ [확인]을 클릭합니다.

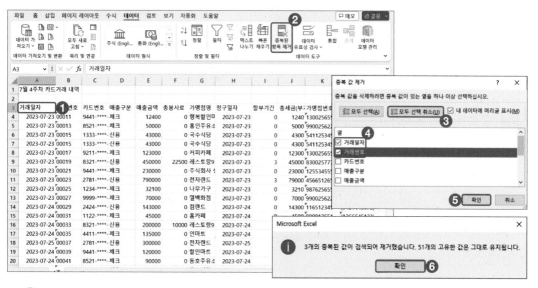

바로 통하는TIP 중복된 항목이 없을 때는 데이터를 제거하지 않고 체크한 항목에서 일치하는 행이 있을 때만 제거됩니다. 중복된 데이터는 첫 번째 행 하나만 남고 두 번째 행부터 삭제됩니다.

14 표 서식 지정하고 열 너비 조정하기 ❶ Ctrl + T 를 누르고 ❷ [표 만들기] 대화상자에서 표에 사용할 데이터 범위($A$3:$L$54)가 지정되어 있는지 확인하고 [머리글 포함]에 체크합니다. ❸ [확인]을 클릭합니다. ❹ [B:L] 열 머리글 범위를 지정하고 ❺ C열의 경계선을 더블클릭하여 데이터에 맞게 열 너비를 조정합니다.

문서
편집&
서식

수식&
함수

데이터
관리&
분석

차트

매크로&
VBA

비법
노트

중복 데이터를 처리하는 방법

중복 데이터를 처리하는 방법에는 여러 가지가 있습니다. 상황에 맞게 적당한 방법을 선택해 사용합니다.

1 중복된 항목 제거하기

중복 데이터를 삭제하기 위해서는 [데이터] 탭-[데이터 도구] 그룹-[중복된 항목 제거] 명령을 이용합니다. 하지만 이 명령을 이용하면 어떤 데이터가 중복되었는지 확인할 수 없습니다.

2 중복된 항목 표시하기

중복된 데이터가 무엇인지 표시하려면 조건부 서식을 사용하여 중복된 데이터의 셀을 색으로 강조하거나 COUNTIF와 IF 함수를 중첩하여 중복 유무를 표시합니다.

조건부 서식	COUNTIF, IF 함수로 중복 유무 표시하기
중복 데이터의 셀을 강조하려면 데이터 범위를 지정하고 [홈] 탭-[스타일] 그룹-[조건부 서식]에서 [셀 강조 규칙]-[중복 값]을 선택합니다.	COUNTIF와 IF 함수를 중첩해서 사용하여 중복 유무를 표시합니다. COUNTIF 함수를 이용해서 해당 데이터와 동일한 데이터가 한 개보다 많은지 확인하고 IF 함수로 한 개보다 많으면 '중복'을 표시하도록 수식을 작성합니다.

회원번호
A1234
B4321
A1234
C1234
D1234

중복된 회원번호 셀 강조

	A	B
1	회원번호	중복유무
2	A1234	중복
3	B4321	
4	A1234	중복
5	C1234	
6	D1234	

=IF(COUNTIF($A$2:$A$6,A2))1,"중복"," ")

'중복'으로 표시된 행 전체를 조건부 서식으로 강조하거나 정렬하고, 필터 기능을 이용하여 중복 데이터만 정리해서 볼 수 있습니다.

15 열 위치 이동하기 ❶ J열 머리글을 클릭하고 ❷ 선택된 범위의 가장자리로 마우스를 이동한 후 Shift 를 누른 채 E열의 경계로 드래그합니다. ❸ J열 머리글을 클릭하고 ❹ 선택된 범위의 가장자리로 마우스를 이동한 후 Shift 를 누른 채 G열의 경계로 드래그합니다.

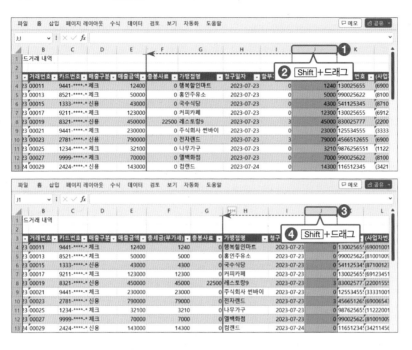

16 ❶ J열 머리글을 클릭하고 ❷ 선택된 범위의 가장자리로 마우스를 이동한 후 Shift 를 누른 채 L열의 경계로 드래그합니다. 열 위치가 변경됩니다.

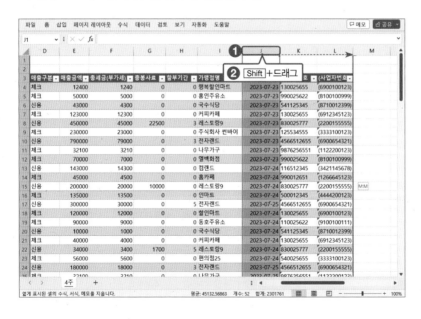

데이터베이스 기능과 표의 작성 규칙 알아보기

엑셀에서 제공하는 데이터베이스 기능은 방대한 표(Table) 구조의 자료를 관리하고 요약해서 데이터를 효과적으로 분석할 수 있도록 도와줍니다. 텍스트 나누기, 중복 데이터, 통합 기능을 사용하여 데이터를 관리하고, 정렬, 필터, 부분합, 피벗 테이블로 데이터를 분석할 수 있습니다.

1 표(Table)

데이터를 특정 용도에 맞게 체계적으로 정리하여 처리할 수 있도록 테이블 구조로 표를 만듭니다. 테이블의 구조는 필드명(머리글), 레코드(행), 필드(열) 등으로 구성됩니다. 표를 만들 때는 테이블 구조에 맞게 데이터를 입력만 하는 게 아니라 일반 표를 엑셀 표(테이블 구조)로 변환해서 사용해야 데이터를 분석하기에 용이합니다.

일반 표

NO	일자	구분	코드	품명	수량	할인율	단가	금액
1	01-02	매입	H607	외장하드	10	3%	131,000	1,270,700
2	01-04	매출	EF345	출퇴근기록기	5	0%	177,100	885,500
3	01-04	매입	EF345	출퇴근기록기	100	10%	154,000	13,860,000
4	01-05	매입	BE500	지폐계수기	5	0%	286,000	1,430,000
5	01-06	매출	D204	문서 세단기	25	3%	217,360	5,270,980
6	01-08	매입	L451	코팅기	5	0%	74,000	370,000
7	01-10	매입	H607	외장하드	6	0%	131,000	786,000
8	01-12	매출	EF345	출퇴근기록기	10	3%	177,100	1,717,870
9	01-14	매출	RS130	제본기	4	0%	112,700	450,800
10	01-16	매입	NCB23	전자칠판	30	3%	1,198,000	34,861,800

엑셀 표

NO	일자	구분	코드	품명	수량	할인율	단가	금액
1	01-02	매입	H607	외장하드	10	3%	131,000	1,270,700
2	01-04	매출	EF345	출퇴근기록기	5	0%	177,100	885,500
3	01-04	매입	EF345	출퇴근기록기	100	10%	154,000	13,860,000
4	01-05	매입	BE500	지폐계수기	5	0%	286,000	1,430,000
5	01-06	매출	D204	문서 세단기	25	3%	217,360	5,270,980
6	01-08	매입	L451	코팅기	5	0%	74,000	370,000
7	01-10	매입	H607	외장하드	6	0%	131,000	786,000
8	01-12	매출	EF345	출퇴근기록기	10	3%	177,100	1,717,870
9	01-14	매출	RS130	제본기	4	0%	112,700	450,800
10	01-16	매입	NCB23	전자칠판	30	3%	1,198,000	34,861,800

머리글, 행, 열로 구성된 일반 표로 범위가 고정적입니다. 범위의 이름을 정의하거나 함수를 사용해야 동적인 참조가 가능합니다.

머리글, 행, 열로 구성된 엑셀 표로 별도의 작업 없이 각 구성 요소를 참조할 수 있고 데이터 양에 따라 범위가 동적으로 변합니다.

2 표(Table)의 작성 규칙

데이터베이스로 관리할 표를 작성할 때 주의 사항은 다음과 같습니다.

❶ 필드명은 한 줄로 입력하고 필드명이 입력된 셀은 병합하지 않아야 합니다.
❷ 각 셀에 입력한 데이터는 병합하지 않아야 하고, 빈 행이나 열이 없어야 합니다.
❸ 셀 하나에는 하나의 정보만 입력해야 합니다. 셀 하나에 여러 정보가 있으면 텍스트를 나눠서 여러 필드로 구분해야 합니다.

NO	일자	매입/매출 정보			
		구분	코드/품명	수량	할인율
1	01-02	매출	H607/외장하드	10	3%
2	01-04		EF345/출퇴근기록기	5	0%
3	01-04	매입	EF345/출퇴근기록기	100	10%
4	01-05	매입	BE500/지폐계수기	5	0%
5	01-06	매출	D204/문서 세단기	25	3%
6	01-08	매입	L451/코팅기	5	
7	01-10	매입	H607/외장하드	6	
8	01-12	매출	EF345/출퇴근기록기	10	3%
9	01-14	매출	RS130/제본기	4	0%

▲ 잘못 작성된 표

NO	일자	구분	코드	품명	수량	할인율
0	01-02	매출	H607	외장하드	10	3%
1	01-04	매출	EF345	출퇴근기록기	5	0%
2	01-04	매입	EF345	출퇴근기록기	100	10%
3	01-05	매입	BE500	지폐계수기	5	0%
4	01-06	매출	D204	문서 세단기	25	3%
5	01-08	매입	L451	코팅기	5	2%
6	01-10	매입	H607	외장하드	6	1%
7	01-12	매출	EF345	출퇴근기록기	10	0%
8	01-14	매출	RS130	제본기	4	3%

▲ 바르게 작성된 표

3 데이터베이스 관리하고 분석하기

데이터를 효율적으로 관리하려면 열 하나에 여러 정보가 담기지 않도록 종류별로 데이터를 분류해야 합니다. 데이터가 중복되면 잘못된 결과가 나타나거나 검색과 분석이 제대로 이뤄지지 않기 때문입니다. 데이터베이스를 관리하고 분석하는 방법에 대해 살펴보겠습니다.

❶ 텍스트 나누기 : 열에 여러 정보가 담겨 있을 때 데이터를 나눠서 관리합니다.

NO	일자	구분	코드/품명	수량	할인율
1	01-02	매입	H607/외장하드	10	3%
2	01-04	매입	EF345/출퇴근기록기	5	0%
3	01-04	매입	EF345/출퇴근기록기	100	10%
4	01-05	매입	BE500/지폐계수기	5	0%
5	01-06	매출	D204/문서 세단기	25	3%
6	01-08	매입	L451/코팅기	5	
7	01-10	매입	H607/외장하드	6	
8	01-12	매출	EF345/출퇴근기록기	10	3%
9	01-14	매출	RS130/제본기	4	0%

NO	일자	구분	코드	품명	수량	할인율
1	01-02	매입	H607	외장하드	10	3%
2	01-04	매입	EF345	출퇴근기록기	5	0%
3	01-04	매입	EF345	출퇴근기록기	100	10%
4	01-05	매입	BE500	지폐계수기	5	0%
5	01-06	매출	D204	문서 세단기	25	3%
6	01-08	매입	L451	코팅기	5	
7	01-10	매입	H607	외장하드	6	
8	01-12	매출	EF345	출퇴근기록기	10	3%
9	01-14	매출	RS130	제본기	4	0%

▲ 셀에 여러 정보가 있는 데이터　　　　▲ 텍스트 나누기로 셀에 하나의 정보만 입력한 데이터

❷ 중복 데이터 삭제하기 : 잘못된 결과를 불러올 수 있는 중복 데이터를 삭제합니다.

코드	품명	입고단가	출고단가
H607	외장하드	85,000	97,750
EF345	출퇴근기록기	320,000	368,000
EF345	출퇴근기록기	320,000	368,000
BE500	지폐계수기	12,500	14,375
D204	문서 세단기	156,000	179,400
L451	코팅기	120,000	138,000
H607	외장하드	85,000	97,750
EF345	출퇴근기록기	320,000	368,000
RS130	제본기	450,000	517,500

코드	품명	입고단가	출고단가
H607	외장하드	85,000	97,750
EF345	출퇴근기록기	320,000	368,000
BE500	지폐계수기	12,500	14,375
D204	문서 세단기	156,000	179,400
L451	코팅기	120,000	138,000
RS130	제본기	450,000	517,500

▲ 코드, 품명, 입고단가가 중복된 데이터　　　　▲ 중복된 내용을 제거한 데이터

❸ 통합하기 : 여러 워크시트의 결과를 필드 항목 기준으로 통합하고 서식을 지정합니다. 첫 번째 필드 항목을 기준으로 데이터를 통합하며 여러 워크시트의 결과를 합계, 개수, 평균, 최댓값, 최솟값, 곱, 숫자 개수, 표본 표준 편차, 표준 편차, 표본 분산, 분산 등으로 요약하고 집계합니다.

일자	품명	1월수량	일자	품명	2월수량
01-02	외장하드	10	02-02	외장하드	10
01-04	출퇴근기록기	5	02-04	출퇴근기록기	5
01-04	출퇴근기록기	50	02-04	출퇴근기록기	50
01-05	지폐계수기	5	02-05	지폐계수기	5
01-06	문서 세단기	25	02-06	문서 세단기	10
01-08	코팅기	5	02-08	지폐계수기	10
01-10	외장하드	6	02-10	외장하드	10
01-12	출퇴근기록기	10	02-12	출퇴근기록기	10
01-14	전자칠판	4	02-14	제본기	5
01-16	전자칠판	30	02-16	전자칠판	15

품명	1월수량	2월수량
외장하드	16	20
출퇴근기록기	65	65
지폐계수기	5	15
문서 세단기	25	10
코팅기	5	
제본기		5
전자칠판	34	15

▲ 통합 전의 1월 데이터와 2월 데이터　　　　▲ 품명을 기준으로 통합한 데이터

❹ 자동 필터를 이용하여 필터링하기 : 전체 데이터에서 조건에 맞는 데이터만 필터링합니다.

NO	일자	구분	코드	품명	수량	할인율	단가	금액
1	01-02	매입	H607	외장하드	10	3%	131,000	1,270,700
2	01-04	매출	EF345	출퇴근기록기	5	0%	177,100	885,500
3	01-04	매입	EF345	출퇴근기록기	100	10%	154,000	13,860,000
4	01-05	매입	BE500	지폐계수기	5	0%	286,000	1,430,000
5	01-06	매출	D204	문서 세단기	25	3%	217,360	5,270,980
6	01-08	매입	L451	코팅기	5	0%	74,000	370,000
7	01-10	매출	H607	외장하드	6	0%	131,000	786,000
8	01-12	매출	EF345	출퇴근기록기	10	3%	177,100	1,717,870
9	01-14	매출	RS130	제본기	4	0%	112,700	450,800
10	01-16	매입	NCB23	전자칠판	30	3%	1,198,000	34,861,800
11	01-04	매출	EF345	출퇴근기록기	3	0%	177,100	531,300
12	01-04	매출	EF345	출퇴근기록기	50	4%	154,000	7,392,000
13	01-05	매입	BE500	지폐계수기	10	3%	286,000	2,774,200
14	01-06	매출	D204	문서 세단기	5	0%	217,360	1,086,800
15	01-08	매입	L451	코팅기	5	0%	74,000	370,000

▲ 조건을 지정하기 전의 데이터

NO	일자	구분	코드	품명	수량	할인율	단가	금액
1	01-02	매입	H607	외장하드	10	3%	131,000	1,270,700
7	01-10	매출	H607	외장하드	6	0%	131,000	786,000
10	01-16	매입	NCB23	전자칠판	30	3%	1,198,000	34,861,800
16	01-10	매입	H607	외장하드	5	0%	131,000	655,000
19	01-16	매입	NCB23	전자칠판	5	0%	1,198,000	5,990,000

▲ 조건을 지정해 추출한 데이터

❺ 정렬 및 다중 부분합 작성하기 : 데이터를 분석하기 편한 기준으로 오름차순, 내림차순, 사용자 지정 순서로 정렬합니다. 정렬된 특정 필드를 그룹화해 분류하고 합계, 평균, 개수 등을 계산합니다.

NO	구분	코드	품명	수량	할인율
1	매입	NCB23	전자칠판	30	3%
2	매입	NCB23	전자칠판	30	3%
3	매입	NCB23	전자칠판	10	3%
4	매출	NCB23	전자칠판	36	3%
5	매출	NCB23	전자칠판	36	3%
6	매출	NCB23	전자칠판	5	0%
7	매출	NCB23	전자칠판	22	3%
8	매입	C013	라벨 프린터	25	3%
9	매입	C013	라벨 프린터	30	3%
10	매입	C013	라벨 프린터	22	3%
11	매출	C013	라벨 프린터	25	3%
12	매출	C013	라벨 프린터	25	3%
13	매출	C013	라벨 프린터	20	3%
14	매출	C013	라벨 프린터	10	3%
15	매출	C013	라벨 프린터	4	0%
16	매출	C013	라벨 프린터	12	3%
17	매입	D204	문서 세단기	25	3%

▲ 품명, 구분 순으로 오름차순 정렬한 데이터

NO	구분	코드	품명	수량	할인율
1	매입	NCB23	전자칠판	30	3%
2	매입	NCB23	전자칠판	30	3%
3	매입	NCB23	전자칠판	10	3%
	매입 요약			70	
5	매출	NCB23	전자칠판	36	3%
6	매출	NCB23	전자칠판	36	3%
7	매출	NCB23	전자칠판	5	0%
8	매출	NCB23	전자칠판	22	3%
	매출 요약			99	
			전자칠판 요약	169	
11	매입	C013	라벨 프린터	25	3%
12	매입	C013	라벨 프린터	30	3%
13	매입	C013	라벨 프린터	22	3%
	매입 요약			77	
15	매출	C013	라벨 프린터	25	3%
16	매출	C013	라벨 프린터	25	3%
17	매출	C013	라벨 프린터	20	3%

▲ 품명, 구분을 그룹화하고 부분합을 계산한 데이터

❻ 피벗 테이블로 크로스 탭 집계표와 피벗 차트 만들기 : 데이터를 분석해 행/열 구조의 크로스 탭 표로 요약하여 집계표를 작성하고 피벗 차트를 만듭니다.

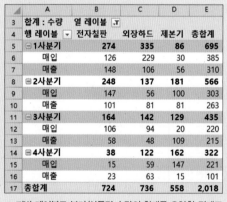

	A	B	C	D	E
3	합계 : 수량	열 레이블			
4	행 레이블	전자칠판	외장하드	제본기	총합계
5	⊟1사분기	274	335	86	695
6	매입	126	229	30	385
7	매출	148	106	56	310
8	⊟2사분기	248	137	181	566
9	매입	147	56	100	303
10	매출	101	81	81	263
11	⊟3사분기	164	142	129	435
12	매입	106	94	20	220
13	매출	58	48	109	215
14	⊟4사분기	38	122	162	322
15	매입	15	59	147	221
16	매출	23	63	15	101
17	총합계	724	736	558	2,018

▲ 피벗 테이블로 분기/상품명 수량의 합계를 요약한 집계표

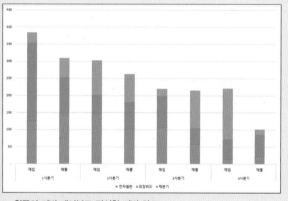

▲ 왼쪽의 피벗 테이블로 작성한 피벗 차트

핵심기능

23

파워 쿼리로 여러 시트의 크로스 탭 표 합치기

실습 파일 3장\23_광고집행내역_파워쿼리.xlsx
완성 파일 3장\23_광고집행내역_파워쿼리_완성.xlsx

핵심기능 22에서 INDEX 함수 등 여러 기능을 사용하여 신뢰할 만한 데이터베이스를 만들었습니다. 하지만 데이터가 방대해지고 여러 곳에 분산되어 있는 자료를 관리하려면 함수만 사용해서는 어렵습니다. 이럴 때 파워 쿼리 기능을 사용하면 데이터 처리 속도나 관리하는 측면에서 보다 편리합니다. 2021~2023년 광고 집행 내역을 표 형태로 변환하고, 쿼리 편집기에서 여러 시트의 데이터를 가져와서 크로스 탭 구조를 행과 열로 구성된 플랫한 표 구조로 만드는 과정을 알아보겠습니다.

미리 보기

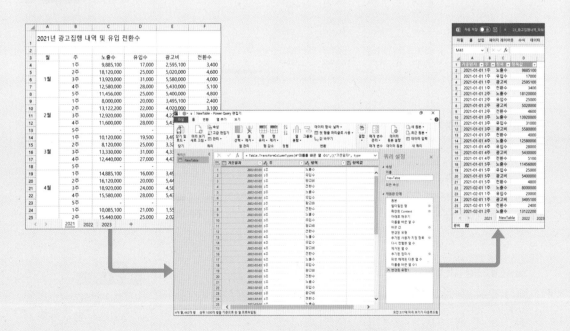

회사에서 바로 통하는 키워드 : 표, 파워 쿼리, Excel.CurrentWorkbook

한눈에 보는 작업 순서

표 서식 지정하기 ▶ 파워 쿼리로 데이터 구조 변경하기 ▶ 피벗 열 해제하기 ▶ NewTable 쿼리를 시트에 로드하기

01 표 서식으로 지정하기 2021~2022년 데이터를 표 서식으로 지정해보겠습니다. ❶ [2021] 시트에서 데이터의 [B3] 셀을 클릭하고 ❷ Ctrl + T 를 누릅니다. ❸ [표 만들기] 대화상자에서 범위가 지정된 것을 확인한 후 [머리글 포함]에 체크하고 ❹ [확인]을 클릭합니다.

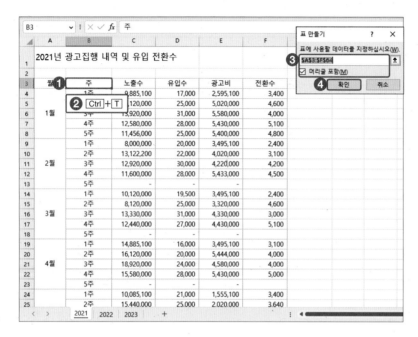

바로 통 하는TIP

[표]로 변환하면 병합된 셀은 모두 해제됩니다. 표로 등록된 데이터는 파워 쿼리에서 오류 없이 표의 구조를 파악하기 때문에 일반 데이터 목록보다는 [표]로 등록해서 사용하는 것이 좋습니다.

02 표 이름 지정하기 [테이블 디자인] 탭-[속성] 그룹에서 [표 이름]을 **표2021**로 수정하고 Enter 를 누릅니다.

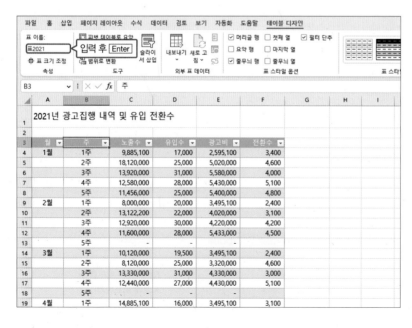

바로 통 하는TIP

표 이름은 등록된 순서대로 '표1', '표2', ...로 이름 정의되며 자동으로 표 서식이 적용됩니다. [표 스타일] 그룹에서 표 서식을 변경하거나 지울 수 있습니다.

✔ **엑셀 2016&이전 버전**

[표 도구] – [디자인] 탭 – [속성] 그룹에서 [표 이름]을 수정합니다.

03 ❶ [2022] 시트에서 [B3] 셀을 클릭하고 ❷ Ctrl + T 를 누릅니다. ❸ [표 만들기] 대화상자에서 범위가 지정된 것을 확인한 후 [머리글 포함]에 체크하고 ❹ [확인]을 클릭합니다. ❺ [테이블 디자인] 탭-[속성] 그룹에서 [표 이름]을 **표2022**로 수정하고 Enter 를 누릅니다.

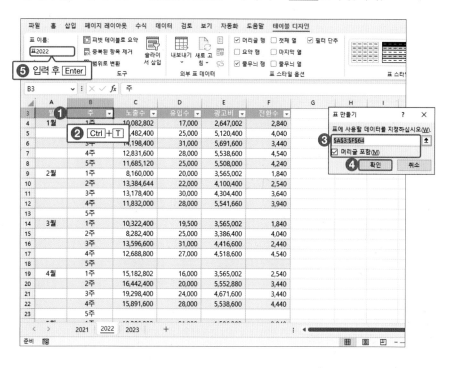

04 빈 쿼리 시작하기 파워 쿼리 편집기를 실행하여 빈 쿼리를 만들어보겠습니다. [데이터] 탭-[데이터 가져오기 및 변환] 그룹에서 [데이터 가져오기]-[기타 원본에서]-[빈 쿼리]를 클릭합니다.

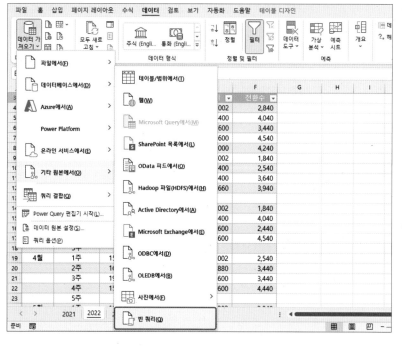

✅ **엑셀 2016 버전**

[데이터] 탭-[가져오기 및 변환] 그룹-[새 쿼리]-[기타 원본에서]-[빈 쿼리]를 클릭합니다.

✅ **엑셀 2010&2013 버전**

[파워 쿼리] 탭-[외부 데이터 가져오기] 그룹-[기타 원본에서]-[빈 쿼리]를 클릭합니다.

05 통합 문서에 있는 표 데이터 불러오기 [파워 쿼리 편집기] 창에서 통합 문서 내에 표2021, 표2022 를 불러오겠습니다. [파워 쿼리 편집기] 창이 열리면 수식 입력줄에 **=Excel.CurrentWorkbook()**를 입력하고 Enter 를 누릅니다. 현재 통합 문서에 여러 시트에서 표로 등록된 목록을 불러옵니다.

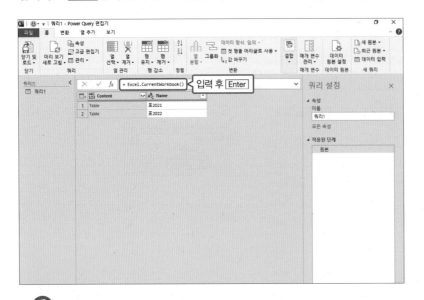

바로 통 하는TIP [파워 쿼리 편집기] 창에서 사용하는 파워 쿼리 M 수식 중에 **Excel.CurrentWorkbook()** 함수는 현재 통합 문서에 표 구조를 파워 쿼리 편집기로 불러올 수 있습니다. 이 함수는 표, 정의된 이름, 인쇄 영역 설정 등 통합 문서 내에 정의된 영역을 모두 가져오므로 주의해야 합니다. 파워 쿼리 M 함수는 반드시 대소문자를 구별해서 입력해야 하며 함수에 대한 자세한 설명은 https://learn.microsoft.com/ko-kr/powerquery-m/m-spec-introduction 사이트를 참고합니다.

06 표의 열 데이터 가져오기 테이블 목록의 [Content] 열에서 표2021, 표2022 데이터를 가져오겠습니다. ❶ [Content] 열 머리글에 확장 단추를 클릭하고 ❷ [원래 열 이름을 접두사로 사용]에 체크를 해제한 후 ❸ [확인]을 클릭합니다.

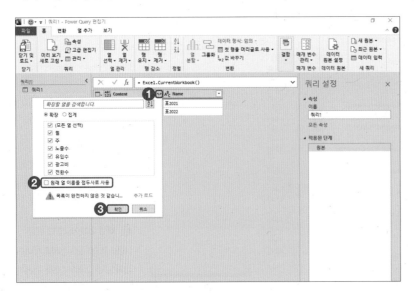

바로 통 하는TIP
표 목록에서 [Content] 열은 표의 머리글과 데이터를 포함하므로 열 머리글에 확장 단추가 표시됩니다. [Name] 열은 표의 이름입니다.

07 월 데이터 채우기 병합된 열이 해제되면서 비어 있는 셀의 값을 월 값으로 채워보겠습니다. ❶ [월] 열을 클릭하고 ❷ [변환] 탭-[열] 그룹에서 [채우기]-[아래로]를 클릭합니다. 값이 있는 셀의 값을 아래 방향으로 빈 셀(null)을 채웁니다.

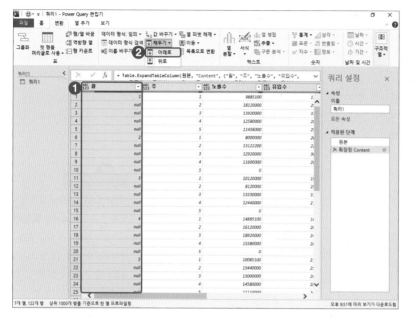

바로 **통** 하는**TIP**

병합된 셀을 파워 쿼리 편집기로 가져오면 병합이 해제되면서 첫 번째 셀에만 값이 표시됩니다. [채우기]는 나머지 빈 셀 값을 위쪽 또는 아래쪽 셀의 값으로 채울 때 사용합니다.

08 열의 머리글명과 값 바꾸기 열의 머리글명과 데이터의 일부 글자를 바꿔보겠습니다. ❶ [Name] 열의 머리글을 더블클릭하여 **연도**를 입력하고 Enter를 누릅니다. ❷ [홈] 탭-[변환] 그룹에서 [값 바꾸기]를 클릭합니다. ❸ [값 바꾸기] 대화상자에서 [찾을 값]에 **표**를 입력하고 [바꿀 항목]은 비워 둔 채 ❹ [확인]을 클릭합니다.

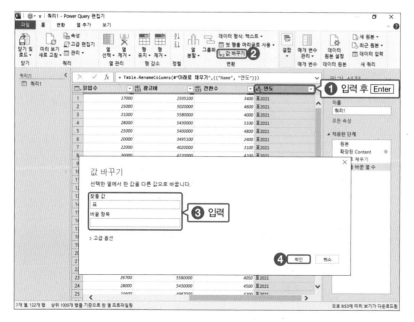

바로 **통** 하는**TIP**

[Name] 열은 앞서 이름 정의한 표의 이름으로 각각의 시트를 구분하는 중요한 열입니다. 이를 텍스트 형태로 유지해도 되지만 날짜 형식으로 바꾸는 과정을 진행하면 피벗 테이블 등 분석 작업을 할 때 연, 분기, 월 등의 그룹화 작업이 가능해집니다.

09 사용자 지정 열 추가하기 [연도] 열의 데이터 형식을 정수로 변경하고 새로운 열을 추가하여 '연–월
–일'의 날짜 형식으로 표시해보겠습니다. ❶ [연도] 머리글에 [데이터 형식 🗛]을 클릭하고 ❷ [정수]를
클릭합니다. ❸ [열 추가] 탭–[일반] 그룹–[사용자 지정 열]을 클릭합니다. ❹ [사용자 지정 열] 대화상자
에서 [새 열 이름]에 **기준일자**를 입력한 후 ❺ [사용자 지정 열 수식]에 **=#date([연도],[월],1)**를 입력하고
❻ [확인]을 클릭합니다. [연도] 열이 날짜 형식으로 바뀌어 오른쪽에 새로운 열이 추가되었습니다.

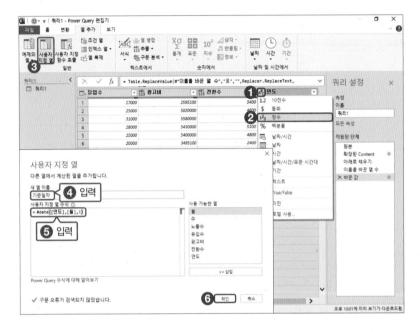

바로 **통** 하는TIP

엑셀의 DATE 함수와 같은 형식
으로 수식 **=#date(년,월,일)**를
입력하면 데이터가 날짜 데이터
형식으로 반환합니다. 반드시 대
소문자를 구별해서 입력하고, 입
력 후에는 [사용자 지정 열] 창에
서 **[구문 오류가 검색되지 않았
습니다.]** 메시지가 표시되는지
확인합니다.

10 열 이동하고 삭제하기 [연도], [기준일자] 열을 첫 열로 이동하고 [연도], [월] 열을 삭제해보겠습니
다. ❶ [연도] 머리글을 클릭하고 ❷ [Shift]를 누른 채 [기준일자]를 클릭한 후 ❸ 마우스 오른쪽 버튼을
클릭하여 ❹ [이동]–[처음으로]를 클릭합니다.

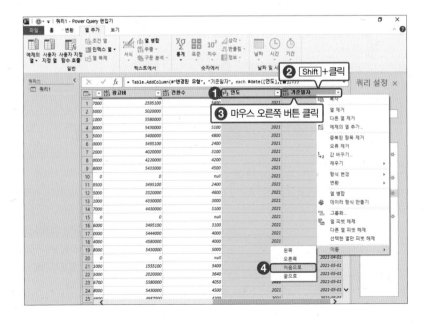

11 ❶ [연도] 머리글을 클릭하고 ❷ Ctrl 을 누른 채로 [월]을 클릭한 후 ❸ 마우스 오른쪽 버튼을 클릭하여 ❹ [열 제거]를 클릭합니다.

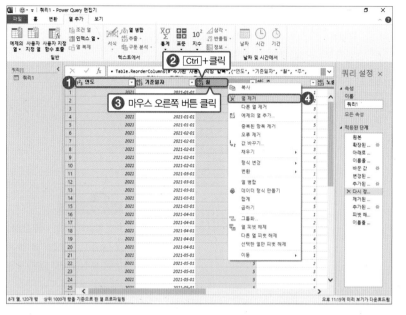

바로 **통** 하는 **TIP**

테이블을 정규화하는 과정에서 열이 늘어나고 행에 데이터가 누적될수록 파일 용량이 커집니다. 로드하는 데 오랜 시간이 소요되므로 불필요한 열은 바로바로 제거하는 것이 좋습니다.

12 **접미사 추가하기** [주] 열 값 뒤에 '주'를 추가해보겠습니다. ❶ [주] 머리글을 클릭하고 ❷ [변환] 탭-[텍스트] 그룹에서 [서식]을 클릭하고 ❸ [접미사 추가]를 클릭합니다. ❹ [접미사] 창에서 [값]에 **주** 를 입력하고 ❺ [확인]을 클릭합니다.

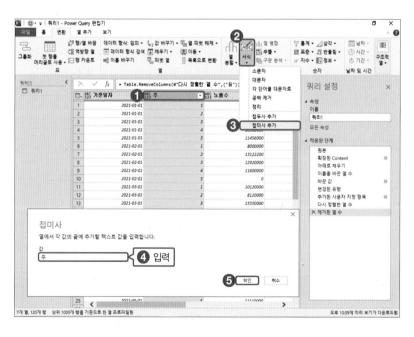

13 피벗 열 해제하기 노출수, 유입수, 광고비, 전환수의 열 방향 데이터를 행 방향 데이터 구조로 변환해보겠습니다. ❶ [기준일자] 머리글을 클릭하고 ❷ Shift 를 누른 채로 [주] 머리글을 클릭합니다. ❸ 마우스 오른쪽 버튼을 클릭하여 ❹ [다른 열 피벗 해제]를 클릭합니다.

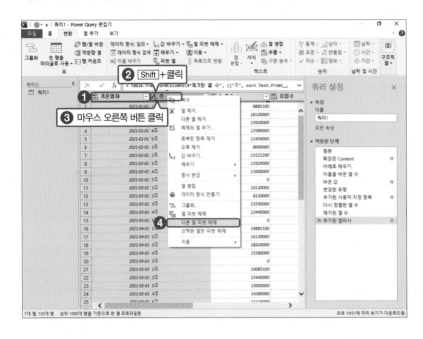

바로 통 하는TIP

피벗 열을 해제하는 다른 방법으로 [노출수] 머리글을 클릭하고 Shift 를 누른 채로 [전환수] 열 머리글을 클릭합니다. 마우스 오른쪽 버튼을 클릭하여 [열 피벗 해제]를 클릭합니다.

비법 노트

피벗 열 해제하기

크로스 탭 형태의 표 구조는 왼쪽 열과 상위 행의 항목이 쌍으로 교차하는 위치의 값을 읽는 표 형태입니다. 크로스 탭 형태의 표는 읽기는 편하지만 엑셀에서 제공하는 데이터 분석 기능, 특히 피벗 테이블로 데이터를 분석하기가 어렵습니다. 따라서 세로 방향으로 데이터를 누적하는 형태의 표로 변환하려면 피벗 열을 해제해야 합니다. 여기서는 [기준일자]와 [주] 열을 기준으로 [노출수], [유입수], [광고비], [전환수] 피벗 열을 해제하고 데이터가 아래로 누적되는 형태의 [특성], [값] 열로 변환되었습니다.

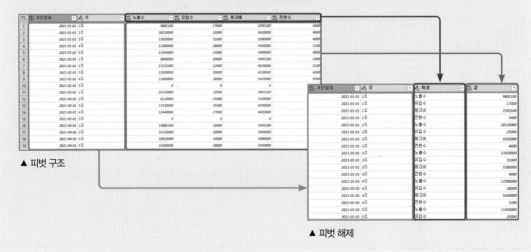

▲ 피벗 구조

▲ 피벗 해제

14 열의 머리글명 수정하고 데이터 가져오기 ① [특성], [값] 열 머리글을 각각 더블클릭하고 **항목, 항목값**을 입력합니다. **②** [기준일자] 머리글에 데이터 형식 🔠 단추를 클릭하고 **③** [날짜]를 클릭합니다. **④** [쿼리 설정] 작업 창에서 [이름]을 **NewTable**로 입력합니다. **⑤** [홈] 탭–[닫기] 그룹에서 [닫기 및 로드]를 클릭하고 **⑥** [닫기 및 다음으로 로드]를 클릭합니다. **⑦** [데이터 가져오기] 대화상자에서 [표]를 클릭하고 **⑧** [확인]을 클릭합니다.

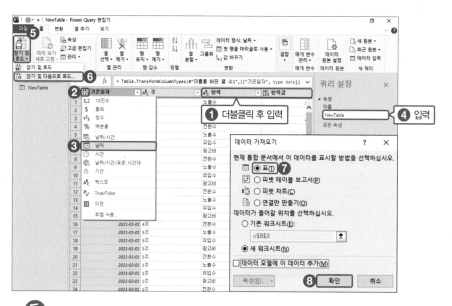

🔵 **바로 통 하는TIP** 통합 문서 내의 구조는 같지만 여러 시트에 분산되어 있는 표를 파워 쿼리에서 하나로 합치고 테이블 구조로 변환한 다음 데이터를 가져오는 방식으로 '표', '피벗 테이블 보고서', '피벗 차트', '연결만 만들기'가 있습니다. 표는 새로운 시트로 데이터를 가져오고, 연결만 만들기는 데이터는 가져오지 않고 쿼리와 연결해서 구조만 가져옵니다. 피벗 테이블 보고서와 피벗 차트는 연결된 쿼리의 구조로 보고서와 차트를 만들 수 있습니다.

15 새로운 시트로 데이터가 로드되었습니다. [쿼리 및 연결] 작업 창에서 NewTable 쿼리가 446개의 행이 로드되었다고 표시됩니다. [NewTable] 쿼리에 마우스를 이동하면 쿼리의 정보와 미리 보기 데이터 구조가 표시되고, 쿼리를 편집하거나 삭제할 수 있습니다.

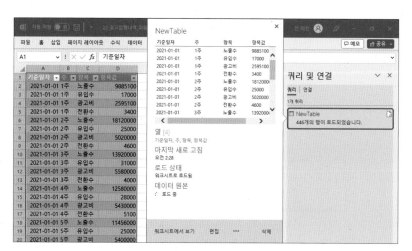

🔵 **바로 통 하는TIP**

[쿼리 및 연결] 작업 창을 닫은 경우 다시 표시하려면 [데이터] 탭–[쿼리 및 연결] 그룹–[쿼리 및 연결]을 클릭합니다.

문서
편집&
서식

수식&
함수

데이터
관리&
분석

차트

매크로&
VBA

16 표 변환하고 쿼리에 추가하기 [2023] 시트의 데이터를 표로 변환하고 NewTable 쿼리에 추가해보겠습니다. ❶ [2023] 시트에서 데이터의 [B3] 셀을 클릭하고 ❷ Ctrl + T 를 누릅니다. ❸ [표 만들기] 대화상자에서 지정된 범위를 확인하고 [머리글 포함]에 체크한 후 ❹ [확인]을 클릭합니다. ❺ [테이블 디자인] 탭-[속성] 그룹에서 [표 이름]을 **표2023**으로 수정하고 Enter 를 누릅니다.

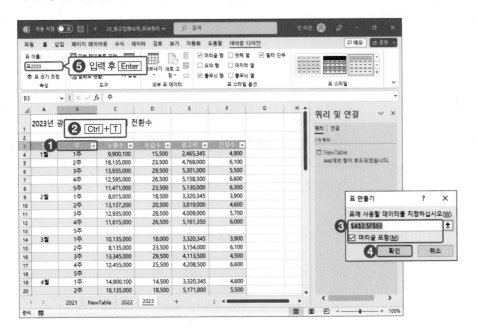

17 쿼리 수정하기 ❶ [NewTable] 시트를 클릭합니다. ❷ [쿼리 및 연결] 작업 창에서 NewTable 옆에 새로 고침 🔃 단추를 클릭하면 업데이트되어 662개의 행이 로드된 것을 확인할 수 있습니다. ❸ [NewTable] 쿼리를 더블클릭해서 [파워 쿼리 편집기] 창으로 이동합니다.

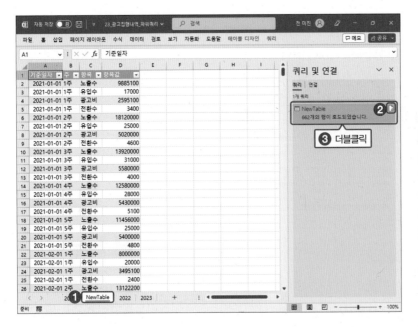

바로 통하는TIP

[쿼리 및 연결] 작업 창을 쿼리와 원본 데이터와의 연결을 끊지 않는 이상, 같은 구조의 표가 추가될 때마다 자동으로 [NewTable] 시트에 업데이트됩니다. 따라서 통합 문서 내에 관련 없는 데이터에 표 서식, 이름 등이 적용되지 않도록 주의합니다.

18 원본 필터링하기 쿼리의 원본 구조에서 NewTable 표를 불러오지 않게 필터링하겠습니다. ❶ [쿼리 설정] 작업 창─[적용된 단계]에서 [원본]을 클릭합니다. ❷ 구조표에서 [Name] 열의 필터▼ 단추를 눌러 ❸ [NewTable]에 체크를 해제하고 ❹ [확인]을 클릭합니다.

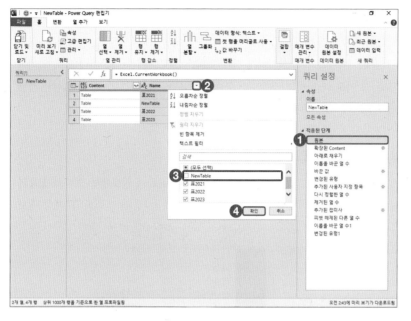

바로 **통**하는TIP

[NewTable] 쿼리를 표 형태로 반환하였으므로 NewTable은 정규화하는 과정에 포함되지 않도록 체크를 해제합니다. [쿼리 설정] 작업 창의 [적용된 단계]는 쿼리 과정을 순차적으로 표시하고, 특정 단계를 누르면 그 단계로 이동합니다.

19 [홈] 탭─[닫기] 그룹에서 [닫기 및 로드]를 클릭하고 통합 문서로 돌아옵니다.

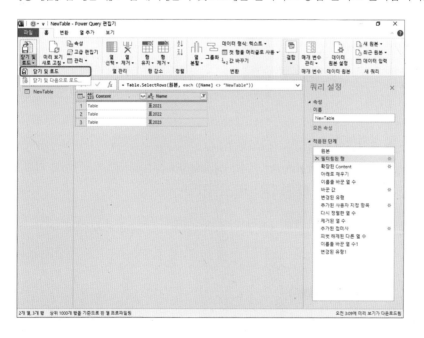

비법 노트 파워 쿼리 설치하기

파워 쿼리는 엑셀 2010 버전부터 제공한 기능입니다. 엑셀 2016, 2019 버전에서는 기본 메뉴에서 파워 쿼리 기능이 제공되지만 엑셀 2010(오피스 Professional Plus 이상), 엑셀 2013(모든 오피스 제품) 버전은 별도로 다운로드해야만 사용할 수 있습니다. 설치하기 전에 오피스 프로그램을 최신 버전으로 업데이트해야 하고 운영체제는 윈도우 7 이상, 인터넷 익스플로러 9 이상을 사용해야 설치가 가능합니다. 파워 쿼리를 다운로드하는 방법에 대해 살펴보겠습니다.

1 오피스 버전 확인 및 최신 버전으로 업데이트하기

엑셀 2010 버전에서는 [파일] 탭-[도움말]을 클릭하여 오른쪽 Microsoft Excel 정보에서 오피스 제품과 설치 버전(32비트, 64비트)을 확인합니다. 엑셀 2013 버전에서는 [파일] 탭-[계정]을 클릭한 후 제품 정보를 확인합니다.

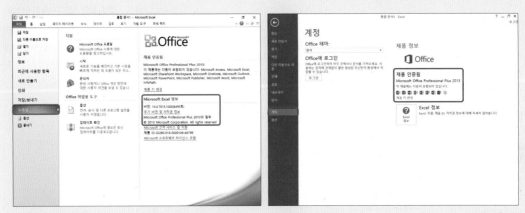

▲ 엑셀 2010 버전   ▲ 엑셀 2013 버전

2 파워 쿼리 다운로드 및 설치하기

❶ 웹 브라우저에서 https://www.microsoft.com/ko-kr/download/details.aspx?id=39379로 접속합니다. ❷ [언어 선택]은 [한국어]를 클릭하고 ❸ [다운로드]를 클릭합니다.

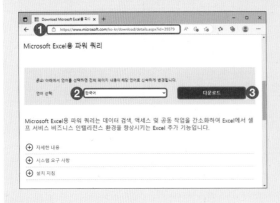

3 ❶ 설치된 버전에 맞는 프로그램을 클릭하고 ❷ [다음]을 클릭하여 다운로드 후 프로그램을 설치합니다.

4 프로그램이 설치된 후 엑셀을 시작하면 [파워 쿼리] 탭 메뉴가 표시됩니다.

▲ 엑셀 2010 버전

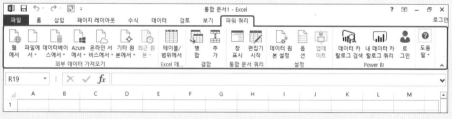

▲ 엑셀 2013 버전

문서
편집&
서식

수식&
함수

데이터
관리&
분석

차트

매크로&
VBA

핵심기능

24

다중 부분합 작성하고 분기별 데이터 통합하기

실습 파일 3장\24_판매실적_부분합.xlsx
완성 파일 3장\24_판매실적_부분합_완성.xlsx

부분합은 자동으로 특정 필드를 그룹화하여 분류하고, 그룹별로 합계, 평균, 개수 등을 자동 계산하는 기능입니다. 부분합을 지정하면 그룹별 소계가 구해지고 윤곽 기호가 나타납니다. 윤곽 기호를 클릭해 요약된 결과만 표시된 상태에서 데이터를 복사하고 붙여 넣으면 숨겨진 하위 수준까지 모두 붙여넣기 되므로 화면에 보이는 셀만 선택해 복사한 후 붙여 넣어야 합니다. 중분류, 상품별로 판매량과 매출금 액의 부분합을 구하고, 분기별로 판매실적 데이터를 통합해보겠습니다.

미리 보기

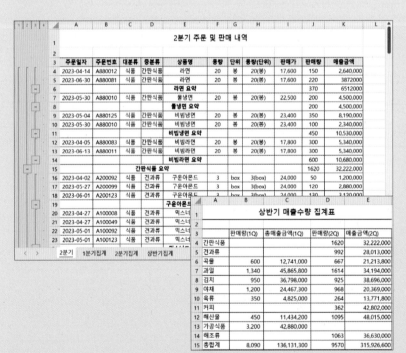

회사에서 바로 통하는 키워드 : 필드 정렬하기, 부분합 구하기, 이동 옵션, 데이터 통합하기

한눈에 보는 작업 순서						
	오름차순 정렬하기	▶	다중 부분합 구하기	▶	화면에 보이는 셀만 복사/붙여넣기	▶ 데이터 통합하기

01 **필드 정렬하기** 2분기 판매실적 데이터를 중분류와 상품명 순으로 정렬하고, 다중 부분합을 작성해 보겠습니다. 우선 상품명을 기준으로 오름차순 정렬합니다. ❶ [2분기] 시트에서 [E3] 셀을 클릭합니다. ❷ [데이터] 탭-[정렬 및 필터] 그룹-[텍스트 오름차순 정렬↓]을 클릭합니다.

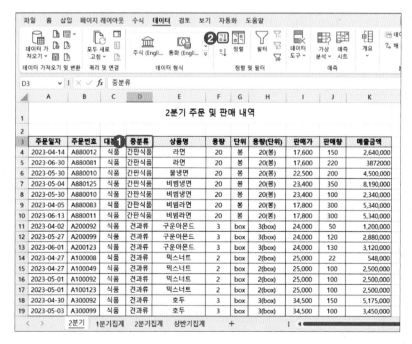

02 중분류를 기준으로 오름차순 정렬합니다. ❶ [D3] 셀을 클릭합니다. ❷ [데이터] 탭-[정렬 및 필터] 그룹-[텍스트 오름차순 정렬↓]을 클릭합니다.

바로 통 하는 TIP

부분합을 구하려면 미리 부분합을 구할 필드를 정렬해두어야 합니다. 정렬하지 않고 부분합을 구하면 건별로 부분합이 표시되므로 주의합니다. [데이터] 탭 - [정렬 및 필터] 그룹 - [정렬]을 사용할 때는 첫 번째 기준에 중분류(D3), 두 번째 기준에 상품명(E3)을 지정하지만, 필드에서 직접 [오름차순 정렬↓]을 사용할 때는 두 번째 기준인 상품명(E3)을 먼저 정렬하고, 첫 번째 기준인 중분류(D3)를 두 번째로 정렬합니다.

03 첫 번째 부분합 구하기 중분류를 그룹 지어 판매량과 매출금액의 소계가 표시되는 첫 번째 부분합을 구해보겠습니다. ❶ 임의의 셀을 클릭하고 ❷ [데이터] 탭-[개요] 그룹-[부분합]을 클릭합니다. ❸ [부분합] 대화상자에서 [그룹화할 항목]으로 [중분류]를 클릭합니다. ❹ [사용할 함수]로 [합계]를 클릭하고 ❺ [부분합 계산 항목]의 [판매량], [매출금액]에 체크합니다. ❻ [확인]을 클릭합니다.

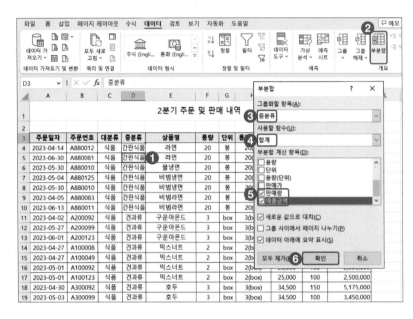

바로 통 하는 TIP
표 서식이 적용된 표 구조에서는 부분합을 적용할 수 없습니다. 표 서식을 범위로 변환하려면 [테이블 디자인] 탭-[도구] 그룹에서 [범위로 변환]을 클릭합니다.

바로 통 하는 TIP
부분합 결과가 잘못되었거나 부분합을 지우고 싶을 때는 [부분합] 대화상자에서 [모두 제거]를 클릭합니다.

04 두 번째 부분합 구하기 상품명을 그룹 지어 판매량과 매출금액의 합계가 표시되는 두 번째 부분합을 구해보겠습니다. ❶ [데이터] 탭-[개요] 그룹-[부분합]을 클릭합니다. ❷ [부분합] 대화상자에서 [그룹화할 항목]으로 [상품명]을 클릭합니다. ❸ [사용할 함수]로 [합계]를 클릭하고 ❹ [부분합 계산 항목]의 [판매량], [매출금액]에 체크합니다. ❺ [새로운 값으로 대치]의 체크를 해제한 후 ❻ [확인]을 클릭합니다.

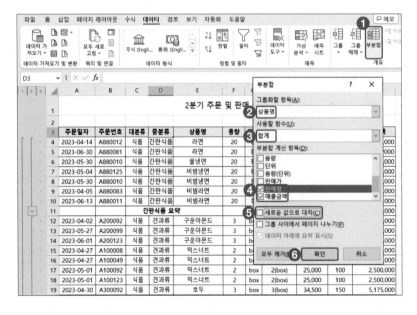

바로 통 하는 TIP
[새로운 값으로 대치]에 체크하면 부분합이 하나만 표시되고 이전 부분합은 제거됩니다. [새로운 값으로 대치]의 체크를 해제해야 여러 그룹으로 다중 부분합을 구할 수 있습니다.

05 부분합의 요약된 결과만 복사하기 부분합을 작성하면 중분류별, 상품별 판매량과 매출금액의 합계가 구해지고 윤곽 기호가 생깁니다. 윤곽 기호 중 ③을 클릭하면 중분류별, 상품별 부분합 결과만 표시할 수 있습니다. [확장 ➕]이나 [축소 ➖]를 클릭해서 데이터를 확장하거나 축소할 수 있습니다.

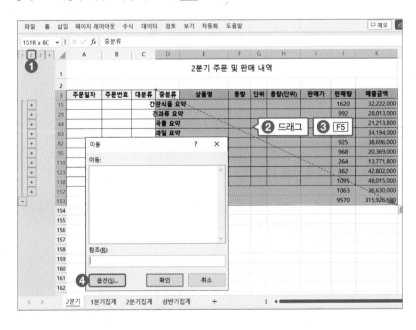

바로 통 하는TIP 윤곽 기호를 이용하면 그룹별로 하위 수준을 숨기거나 표시할 수 있습니다. ①은 전체 결과(총합계), ②는 중분류별 소계, ③은 중분류별, 상품별 소계, ④는 전체 데이터를 표시합니다. 확장 버튼 ➕을 클릭하면 숨겨져 있는 하위 수준(그룹)을 표시합니다. 축소 버튼 ➖을 클릭하면 하위 수준(그룹)을 숨깁니다.

06 ❶ 윤곽 기호 중 ②를 클릭하여 중분류별 소계만 표시합니다. **❷** 요약된 결과만 표시된 상태에서 [D3:K153] 범위를 지정하고 **❸** F5를 누릅니다. **❹** [이동] 대화상자에서 [옵션]을 클릭합니다.

07 ❶ [이동 옵션] 대화상자에서 [화면에 보이는 셀만]을 클릭하고 ❷ [확인]을 클릭합니다. 화면에 보이는 영역만 범위로 지정됩니다. ❸ 화면에 보이는 셀만 선택된 상태에서 Ctrl+C를 눌러 복사합니다.

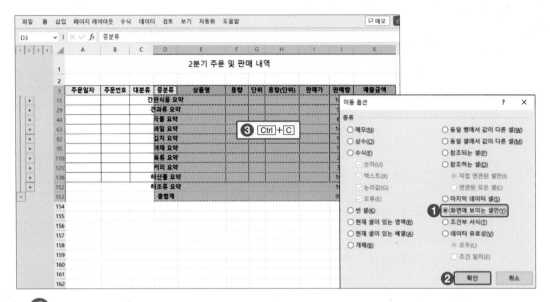

바로 **통** 하는TIP 화면에 보이는 셀 선택 단축키는 Alt+;입니다. 윤곽 기호로 일부 축소된 데이터를 복사해서 다른 곳에 붙여 넣으면 숨겨진 하위 수준까지 붙여넣기되므로 화면에 보이는 셀만 붙여 넣는 과정이 필요합니다. [이동 옵션] 대화상자에서 [화면에 보이는 셀만]을 선택한 상태에서는 행별로 범위가 지정되어 있습니다. 따라서 행별로 복사됩니다.

08 화면에 보이는 셀만 붙여 넣고 요약 표 편집하기 ❶ [2분기집계] 시트를 클릭합니다. ❷ [A4] 셀을 클릭하고 ❸ Ctrl+V를 눌러 붙여넣기합니다. ❹ [G4] 셀에 **판매량(2Q)**, [H4] 셀에 **매출금액(2Q)**를 입력하고 ❺ 열의 너비를 보기 좋게 조정합니다. ❻ [B:F] 열 머리글 범위를 지정하고 ❼ Ctrl+−를 눌러 필요 없는 열을 삭제합니다.

09 ❶ [A4:C15] 범위를 지정하고 ❷ [홈] 탭-[글꼴] 그룹-[테두리]의 목록 버튼☑을 클릭한 후 [모든 테두리]를 클릭합니다. ❸ Ctrl+H를 누릅니다. ❹ [찾기 및 바꾸기] 대화상자에서 [찾을 내용]에 **요약** 을 입력하고 ❺ [모두 바꾸기]를 클릭합니다. ❻ 10개 항목이 바뀌었다는 메시지가 나타나면 [확인]을 클릭합니다. ❼ [찾기 및 바꾸기] 대화상자에서 [닫기]를 클릭합니다. 요약으로 표시된 항목의 텍스트가 모두 삭제됩니다.

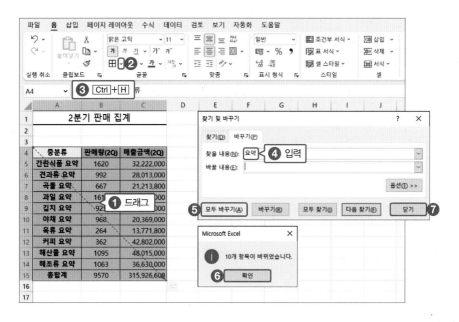

10 데이터 통합하기 1분기 집계표와 2분기 집계표를 합쳐서 상반기 집계표를 만들어보겠습니다. ❶ [상반기집계] 시트를 클릭합니다. ❷ [A3] 셀을 클릭합니다. ❸ [데이터] 탭-[데이터 도구] 그룹-[통합] 을 클릭합니다. ❹ [통합] 대화상자의 [함수]에서 [합계]를 클릭하고 ❺ [참조] 입력란을 클릭합니다.

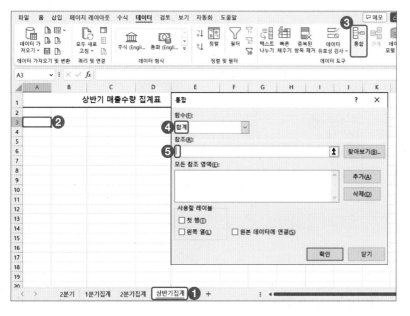

바로 통 하는TIP

데이터 통합은 첫 번째 필드 항목을 기준으로 여러 워크시트의 데이터를 [합계], [개수], [평균], [최대], [최소], [곱], [숫자 개수], [표본 표준 편차], [표준 편차], [표본 분산], [분산] 등으로 요약하고 집계합니다. 여기서는 '중분류'를 기준 열로 통합합니다.

11 ❶ [1분기집계] 시트를 클릭하고 ❷ [A3:C11] 범위를 지정한 후 ❸ [추가]를 클릭합니다.

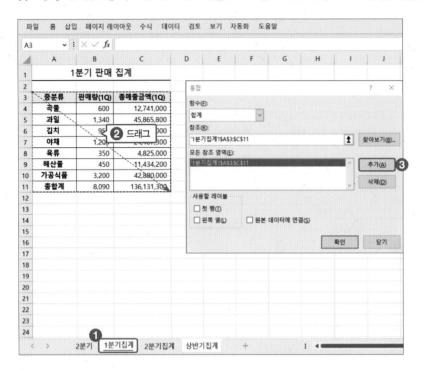

12 ❶ [2분기집계] 시트를 클릭하고 ❷ [A4:C15] 범위를 지정한 후 ❸ [추가]를 클릭합니다. ❹ [사용할 레이블]에서 [첫 행]과 [왼쪽 열]에 체크하고 ❺ [확인]을 클릭합니다.

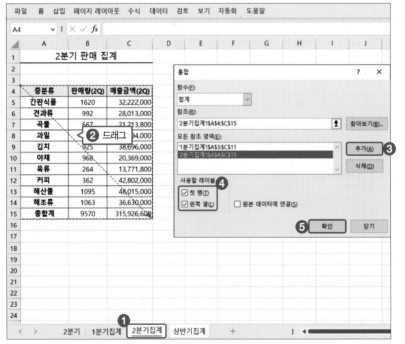

바로 통 하는TIP

[사용할 레이블]에서 [첫 행]과 [왼쪽 열]에 체크하면 제목 행과 제목 열을 기준으로 통합됩니다. 레이블을 사용하지 않으면 행과 열 방향의 순서대로 데이터를 통합하기 때문에 잘못된 통합 결과를 얻을 수 있습니다.

13 1분기와 2분기 집계표가 통합되어 상반기 집계표가 만들어집니다. ❶ [A3] 셀을 클릭하고 ❷ **분류** 를 입력합니다. ❸ [A3:E15] 범위를 지정하고 ❹ [홈] 탭-[글꼴] 그룹-[테두리]의 목록 버튼☑을 클릭한 후 [모든 테두리]를 클릭합니다.

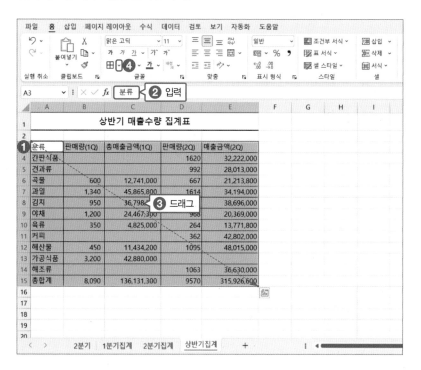

14 **부분합 지우기** 부분합으로 원하는 집계표를 완성한 후에는 원본 데이터를 원상태로 돌려놓는 것이 좋습니다. ❶ [2분기] 시트를 클릭합니다. ❷ [A3] 셀을 클릭하고 ❸ [데이터] 탭-[개요] 그룹-[부분합] 을 클릭합니다. ❹ [부분합] 대화상자에서 [모두 제거]를 클릭합니다.

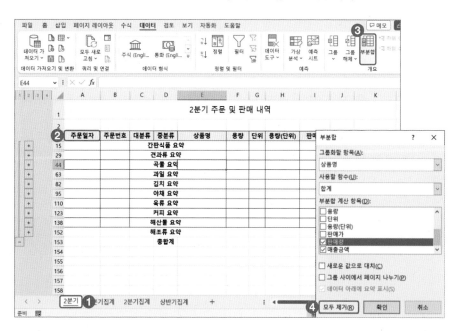

문서
편집&
서식

수식&
함수

데이터
관리&
분석

차트

매크로&
VBA

15 [2분기] 시트의 부분합이 모두 지워졌습니다. 이처럼 원본 데이터는 늘 기본 구조를 유지할 수 있도록 관리하는 것이 좋습니다.

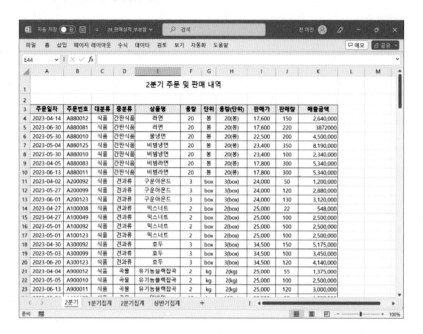

 비법 노트

부분합 대화상자 살펴보기

부분합은 같은 항목을 그룹 지어 항목의 마지막에 행을 추가하여 부분합(합계, 평균, 개수…)을 구합니다. 부분합을 작성하려면 반드시 부분합을 구하고자 하는 열 방향의 항목이 정렬되어 있어야 합니다. 정렬되어 있지 않으면 제대로 된 부분합의 결과를 얻을 수 없으므로 주의합니다.

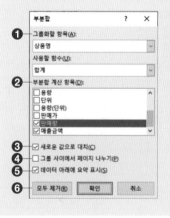

❶ 그룹화할 항목/사용할 함수 : 그룹화할 항목과 적용할 함수를 선택합니다.

❷ 부분합 계산 항목 : 부분합을 계산할 항목에 체크합니다.

❸ 새로운 값으로 대치 : 부분합을 계산한 항목의 값을 새로운 값으로 대치할지, 그대로 유지할지 결정합니다.

❹ 그룹 사이에서 페이지 나누기 : 그룹화할 항목의 부분별 그룹과 그룹 사이에 페이지 나누기 삽입 유무를 정합니다.

❺ 데이터 아래에 요약 표시 : 데이터 마지막에 요약 결과를 표시할지 결정합니다.

❻ 모두 제거 : 윤곽선, 소계, 총계 등을 모두 제거하여 부분합을 해제하고 원본 데이터 목록을 표시합니다.

2010 \ 2013 \ 2016 \ 2019 \ 2021 \ M365

문서
편집&
서식

수식&
함수

데이터
관리&
분석

차트

매크로&
VBA

핵심기능

25

자음, 알파벳, 숫자 인덱스로 데이터 필터링하기

실습 파일 3장\25_도서목록_필터.xlsx
완성 파일 3장\25_도서목록_필터_완성.xlsx

텍스트, 숫자, 날짜의 필터 조건으로 알맞은 데이터를 추출할 수 있습니다. 필터링으로 추출한 데이터는 복사, 삭제, 편집할 수 있으며 서식을 지정하여 인쇄할 수 있습니다. 자동 필터는 특정 키워드나 글자 일부로 검색 조건을 지정할 수 있지만, 검색 조건으로 자음을 지정하면 데이터가 추출되지 않습니다. 자음, 알파벳, 숫자로 인덱스값을 표시하고, 데이터를 필터링하는 방법을 알아보겠습니다.

미리 보기

N186											
	A	B	C	D	E	F	G	H	I	J	K	L
1		전체도서수	178				전체할인가합계	2,463,760			
2		검색도서수	28				검색할인가합계	340,180			
3											
4	순번	도서명	index	분류	출판사	저자명	발행일	ISBN	정가	할인율	할인가
14	1	게임 잘하는 아이가 공부도 잘한다	ㄱ	가정/생활	굿위즈덤	이병준	2021-11-16	9787580652438	15,000	10%	13,500
16	2	궁극의 질문들	ㄱ	과학	사이언스북스	김낙우외	2021-10-31	9787580652446	19,500	10%	17,550
18	3	꿈이 있는 아내는 늙지 않았다	ㄱ	자기계발	21세기북스	김미경	2018-04-15	9788950974169	17,000	10%	15,300
33	4	그들이 알려주지 않는 투자의 법칙	ㄱ	경영/경제	위즈덤하우스	영주 닐슨	2018-03-19	9791162203200	19,800	10%	17,820
38	5	공부의 철학	ㄱ	인문	책세상	지바 마사야	2018-03-15	9791159312168	15,000	10%	13,500
42	6	거의 정반대의 행복	ㄱ	에세이	위즈덤하우스	난다	2018-02-28	9791162203002	15,000	10%	13,500
43	7	권력 인간을 말하다	ㄱ	자기계발	제3의공간	리정	2018-02-05	9788959894970	16,000	10%	14,400
49	8	꿈을 꾸었다고 말했다(제 42회 이상문학집)	ㄱ	소설	문학사상	손흥규,방현희	2018-01-12	9788970129792	14,800	10%	13,320
52	9	김상욱이 양자 공부	ㄱ	과학	사이언스북스	김상욱	2017-12-08	9788983718914	17,500	10%	15,750
54	10	갈매기의 꿈	ㄱ	소설	현문미디어	리처드 바크	2015-10-11	9788997962426	12,800	10%	11,520
55	11	꽃을 보듯 너를 본다	ㄱ	시	지혜	나태주	2015-06-20	9791157280292	10,000	10%	9,000
62	12	그래도 사랑하라	ㄱ	에세이	공감	전대식	2012-12-25	1108926486070	14,000	10%	12,600
70	13	고도원의 사랑합니다 감사합니다	ㄱ	에세이	홍익출판사	고도원	2011-01-24	9789043254340	13,800	10%	12,420
72	14	감옥으로부터의 사색	ㄱ	에세이	돌베개	신영복	2010-09-01	9788971991060	13,000	10%	11,700
76	15	그건 사랑이었네	ㄱ	에세이	푸른숲	한비야	2009-07-06	9788888129895	12,000	10%	10,800
80	16	가시고기	ㄱ	소설	밝은세상	조창인	2007-04-23	9788644362910	7,500	10%	6,750
96	17	구름빵	ㄱ	그림책	백희나	한솔수북	2004-10-20	9788998933070	8,500	30%	5,950
98	18	꾸뻬씨의 행복여행	ㄱ	소설	오래된미래	프랑수아 를로르	2004-07-28	9789442145770	13,500	30%	9,450
100	19	권력 이동	ㄱ	경영/경제	한국경제신문사	엘빈 토플러	1990-01-01	9788910290530	19,000	20%	15,200
101	20	눈아이	ㄴ	그림책	창비	안녕달	2021-11-03	9787580652442	15,000	10%	13,500
112	21	누구나 한 가슴에 풀고 산다	ㄴ	시	메이본	김선경	2019-07-01	9787580652466	13,500	10%	12,150
114	22	나는 희망을 거절한다	ㄴ	시	창비	정호승	2017-02-10	9788936424060	8,000	10%	7,200

목록   인덱스   +

준비   100%

회사에서 바로 통하는 키워드: 표 서식, SUBTOTAL, IFERROR, VLOOKUP, 자음 추출, 자동 필터

한눈에 보는 작업 순서	데이터를 표 서식으로 지정하기	▶	부분합 개수, 합계 구하기	▶	일련번호 표시하기	▶	VLOOKUP 함수로 원하는 값 찾기	▶	자동 필터로 데이터 검색하고 정렬하기

01 표 만들기 데이터를 표로 변환하고 서식을 적용해보겠습니다. ❶ [목록] 시트에서 도서 데이터의 임의의 셀을 클릭하고 ❷ Ctrl + T를 누릅니다. ❸ [표 만들기] 대화상자에서 [$A$4:$K$182] 범위가 지정된 것을 확인하고 [머리글 포함]에 체크한 후 ❹ [확인]을 클릭합니다.

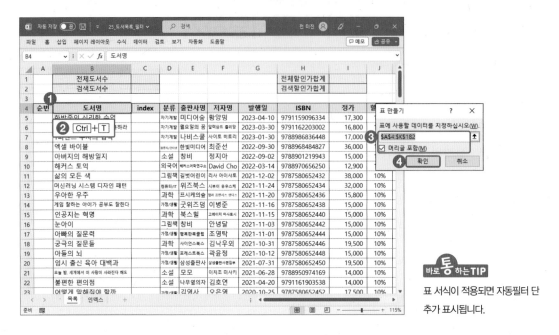

바로 **통** 하는TIP

표 서식이 적용되면 자동필터 단추가 표시됩니다.

02 표 이름 정의하고 서식 지우기 표 이름을 변경하고 서식을 지워보겠습니다. ❶ [테이블 디자인] 탭-[속성] 그룹에서 [표 이름]을 **도서표**라고 입력하고 Enter를 누릅니다. ❷ [테이블 디자인] 탭-[표 스타일] 그룹에서 표 스타일을 [없음]으로 클릭합니다.

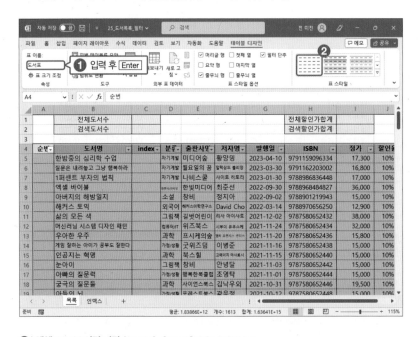

✔ **엑셀 2019&이전 버전** [표 도구]-[디자인] 탭을 클릭합니다.

03 개수와 합계 표시하기 도서수와 할인가의 각 합계를 SUBTOTAL 함수로 구해보겠습니다. ❶ [C1] 셀을 클릭하고 ❷ **=COUNTA(도서표[도서명])**를 입력한 후 Enter를 누릅니다. ❸ [C2] 셀을 클릭하고 **=SUBTOTAL(3,도서표[도서명])**를 입력한 후 Enter를 누릅니다. ❹ [I1] 셀을 클릭하고 **=SUM(도서표[할인가])**를 입력한 후 Enter를 누릅니다. ❺ [I2] 셀을 클릭하고 **=SUBTOTAL(9,도서표[할인가])**를 입력한 후 Enter를 누릅니다.

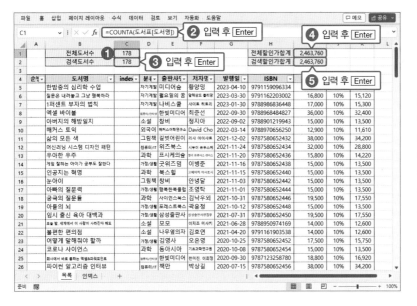

바로 통하는 TIP

COUNTA와 SUM은 개수와 합계를 구하는 함수입니다. **SUBTOTAL(함수 번호,범위 1,범위2)**의 함수 번호 3, 9는 필터링한 결과에 대한 부분 개수, 부분 합계를 구할 때 자동 필터나 고급 필터에서 자주 사용합니다. SUBTOTAL 함수에 대한 자세한 설명은 211쪽을 참고합니다.

04 일련번호 표시하기 필터링할 때도 일련번호가 숨겨지지 않도록 필터링한 결과 데이터를 대상으로 일련번호를 표시해보겠습니다. ❶ [A5] 셀을 클릭하고 ❷ **=SUBTOTAL(3,$B$5:[@도서명])**를 입력한 후 Enter를 누릅니다.

	A	B	C	D	E	F	G	H	
1		전체도서수	178					전체할인가합계	2,463,760
2		검색도서수	178					검색할인가합계	2,463,760
3									
4	순번	도서명	index	분류	출판사	저자명	발행일	ISBN	정가
5	1	한밤중의 심리학 수업		자기계발	미디어숲	황양밍	2023-04-10	9791159096334	17,300
6	2	질문은 내려놓고 그냥 행복하라		자기계발	월요일의 꿈	알렉산드 롤리앙	2023-03-30	9791162203002	16,800
7	3	1퍼센트 부자의 법칙		자기계발	나비스쿨	사이토 히토리	2023-01-30	9788986836448	17,000
8	4	엑셀 바이블		컴퓨터/인터넷	한빛미디어	최준선	2022-09-30	9788968484827	36,000
9	5	아버지의 해방일지		소설	창비	정지아	2022-09-02	9788901219943	15,000
10	6	해커스 토익		외국어	해커스어학연구소	David Cho	2022-03-14	9788970656250	12,900
11	7	삶의 모든 색		그림책	길벗어린이	리사 아이사토	2021-12-02	9787580652432	38,000
12	8	머신러닝 시스템 디자인 패턴		컴퓨터/IT	위즈북스	시부이 유우스케	2021-11-24	9787580652434	32,000
13	9	우아한 우주		과학	프시케의숲	엘라 프랜시스 샌더	2021-11-20	9787580652436	15,800
14	10	게임 잘하는 아이가 공부도 잘한다		가정/생활	굿위즈덤	이병준	2021-11-16	9787580652438	15,000
15	11	인공지는 혁명		과학	북스힐	고메이치 마사토시	2021-11-15	9787580652440	15,000
16	12	눈아이		그림책	창비	안녕달	2021-11-03	9787580652442	15,000
17	13	아빠의 질문력		가정/생활	행복한북클럽	조영탁	2021-11-01	9787580652444	15,000
18	14	궁극의 질문들		과학	사이언스북스	김낙우외	2021-10-31	9787580652446	19,500
19	15	아들의 뇌		가정/생활	포레스트북스	곽윤정	2021-10-12	9787580652448	15,000
20	16	임시 출산 육아 대백과		가정/생활	삼성출판사	삼성출판사편집부	2021-07-31	9787580652450	19,500
21	17	오늘 밤, 세계에서 이 사랑이 사라진다 해도		소설	모모	이치즈 미사키	2021-06-28	9788950974169	14,000
22	18	불편한 편의점		소설	나무옆의자	김호연	2021-04-20	9791161903538	14,000
23	19	어떻게 말해줘야 할까		가정/생활	김영사	오은영	2020-10-25	9787580652452	17,500

바로 통하는 TIP

첫 행의 셀($B$5)을 고정하고, 데이터가 추가될 때마다 현재 행([@도서명])까지의 범위($B$5:[@도서명])의 개수(3)를 구합니다.

05 인덱스 표시하기 도서명의 첫 글자에 따라 한글 자음, 숫자, 알파벳을 VLOOKUP 함수로 표시해보겠습니다. ❶ [C5] 셀을 클릭하고 ❷ **=IFERROR(IFERROR(VLOOKUP([@도서명],가나다,1,1),VLOOKUP([@도서명],알파벳,1,1)),VLOOKUP([@도서명],숫자,1,1))**를 입력한 후 Enter 를 누릅니다.

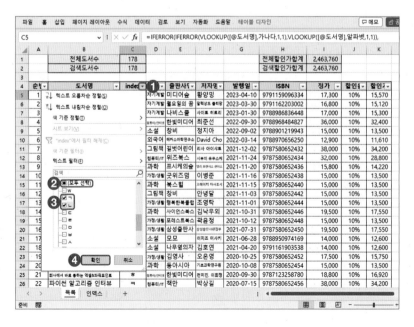

> **✓ 엑셀 2021 버전**
>
> XLOOKUP 함수를 사용한 수식은 =IFERROR(IFERROR(XLOOKUP([@도서명],가나다,가나다,,-1),XLOOKUP([@도서명],알파벳,알파벳,,-1)),XLOOKUP([@도서명],숫자,숫자,,-1))입니다. 완성 수식은 '25_도서목록_필터_완성.xlsx' 파일을 참고합니다.

바로 통 하는TIP VLOOKUP 함수에서 도서명을 찾기 위해 참조한 가나다(인덱스!A4:A16), 알파벳(인덱스!C4:C29), 숫자(인덱스!B4:B12)는 이름 정의가 되어 있습니다. 도서명([@도서명])으로 가나다(인덱스!A4:A16) 범위에서 근사치에 해당하는(1) 도서명을 찾아서 해당 자음(1열)을 표시하고, 해당 자음을 찾지 못하면(IFERROR) 알파벳(인덱스!C4:C29) 범위에서 근사치에 해당하는(1) 도서명을 찾아 알파벳(1열)을 표시합니다. 해당 알파벳도 찾지 못하면(IFERROR), 숫자(인덱스!B4:B12) 범위에서 근사치에 해당하는(1) 도서명을 찾아 숫자(1열)를 표시합니다. VLOOKUP 함수에 대한 자세한 설명은 핵심기능 20(154쪽)을 참고합니다.

06 ❶ [index] 필드의 [필터 목록▼]을 클릭하고 ❷ [모두 선택]의 체크를 해제한 후 ❸ [ㄱ]과 [ㄴ]에 체크합니다. ❹ [확인]을 클릭합니다. [도서명]에서 'ㄱ', 'ㄴ'으로 시작하는 도서명 레코드만 표시됩니다.

바로 통 하는TIP

표 서식이 적용되면 자동 필터 단추가 머리글에 표시됩니다. 자동 필터 단추를 숨기려면 [데이터] 탭-[정렬 및 필터] 그룹에서 [필터]를 클릭하거나 단축키 Ctrl + Shift + L 을 누릅니다. 자동 필터 목록 단추가 ▼면 아무 조건도 지정되지 않은 필드 열이라는 뜻이고, ▼이면 현재 필드 열에 조건이 지정되어 있다는 의미입니다.

07 필터링 결과를 오름차순으로 정렬하기 도서명을 오름차순으로 정렬해보겠습니다. ❶ [index] 필드의 [필터 목록▼]을 클릭하고 ❷ [텍스트 오름차순 정렬]을 클릭합니다.

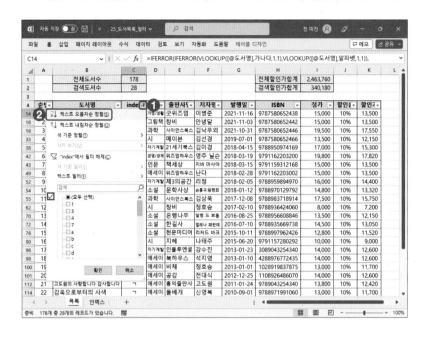

08 도서명이 오름차순으로 정렬되고, [A5] 셀 이후 검색된 레코드를 기준으로 순번이 다시 계산됩니다.

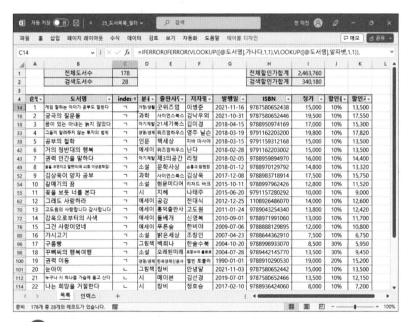

⏱ **시간 단축**

[데이터] 탭-[정렬 및 필터] 그룹-[지우기]를 클릭하면 모든 데이터를 다시 표시할 수 있습니다.

바로 통 하는 TIP 필터를 적용하기 전에는 전체도서수(C1)와 검색도서수(C2)의 개수, 전체할인가합계(I1)와 검색할인가합계(I2)의 각 합계 값은 같지만 자동 필터 기능으로 지정 조건에 맞는 데이터를 검색하면 검색된 결과에 따라 SUBTOTAL 함수로 구한 검색 건수(C2)와 합계(I2) 값이 달라집니다.

문서
편집&
서식

수식&
함수

데이터
관리&
분석

차트

매크로&
VBA

자동 필터와 SUBTOTAL 함수

1 자동 필터의 조건

필터링은 지정한 조건에 맞는 데이터를 찾는 기능으로 텍스트, 숫자, 날짜의 필터 조건으로 데이터를 추출할 수 있으며 다수의 필터 목록에 조건을 지정하면 AND 조건으로 필터링됩니다. 필터링 기능으로 추출한 데이터는 복사, 삭제, 편집이 가능하며 서식을 지정하여 인쇄할 수 있습니다. [필터 목록▼]에서 텍스트, 숫자, 날짜 필터 조건은 다음과 같습니다.

❶ **텍스트 필터** : 텍스트에서는 같음(=), 같지 않음(〈 〉), 시작 문자, 끝 문자, 포함, 포함하지 않음, 또는 [사용자 지정 자동 필터] 대화상자에서 직접 조건을 지정할 수 있습니다.

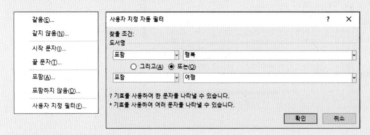

❷ **숫자 필터** : 숫자에서는 =, 〈 〉, 〉, 〉=, 〈, 〈=, 해당 범위, 상위 10, 평균 초과, 평균 미만, 또는 [사용자 지정 자동 필터] 대화상자에서 직접 조건을 지정할 수 있습니다. 숫자에서 [상위 10]은 숫자 범위에서 상위/하위 개수와 백분율(%)에 해당하는 항목의 개수만큼 표시됩니다.

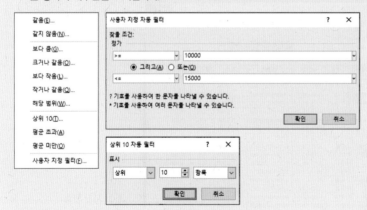

❸ 날짜 필터 : 날짜에서는 일, 주, 분기, 년, 해당 기간, 또는 [사용자 지정 자동 필터] 대화상자에서 직접 조건을 지정할 수 있습니다.

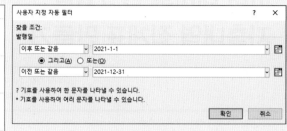

2 목록이나 데이터베이스의 부분합을 계산하는 SUBTOTAL 함수

자동 필터나 고급 필터 기능으로 데이터를 검색하여 원하는 데이터를 추출하면 결과에 따라 계산된 수식 값도 매번 달라져야 합니다. 하지만 일반적인 SUM 함수나 COUNT, AVERAGE 함수를 사용하면 데이터의 추출된 결과와 상관없이 전체 데이터의 계산 결과를 표시합니다. SUBTOTAL 함수를 사용하면 현재 표시되는 데이터의 목록을 가지고 부분합을 계산하므로 자동 필터나 고급 필터에서 자주 사용합니다.

함수 범주	정보 함수
함수 형식	=SUBTOTAL(함수 번호,범위1,범위2,···) • 함수 번호 : 데이터 범위나 목록에서 부분합을 계산할 함수를 1~11 또는 101~111로 지정할 수 있습니다. • 1~11 : 숨겨진 행의 셀 값을 포함하여 계산(필터 기능 외에 일부 행 숨기기를 한 경우)합니다. • 101~111 : 숨겨진 행의 셀 값을 포함하지 않고 계산(필터 기능 외에 일부 행 숨기기를 한 경우)합니다.

fun_num (숨겨진 값 포함)	fun_num (숨겨진 값 무시)	함수 유형	계산
1	101	AVERAGE	평균
2	102	COUNT	수치 개수
3	103	COUNTA	개수
4	104	MAX	최댓값
5	105	MIN	최솟값
6	106	PRODUCT	수치 곱
7	107	STDEV	표본 표준 편차
8	108	STDEVP	표준 편차
9	109	SUM	합계
10	110	VAR	표본 분산
11	111	VARP	분산

문서
편집&
서식

수식&
함수

데이터
관리&
분석

차트

매크로&
VBA

2010 \ 2013 \ 2016 \ 2019 \ 2021 \ M365

피벗 테이블 보고서로 지출내역 집계표 만들기

실습 파일 3장\26_예산지출내역_피벗.xlsx
완성 파일 3장\26_예산지출내역_피벗_완성.xlsx

피벗 테이블을 사용하면 함수 없이도 원하는 형식의 집계표를 만들 수 있으며 복잡한 데이터를 요약하고 흐름이나 추이를 비교하는 데 편리합니다. 부서별 비용 지출 내역서에서 일자별, 항목별로 지출비용의 합계를 확인할 수 있도록 피벗 테이블의 레이아웃을 설계하고 슬라이서로 필터링하여 집계표를 만들어보겠습니다.

미리 보기

	A	B	C	D	E	F	G	H
1	부서 ⠿ ▽				분기 ⠿ ▽			연 ⠿ ▽
	경영지원팀 / 관리부 / 구매관리부 / 기획실 / 보안팀 / 영업부 / 인사팀 / 재무팀 / 홍보팀				1사분기 / 2사분기 / 3사분기 / 4사분기			2023년 / 2024년
3	합계 : 지출비용 열 레이블 ▼							
4	행 레이블 ▼	교육훈련비	기타경비	소모품비	접대비	통신비	회식비	총합계
5	⊟2023년	2,874,900	6,611,830	6,272,250	24,184,730	16,430,900	11,711,000	68,085,610
6	1월	222,500	548,900	502,500	2,135,200	969,500	850,000	5,228,600
7	2월	343,500	575,940	577,000	791,500	969,500	1,045,000	4,302,440
8	3월	267,000	658,680	603,000	2,584,440	1,523,400	1,020,000	6,656,520
9	4월	267,000	658,680	603,000	2,183,400	1,523,400	1,020,000	6,255,480
10	5월	231,400	612,480	535,500	2,480,830	1,491,300	1,005,000	6,356,510
11	6월	200,250	494,010	452,250	1,637,550	1,142,550	765,000	4,691,610
12	7월	200,250	494,010	452,250	1,938,330	1,142,550	765,000	4,992,390
13	8월	200,250	494,010	452,250	1,637,550	1,142,550	765,000	4,691,610
14	9월	200,250	494,010	452,250	1,921,680	1,142,550	765,000	4,975,740
15	10월	337,500	355,410	536,750	1,836,050	1,823,600	816,000	5,705,310
16	11월	337,500	640,900	686,500	2,337,700	1,453,500	988,000	6,444,100
17	12월	67,500	584,800	419,000	2,700,500	2,106,500	1,907,000	7,785,300
18	총합계	2,874,900	6,611,830	6,272,250	24,184,730	16,430,900	11,711,000	68,085,610
19								
20								

회사에서 바로 통하는 키워드 : 피벗 테이블 보고서, 슬라이서

| 한눈에 보는 작업 순서 | 피벗 테이블 만들기 | ▶ | 레이아웃 지정하기 | ▶ | 필드 그룹화하고 옵션 설정하기 | ▶ | 슬라이서 삽입하고 스타일 변경하기 | ▶ | 피벗 테이블 원본 수정 및 새로 고침하기 |

01 피벗 테이블 만들기 ❶ 데이터에서 임의의 셀을 클릭하고 ❷ [삽입] 탭-[표] 그룹-[피벗 테이블]을 클릭합니다. ❸ [표 또는 범위의 피벗 테이블] 대화상자의 [테이블 또는 범위 선택]에서 [표/범위]가 자동 지정되면 피벗 테이블을 배치할 위치로 [새 워크시트]를 클릭합니다. ❹ [표 또는 범위의 피벗 테이블] 대화상자의 [확인]을 클릭합니다.

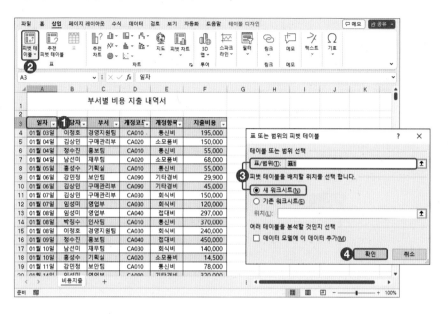

02 피벗 테이블 레이아웃 지정하기 새로운 시트가 삽입되면서 왼쪽에는 피벗 테이블 레이아웃을 설계할 영역이, 오른쪽에는 [피벗 테이블 필드] 작업 창이 나타납니다. ❶ 필드 목록에서 [일자] 필드를 [행] 레이블 영역으로 드래그합니다. [월] 필드는 자동으로 생성됩니다. ❷ [계정항목] 필드를 [열] 레이블 영역으로 드래그합니다. ❸ [지출비용] 필드를 [Σ 값] 영역으로 드래그합니다.

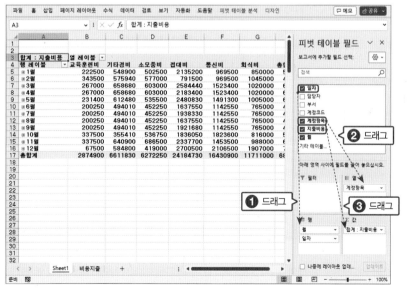

바로 통 하는TIP

[필터], [행], [열], [Σ 값] 레이블 영역에 있는 필드를 제거하려면 필드를 클릭할 때 나타나는 메뉴에서 [필드 제거]를 클릭합니다.

✓ 엑셀 2016&이후 버전

날짜 데이터인 필드(일자)를 행/열 레이블 영역에 드래그하면 자동으로 [월]로 그룹되어 표시됩니다. 엑셀 2013 이전 버전에서는 날짜 항목이 모두 표시됩니다.

03 일자 필드 그룹화하기 [일자] 필드를 월, 분기, 연으로 그룹화하겠습니다. ❶ 피벗 테이블 [일자] 필드에서 임의의 셀을 클릭하고 ❷ 마우스 오른쪽 버튼을 클릭한 후 ❸ [그룹]을 클릭합니다. ❹ [그룹화] 대화상자의 [단위] 영역에서 [월], [분기], [연]을 클릭하고 ❺ [확인]을 클릭합니다.

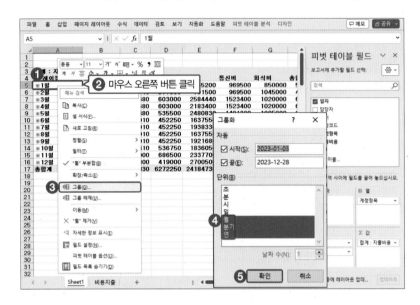

바로 통하는TIP

행과 열 방향으로 그룹화된 항목이 숫자(날짜) 데이터면 다시 한번 그룹으로 지정할 수 있으며, 요약된 피벗 테이블의 필드에서 조건을 지정하여 필터링할 수 있습니다.

바로 통하는TIP

열/행 레이블 필드의 [필터 목록▼]을 클릭하고 표시하고 싶은 항목에만 체크하여 데이터를 나타낼 수 있습니다.

04 피벗 테이블 옵션 설정하기 ❶ [피벗 테이블 필드] 작업 창의 필드 목록에서 [분기]에 체크를 해제합니다. ❷ [B5:H18] 범위를 지정하고 ❸ Ctrl + Shift + 1 을 눌러 쉼표 스타일을 지정합니다. ❹ [피벗 테이블 분석] 탭–[피벗 테이블] 그룹–[옵션]을 클릭합니다. ❺ [피벗 테이블 옵션] 대화상자에서 [업데이트 시 열 자동 맞춤]에 체크를 해제합니다. ❻ [확인]을 클릭합니다.

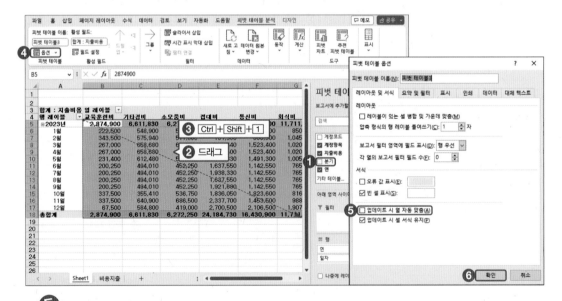

바로 통하는TIP 05 단계 이후 슬라이서 삽입 시 피벗 테이블의 데이터 크기에 따라 셀 너비가 자동 조절되지 않도록 [업데이트 시 열 자동 맞춤]에 체크를 해제합니다.

피벗 테이블 레이아웃 살펴보기

피벗 테이블을 만들면 [피벗 테이블 필드] 작업 창이 나타납니다. 보고서에 추가할 필드를 [필터], [행], [열], [Σ 값] 레이블 영역으로 드래그하여 피벗 테이블 레이아웃을 설계합니다.

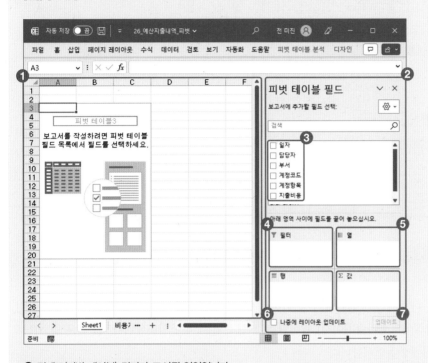

❶ 집계표(피벗 테이블) 결과가 표시될 영역입니다.

❷ **피벗 테이블 필드** : 집계표(피벗 테이블)를 만들기 위한 레이아웃을 설계합니다.

❸ **필드 목록** : 피벗 테이블을 만들기 위한 원본 데이터의 필드 목록이 표시됩니다. 해당 필드를 클릭하여 아래쪽의 [필터], [열], [행], [Σ 값] 영역으로 드래그합니다.

❹ **필터** : 데이터 영역을 요약할 보고서 필드입니다.

❺ **열** : 집계표에서 열 방향으로 그룹화할 필드로 필드의 데이터 항목이 중복 없이 목록으로 표시됩니다.

❻ **행** : 집계표에서 행 방향으로 그룹화할 필드로 필드의 데이터 항목이 중복 없이 목록으로 표시됩니다.

❼ **Σ 값** : 일반적으로 숫자가 들어 있는 필드가 위치하며, 행과 열 레이블에서 지정한 필드를 분석하여 행과 열이 교차하는 위치에서 소계, 평균, 최대, 최소, 총계, 비율 등이 계산됩니다. 만약 문자 값이 있는 필드를 끌어오면 개수가 계산됩니다.

05 슬라이서 삽입하고 배치하기 [부서], [분기], [연] 슬라이서를 삽입해보겠습니다. ❶ 1~2 행의 높이를 넓힙니다. ❷ 피벗 테이블에서 임의의 셀을 클릭하고 ❸ [피벗 테이블 분석] 탭-[필터] 그룹-[슬라이서 삽입]을 클릭합니다. ❹ [슬라이서 삽입] 대화상자에서 [부서], [분기], [연]에 체크하고 ❺ [확인]을 클릭합니다.

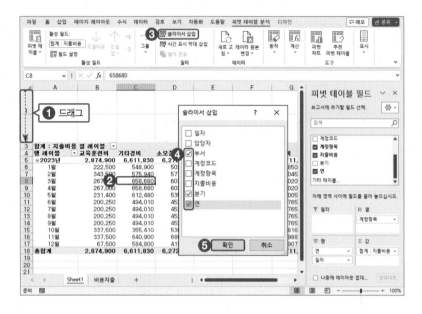

바로 통 하는TIP

슬라이서는 엑셀 2010 버전에 새로 추가된 기능으로 테이블에서 사용자가 원하는 자료를 필드 목록으로 세분화하고 필터링하여 필요한 내용만 표시할 수 있습니다.

✅ **엑셀 2019&이전 버전**

[피벗 테이블 도구]-[분석] 탭-[필터] 그룹에 [슬라이서 삽입]을 클릭합니다.

06 ❶ [부서], [분기], [연] 슬라이서를 [A1] 셀 위치로 이동하여 적절한 크기로 조절합니다. ❷ [부서] 슬라이서가 선택된 상태에서 ❸ [슬라이서] 탭-[단추] 그룹-[열]에 **4**를 입력합니다. ❹ 같은 방법으로 [분기] 슬라이서의 [열]에 **2**를 입력합니다.

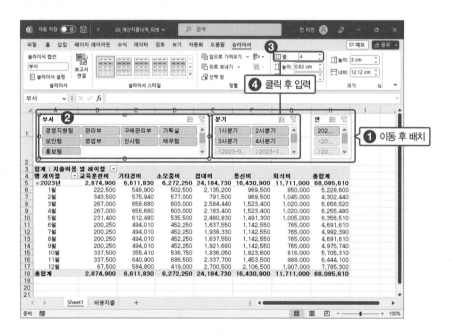

07 슬라이서 스타일 변경하기 ❶ [부서] 슬라이서를 클릭하고 ❷ [슬라이서] 탭–[슬라이서 스타일] 그룹에서 원하는 스타일을 지정합니다. ❸ [분기], [연] 슬라이서도 원하는 스타일을 지정합니다. ❹ Ctrl 을 누른 채 [부서], [분기], [연] 슬라이서를 클릭하고 ❺ [슬라이서] 탭–[슬라이서] 그룹에서 [슬라이서 설정]을 클릭합니다. ❻ [슬라이서 설정] 대화상자에서 [데이터가 없는 항목 숨기기]에 체크한 후 ❼ [확인]을 클릭합니다.

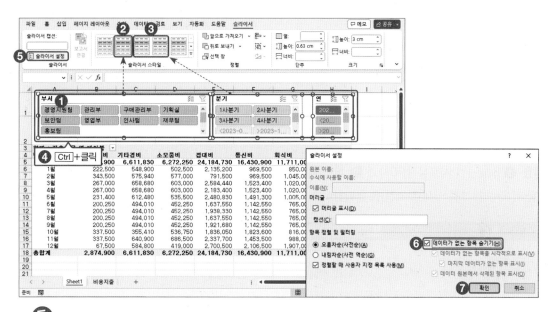

🔔바로 **통** 하는TIP [데이터가 없는 항목 숨기기]에 체크하면 날짜 슬라이서는 불필요한 시작일자와 종료일자를 숨기고, 일반 슬라이서는 데이터가 없는 항목을 숨길 수 있습니다.

08 슬라이서 필터링하기 ❶ [부서] 슬라이서에서 [영업부]를 클릭하고 ❷ [분기] 슬라이서에서 [1사분기]를 클릭하고 ❸ Ctrl 을 누른 채 [2사분기]를 클릭합니다.

🔔바로 **통** 하는TIP

슬라이서에서 [필터 지우기 ▽]를 클릭하면 조건이 해제되고 전체 목록이 나타납니다. 슬라이서를 제거하려면 슬라이서에서 마우스 오른쪽 버튼을 클릭한 후 [슬라이서 제거]를 클릭합니다.

문서
편집&
서식

수식&
함수

데이터
관리&
분석

차트

매크로&
VBA

09 피벗 테이블 업데이트하기 [비용지출] 시트에서 [A469:F469] 범위에 **2024-01-02, 남선미, 영업부, CA020, 소모품비, 34000**을 입력합니다.

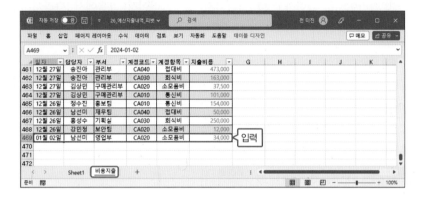

10 ① [Sheet1] 시트를 클릭하고 **②** 피벗 테이블에 임의의 셀을 클릭합니다. **③** [피벗 테이블 분석] 탭-[데이터] 그룹-[새로 고침]을 클릭합니다. 추가된 데이터가 피벗 테이블 집계표에 업데이트됩니다.

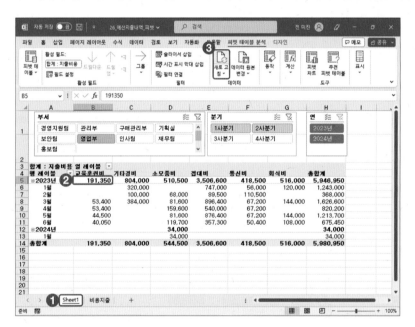

핵심기능

27

피벗 테이블 보고서 참조하여 재고 수량 파악하기

실습 파일 3장\27_상품재고관리_피벗.xlsx
완성 파일 3장\27_상품재고관리_피벗_완성.xlsx

피벗 테이블로 요약한 보고서는 사용자가 원하는 레이아웃으로 집계표를 만들 수 있으며 다른 시트로 복사해서 양식에 맞게 수정하여 업무용 보고서로 사용할 수 있습니다. 피벗 테이블의 레이아웃을 변경하고 다른 시트로 복사한 후 피벗 테이블의 필드 값을 GETPIVOTDATA 함수를 사용하여 참조해보겠습니다.

미리 보기

지점별 상품 재고 수량 집계

작성일자: 2023-08-02

지점	상품명	합계	225	230	235	240	245	250	255	260	265	270	275	280	285	290	총합계
서울	꼴지 리본 코사지 슈즈			30		1		10									41
	메탈버튼 슬립온														12		12
	벨트 장식 워커								2							16	18
	보석장식 옆주름 슈즈		10				5										15
	스포츠 샌들							4								48	52
	오픈 펌프스 샌들		40	20													60
	웨지힐 베이직슈즈		5		10												15
	웨지힐 패션 롱 레인부츠										12						12
	천연소가죽 로퍼										10	29				16	55
	크로커 콤비 트랜디										10						10
	토오픈 캐주얼 로퍼	395	9	5				2									16
	토오픈힐 슈즈화					45											45
	프레미엄 패션화													3			3
	프리뉴 화이트 스니커즈												9				9
	화이트 글리터 스니커즈					5											5
	오버솔 스니커즈		1														1
	밴딩 스니커즈						5										5
	키높이 소프티 스니커즈			1													1
	레더 화이트 스니커즈					10											10
	스웨이드 로퍼										5						5
	아티카 샌들					5											5
광주	꼴지 리본 코사지 슈즈			30													30
	메탈버튼 슬립온											15				4	19
	벨트 장식 워커								2			5		2			9
	보석장식 옆주름 슈즈		15														15
	소호 버클 부츠						7										7
	스포츠 샌들									4	3			4			11
	오픈 펌프스 샌들			20													20
	웨지힐 베이직슈즈		12														12
	웨지힐 패션 롱 레인부츠	210				5	24										29
	천연소가죽 로퍼													2			2
	크로커 콤비 트랜디											7					7
	토 포인트 옥스포드														5	4	9
	토오픈 캐주얼 로퍼				1	5			2								8
	프레미엄 패션화										5						5
	프리뉴 화이트 스니커즈												19				19
	밴딩 스니커즈				3												3

회사에서 바로 통하는 키워드 : GETPIVOTDATA, 피벗 테이블 보고서

한눈에 보는 작업 순서	피벗 테이블 레이아웃 변경하기	▶	피벗 테이블 복사하고 붙여넣기	▶	지점별 합계 구하기

01 부분합 표시 숨기기 [피벗집계] 시트에서 그룹 상단에 있는 지점별 재고량의 부분합을 표시하지 않겠습니다. ❶ [피벗집계] 시트의 피벗 테이블에서 임의의 셀을 클릭합니다. ❷ [디자인] 탭-[레이아웃] 그룹-[부분합]을 클릭하고 ❸ [부분합 표시 안 함]을 클릭합니다.

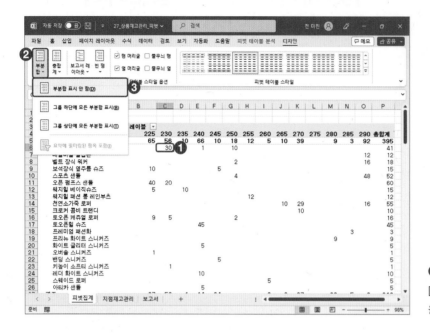

✅ **엑셀 2019&이전 버전**

[피벗 테이블 도구]-[디자인] 탭을 클릭합니다.

02 피벗 테이블을 테이블 형식으로 변경하기 ❶ [디자인] 탭-[레이아웃] 그룹-[보고서 레이아웃]을 클릭하고 ❷ [테이블 형식으로 표시]를 클릭합니다. ❸ 다시 [보고서 레이아웃]을 클릭하고 ❹ [항목 레이블 반복 안 함]을 클릭합니다.

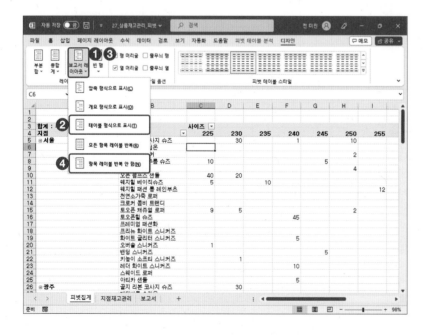

03 셀 병합하기 행의 항목 레이블 셀을 병합하고 가운데 정렬해보겠습니다. ❶ 피벗 테이블에서 임의의 셀을 클릭한 후 ❷ 마우스 오른쪽 버튼을 클릭하고 ❸ [피벗 테이블 옵션]을 클릭합니다. ❹ [피벗 테이블 옵션] 대화상자의 [레이아웃 및 서식] 탭에서 [레이블이 있는 셀 병합 및 가운데 맞춤]에 체크한 후 ❺ [확인]을 클릭합니다.

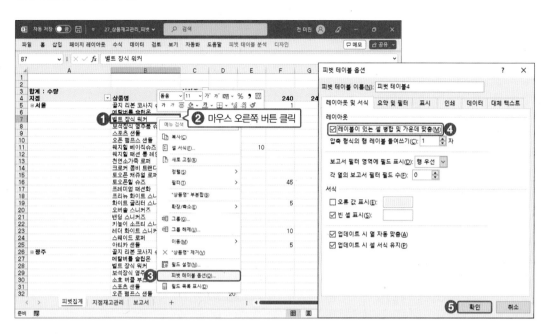

04 피벗 테이블 복사하고 붙여넣기 피벗 테이블을 복사하여 [보고서] 시트로 붙여 넣겠습니다. 피벗 테이블에서 임의의 셀이 선택되어 있는 상태입니다. ❶ 피벗 테이블의 전체 범위를 선택하기 위해 Ctrl +A를 누르고 ❷ Ctrl + C 를 누릅니다.

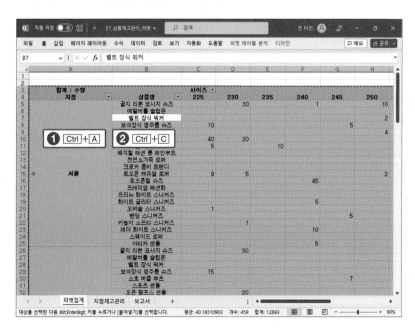

05 ❶ [보고서] 시트를 클릭하고 ❷ [A5] 셀을 클릭합니다. ❸ [홈] 탭-[클립보드] 그룹-[붙여넣기]의 목록 버튼✓을 클릭하고 ❹ [값 붙여넣기]에서 [값🔢]을 클릭합니다. ❺ 다시 [붙여넣기]의 목록 버튼✓을 클릭하고 ❻ [기타 붙여넣기 옵션]에서 [서식🖌]을 클릭한 후 ❼ Esc를 눌러 복사 모드를 해제합니다.

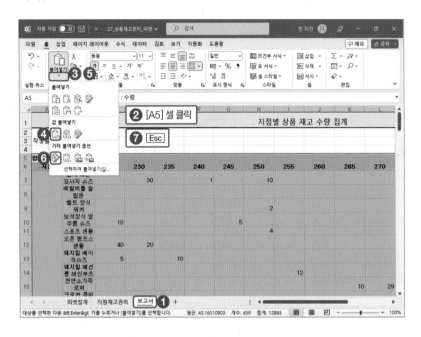

06 전체 테두리 그리고 열 너비 조절하기 ❶ 전체 범위가 선택되어 있는 상태에서 [홈] 탭-[글꼴] 그룹-[테두리]의 목록 버튼✓을 클릭한 후 [모든 테두리]를 클릭합니다. ❷ 행 높이와 열 너비를 적당히 조절합니다. ❸ 5행을 클릭하고 ❹ Ctrl + − 를 눌러 삭제합니다.

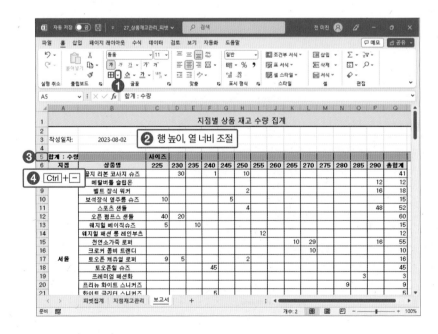

07 지점별 합계 구하기 ❶ [A5:A130] 범위를 지정하고 ❷ Ctrl + C 를 누릅니다. ❸ [C5] 셀을 클릭하고 마우스 오른쪽 버튼을 클릭한 후 ❹ [복사한 셀 삽입]을 클릭합니다. ❺ [삽입] 대화상자에서 [셀을 오른쪽으로 밀기]를 클릭하고 ❻ [확인]을 클릭합니다. ❼ Esc 를 눌러 복사 명령을 해제합니다.

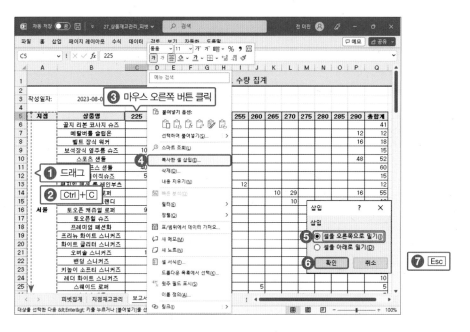

08 ❶ [C5] 셀을 클릭하고 **합계**를 입력합니다. ❷ [C6:C130] 범위를 지정하고 ❸ Delete 를 눌러 내용을 지웁니다.

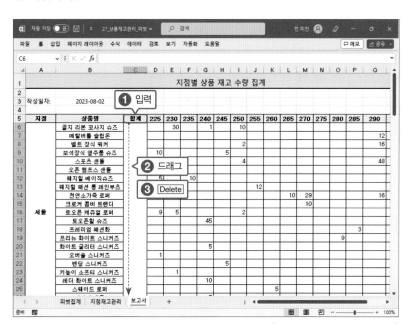

09 [피벗집계] 시트에서 지점별 재고량의 부분합을 표시하겠습니다. ❶ [피벗집계] 시트를 클릭합니다. ❷ 피벗 테이블에서 임의의 셀을 클릭합니다. ❸ [디자인] 탭-[레이아웃] 그룹-[부분합]을 클릭하고 ❹ [그룹 하단에 모든 부분합 표시]를 클릭합니다.

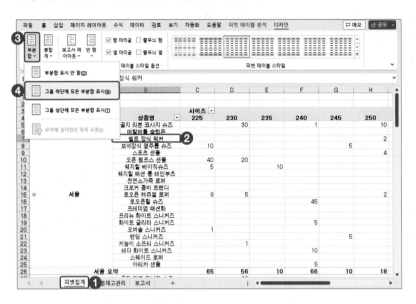

10 GETPIVOTDATA 함수로 피벗 테이블의 하단에 표시한 지점별 수량의 부분합을 참조하여 [보고서] 시트의 테이블로 가져오겠습니다. ❶ [보고서] 시트를 클릭합니다. ❷ [C6:C130] 범위를 지정하고 ❸ **=GETPIVOTDATA("수량",피벗집계!$A$3,"지점",A6)**를 입력한 후 Ctrl + Enter를 눌러 수식을 복사합니다.

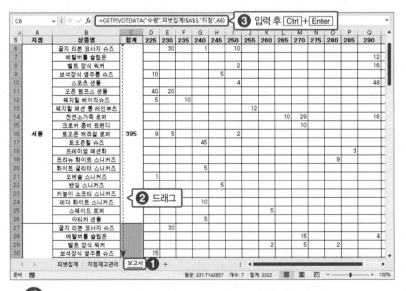

바로통하는TIP GETPIVOTDATA(**데이터 필드,피벗 테이블 필드,[필드1],[항목값1]**) 함수는 피벗 테이블에서 값 영역의 필드 값을 참조하는 함수입니다. 즉, [피벗집계] 시트의 [A3] 셀(피벗집계!$A$3)에 위치한 피벗 테이블 보고서에서 값 영역에 집계된 [수량] 필드의 값을 참조할 때 [지점] 필드의 항목값이 서울(A6)인 수량의 합계를 참조하여 값을 가져옵니다.

11 지점 총합계 구하기 집계표 131행의 총합계 범위를 한 셀 옆으로 이동하고 지점의 총합계를 계산 해보겠습니다. ❶ [C131:Q131] 범위를 지정하고 ❷ Ctrl + X 를 누릅니다.

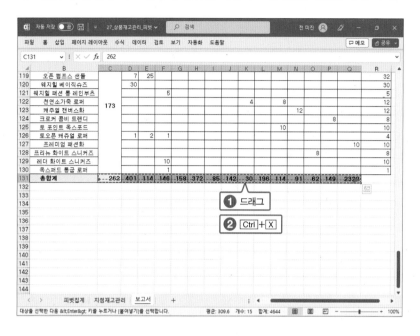

12 ❶ [D131] 셀을 클릭하고 ❷ Ctrl + V 를 누릅니다. ❸ [C131] 셀을 클릭하고 ❹ =SUM(C6: C130)를 입력한 후 Enter 를 누릅니다. 지점 총합계가 구해집니다.

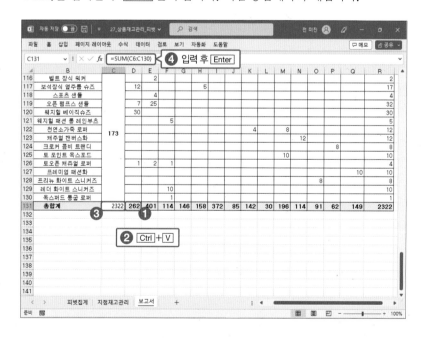

피벗 테이블을 참조하는 GETPIVOTDATA 함수

다른 표에서 피벗 테이블 보고서 값 영역 내 집계 값을 참조하려면 GETPIVOTDATA 함수를 사용합니다. 피벗 테이블의 값을 참조할 때 함수 수식을 사용하지 않고 피벗 테이블의 셀 값을 참조하면 GETPIVOTDATA 함수 수식이 자동으로 입력됩니다. 만약 함수식이 입력되지 않으면 [피벗 테이블 분석] 탭-[피벗 테이블] 그룹-[옵션]을 클릭하고 [GetPivotData 생성]을 클릭합니다.

함수 범주	찾기/참조 영역 함수
함수 형식	=GETPIVOTDATA(데이터 필드,피벗 테이블 필드,[필드1],[항목값1],[필드2],[항목값2],⋯) • 데이터 필드 : 피벗 테이블 보고서의 값 영역에서 값을 참조해올 필드 이름 • 피벗 테이블 필드 : 피벗 테이블 보고서 내 임의의 셀 주소, 피벗 테이블 영역을 확인하는 용도로 사용되며 보통 피벗 테이블 위치의 첫 번째 셀 주소 사용 • 필드 : 피벗 테이블 보고서에서 참조해올 행/열 영역 내 필드명 • 항목값 : 피벗 테이블 보고서에서 행/열 영역 내 필드명의 항목값

<table>
<tr><th>합계 : 수량</th><th>로퍼</th><th>부츠</th><th>샌들</th><th>스니커즈</th><th>정장구두</th><th>플랫슈즈</th><th>총합계</th></tr>
<tr><td>경기</td><td>76</td><td>22</td><td>53</td><td>24</td><td>175</td><td></td><td>350</td></tr>
<tr><td>광주</td><td>10</td><td>45</td><td>32</td><td>31</td><td>47</td><td>45</td><td>210</td></tr>
<tr><td>대구</td><td>24</td><td>131</td><td>20</td><td>13</td><td>151</td><td>93</td><td>432</td></tr>
<tr><td>대전</td><td>21</td><td>26</td><td>67</td><td>23</td><td>26</td><td></td><td>163</td></tr>
<tr><td>부산</td><td>309</td><td>74</td><td>40</td><td>13</td><td>78</td><td>85</td><td>599</td></tr>
<tr><td>서울</td><td>76</td><td>30</td><td>117</td><td>34</td><td>82</td><td>56</td><td>395</td></tr>
<tr><td>울산</td><td>17</td><td>7</td><td>36</td><td>40</td><td>56</td><td>17</td><td>173</td></tr>
<tr><td>총합계</td><td>533</td><td>335</td><td>365</td><td>178</td><td>615</td><td>296</td><td>2,322</td></tr>
</table>

필터 / 열 : 분류 / 행 : 지점 / Σ 값 : 합계 : 수량

사용 예 : ❶ 총합계 : =GETPIVOTDATA("수량",$A$3)
❷ 경기지점 총합계 : =GETPIVOTDATA("수량",$A$3,"지점","경기")
❸ 스니커즈 총합계 : =GETPIVOTDATA("수량",$A$3,"분류","스니커즈")
❹ 대전지점/정장구두 합계 : =GETPIVOTDATA("수량",$A$3,"지점","대전","분류","정장구두")

바로 통 하는 TIP GETPIVOTDATA 함수로 전체 집계표를 작성한 내용과 수식을 확인하려면 '27_상품재고관리_피벗_완성.xlsx' 파일에서 [비법노트예제] 시트를 참고합니다.

2010 / 2013 / 2016 / 2019 / 2021 / M365

피벗 차트와 슬라이서를 삽입하여 대시보드 작성하기

실습 파일 3장\28_광고집행내역_피벗대시보드.xlsx
완성 파일 3장\28_광고집행내역_피벗대시보드_완성.xlsx

문서
편집&
서식

수식&
함수

데이터
관리&
분석

차트

매크로&
VBA

피벗 차트는 대화형 차트로 일반 차트와 다르게 피벗 테이블과 피벗 차트가 연동되어 필터링한 결과가 바로 반영됩니다. 슬라이서는 피벗 테이블에서 사용자가 원하는 자료를 필드의 목록 창에서 세분화하고 필터링하여 필요한 내용만 표시할 수 있습니다. 핵심기능 23에서 파워 쿼리로 연도별 광고비 집행 내역 데이터를 하나로 합친 표(NewTable)를 참조하여, 피벗 테이블과 피벗 차트를 삽입하고 슬라이서와 연결해보겠습니다. 차트와 슬라이서를 배치하여 한눈에 파악하고 분석하기 쉽게 시각화한 대시보드도 작성해보겠습니다.

미리 보기

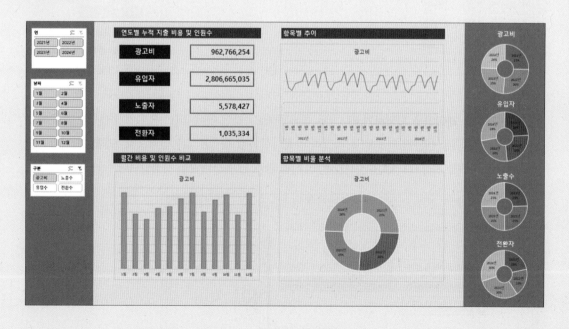

회사에서 바로 통하는 키워드 : 피벗 테이블, 피벗 차트, 슬라이서, GETPIVOTDATA

| 한눈에 보는 작업 순서 | 피벗 테이블 삽입 및 레이아웃 지정하기 | ▶ | 피벗 차트와 슬라이서 삽입하고 서식 지정하기 | ▶ | 피벗 테이블/피벗 차트와 슬라이서 연결하기 | ▶ | 슬라이서로 필터링한 결과를 대시보드에 반영하기 |

연도별 광고비 집행 내역 데이터를 분석하는 대시보드를 작성하기 위해서는 피벗 테이블 네 개, 피벗 차트 세 개, 슬라이서 세 개를 삽입해야 합니다. 반복적인 과정이라 일부 피벗 테이블, 피벗 차트, 슬라이서를 미리 실습 파일에 삽입해 놓았습니다. 전체적으로 대시보드의 레이아웃을 먼저 눈으로 익히고 아래 과정을 따라 하시길 바랍니다.

01 피벗 테이블 삽입하기 ❶ [NewTable] 시트에서 임의의 셀을 클릭합니다. ❷ [삽입] 탭-[표] 그룹-[피벗 테이블]을 클릭합니다. ❸ [표 또는 범위의 피벗 테이블] 대화상자에서 [표/범위]에 자동으로 데이터 범위가 지정되면 ❹ 피벗 테이블을 배치할 위치로 [기존 워크시트]를 클릭한 후 ❺ [위치]에서 [피벗] 시트의 [AC4] 셀인 **피벗!$AC$4**를 입력하고 ❻ [확인]을 클릭합니다.

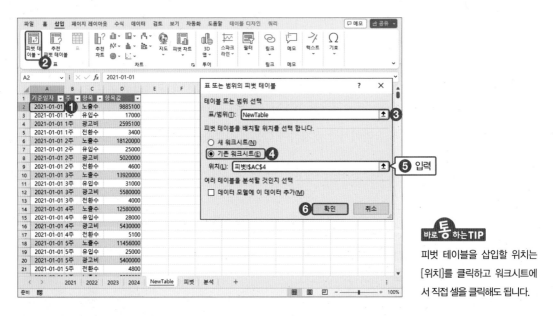

바로 **통** 하는TIP

피벗 테이블을 삽입할 위치는 [위치]를 클릭하고 워크시트에서 직접 셀을 클릭해도 됩니다.

02 피벗 테이블 레이아웃 지정하기 ❶ [피벗 테이블 필드] 작업 창에서 [연]을 [필터] 영역으로 드래그합니다. ❷ [항목]을 [열] 영역으로 드래그하고 ❸ [항목값]을 [Σ 값] 영역으로 드래그합니다. ❹ [AD6:AH6] 범위를 지정하고 ❺ Ctrl + Shift + 1 을 눌러 쉼표 스타일을 지정합니다.

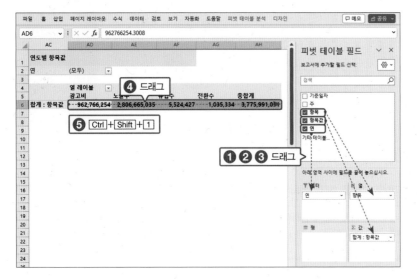

바로 **통** 하는TIP

[피벗] 시트에는 대시보드를 구성할 세 개의 피벗 테이블을 [A3], [K3], [T3] 셀 위치에 미리 만들어 놓았습니다.

03 피벗 차트 삽입하기 ❶ [A3] 셀을 클릭하고 ❷ [피벗 테이블 분석] 탭-[도구] 그룹-[피벗 차트]를 클릭합니다. ❸ [차트 삽입] 대화상자에서 [꺾은선형]-[꺾은선형]을 클릭하고 ❹ [확인]을 클릭합니다.

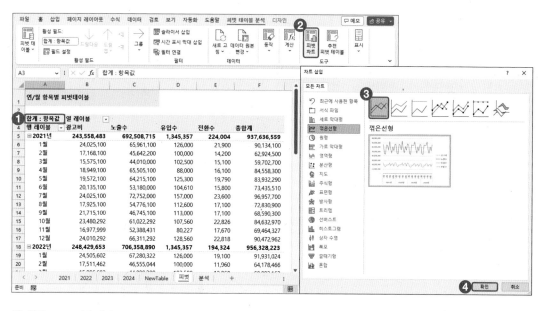

✅ **엑셀 2019&이전 버전** [피벗 테이블 도구]-[분석] 탭을 클릭합니다. ✅ **엑셀 2010 버전** [피벗 테이블 도구]-[옵션] 탭을 클릭합니다.

04 차트 채우고 서식 지정하기 ❶ 피벗 차트를 [A58] 셀에 이동하고 크기를 조절합니다. ❷ 차트 영역을 더블클릭하고 ❸ [차트 영역 서식] 작업 창에서 [채우기 및 선 ◇]을 클릭하고 ❹ [채우기]에서 [채우기 없음]을 클릭합니다.

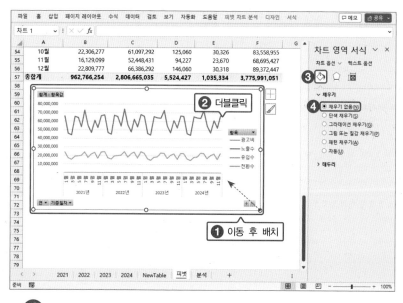

바로 통 하는TIP 대시보드를 구성할 여섯 개의 피벗 차트를 [피벗] 시트에 [K19], [T11], [X31] 셀과 [분석] 시트에 [X3], [X13], [X23] 셀 위치에 삽입했습니다.

05 범례 서식 지정하기 ❶ [범례]를 더블클릭하고 **❷** [범례 서식] 작업 창에서 [범례 위치]를 [아래쪽]으로 클릭합니다. **❸** [닫기 ✕]를 클릭하여 [범례 서식] 작업 창을 닫습니다.

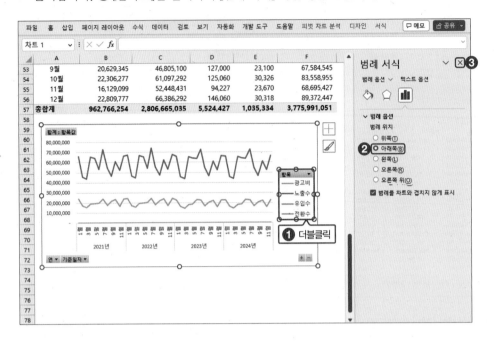

06 차트 필드 항목 숨기기 ❶ 세로(값) 축을 클릭하고 **❷** Delete 를 누릅니다. **❸** [피벗 차트 분석] 탭-[표시/숨기기] 그룹에서 [필드 단추]의 목록 버튼 ✓ 을 클릭하고 **❹** [모두 숨기기]를 클릭합니다.

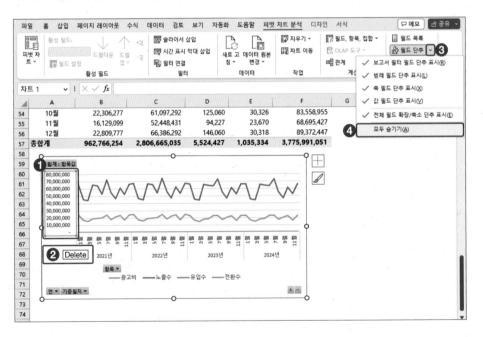

07 슬라이서 삽입하기 [기준일자] 슬라이서를 삽입해보겠습니다. ❶ 피벗 차트를 클릭하고 ❷ [피벗 차트 분석] 탭-[필터] 그룹-[슬라이서 삽입]을 클릭합니다. ❸ [슬라이서 삽입] 대화상자에서 [기준일자]에 체크하고 ❹ [확인]을 클릭합니다.

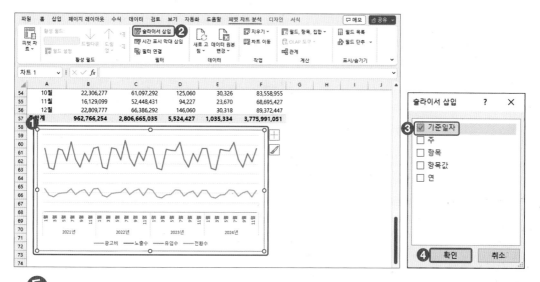

바로 통 하는TIP 엑셀 2010 버전부터 도입된 슬라이서를 이용하면 피벗 테이블의 데이터 중에서 사용자가 원하는 자료를 필드 목록으로 세분화하고 필터링하여 필요한 내용만 표시할 수 있습니다. [분석] 시트에는 [항목], [연] 슬라이서를 [A2], [A19] 셀 위치에 미리 삽입했습니다.

✓ **엑셀 2010 버전** [피벗 테이블 도구]-[옵션] 탭-[정렬 및 필터] 그룹에서 [슬라이서 삽입]을 클릭합니다.

08 슬라이서 스타일 지정하기 ❶ [기준일자] 슬라이서를 클릭하고 ❷ [슬라이서] 탭-[슬라이서 스타일] 그룹에서 원하는 스타일을 지정합니다. ❸ [슬라이서] 탭-[단추] 그룹-[열]에 **2**를 입력합니다. ❹ [슬라이서] 탭-[슬라이서] 그룹에서 [슬라이서 설정]을 클릭합니다. ❺ [슬라이서 설정] 대화상자에서 [데이터가 없는 항목 숨기기]에 체크한 후 ❻ [확인]을 클릭합니다.

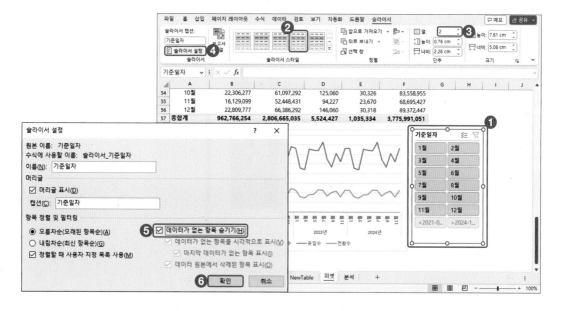

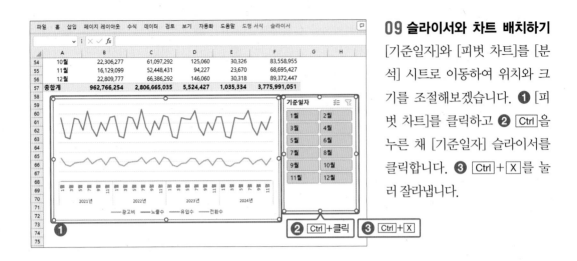

09 슬라이서와 차트 배치하기

[기준일자]와 [피벗 차트]를 [분석] 시트로 이동하여 위치와 크기를 조절해보겠습니다. ❶ [피벗 차트]를 클릭하고 ❷ Ctrl 을 누른 채 [기준일자] 슬라이서를 클릭합니다. ❸ Ctrl + X 를 눌러 잘라냅니다.

10 ❶ [분석] 시트를 클릭하고 ❷ Ctrl + V 를 누릅니다. ❸ 그림과 같이 차트와 슬라이서를 [O3] 셀과 [A7] 셀에 적당하게 이동하고 크기를 조절합니다.

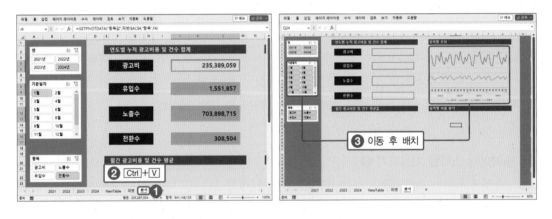

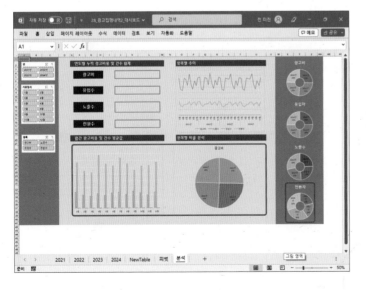

11 마찬가지 방법으로 [피벗] 시트에 [K19], [T11], [X31] 셀에 있는 차트를 잘라내고 [분석] 시트에 붙여 넣습니다. 각각의 차트를 왼쪽 그림과 같이 적당하게 배치하고 크기를 조절합니다.

12 **셀과 연결하기** [연도별 누적 광고비용 및 건수 합계]를 구하기 위해 [광고비], [유입수], [노출수], [전환수]를 분석 시트와 연결해보겠습니다. ❶ [J16] 셀을 클릭하고 ❷ Ctrl 을 누른 채로 [J12], [J8], [J4] 셀을 클릭합니다. ❸ 수식 **=GETPIVOTDATA("항목값",피벗!$AC$4,"항목",F4)**를 입력하고 Ctrl + Enter 를 누릅니다. [분석] 시트의 셀과 [피벗] 시트의 셀 값을 연결합니다.

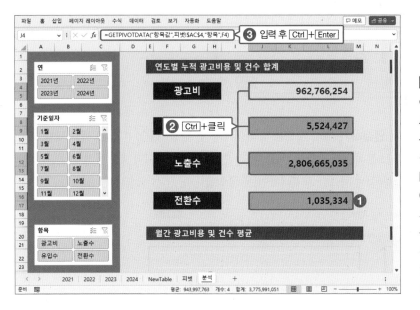

바로**통**하는TIP

GETPIVOTDATA(데이터 필드,피벗 테이블 필드,[필드1],[항목값1]) 함수는 피벗 테이블의 값 영역 필드 값을 참조합니다. [피벗] 시트의 [AC4] 셀에 위치(피벗!$AC$4)한 피벗 테이블 보고서에서 값 영역에 집계된 "항목값"을 참조합니다. 필터링 조건은 "항목" 필드가 광고비(F4)일 때 분석 시트의 [J4] 셀로 합계를 가져옵니다.

13 **슬라이서에서 피벗 테이블과 연결하기** 슬라이서에서 피벗 테이블을 연결해보겠습니다. ❶ [연] 슬라이서를 클릭하고 ❷ 마우스 오른쪽 버튼을 클릭하고 ❸ [보고서 연결]을 클릭합니다. ❹ [보고서 연결(연)] 대화상자에서 피벗 테이블에 모두 체크한 후 ❺ [확인]을 클릭합니다.

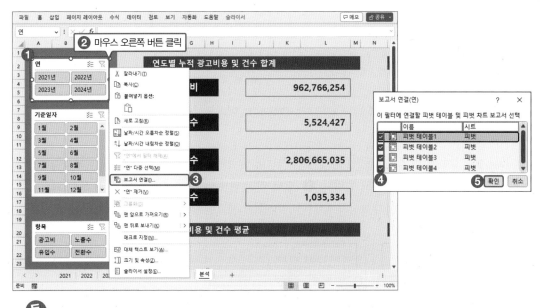

바로**통**하는TIP [보고서 연결(연)] 대화상자에서 피벗 테이블 목록 중 마지막에 삽입한 피벗 테이블(피벗 테이블4) 이름은 사용자 환경에 따라 다르게 나올 수 있습니다. 그리고 슬라이서와 피벗 테이블을 연결하면 데이터가 연동됩니다. 슬라이서에서 연도를 필터링하면 피벗 테이블에도 동일하게 필터링된 결과가 변경됩니다.

문서
편집&
서식

수식&
함수

데이터
관리&
분석

차트

매크로&
VBA

14 13단계와 같은 방법으로 [기준일자], [항목] 슬라이서를 클릭하고 마우스 오른쪽 버튼을 클릭한 후 [보고서 연결]을 클릭합니다. ❶ [보고서 연결(기준일자)] 대화상자에서 [피벗 테이블1]에 체크하고, ❷ [보고서 연결(항목)] 대화상자에서 [피벗 테이블4]에 체크를 해제한 후 ❸ [확인]을 클릭합니다.

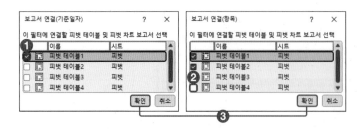

15 **피벗 차트에서 슬라이서 연결하기** 피벗 차트를 슬라이서와 연결해보겠습니다. ❶ 세로 막대 피벗 차트를 클릭하고 ❷ [피벗 차트 분석] 탭-[필터] 그룹-[필터 연결]을 클릭합니다. ❸ [필터 연결(피벗 테이블2)] 대화상자에서 [연], [항목]에 체크한 후 ❹ [확인]을 클릭합니다.

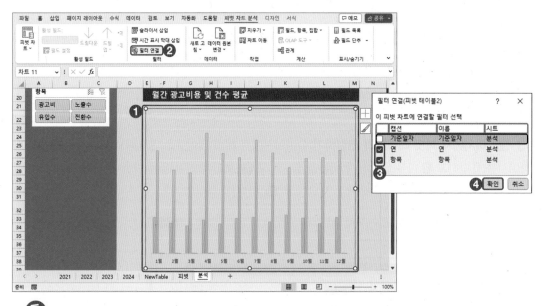

바로 통 하는 TIP 피벗 차트에서 슬라이서를 연결해 놓으면 피벗 테이블과 피벗 차트도 동일하게 필터링된 결과로 변경됩니다.

16 15단계와 같은 방법으로 [꺾은선형], [원형] 차트도 슬라이서와 연결합니다. 마우스 오른쪽 버튼을 클릭한 후 [필터 연결]을 클릭해도 됩니다. ❶ [필터 연결(피벗 테이블1)] 대화상자에서 모두 체크하고, ❷ [필터 연결(피벗 테이블3)] 대화상자에서 [연], [항목]에 체크한 후 ❸ [확인]을 클릭합니다.

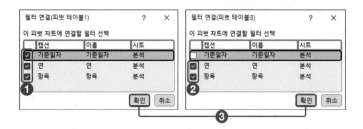

17 슬라이서에서 필터링하기 [연], [기준일자], [항목] 슬라이서에서 필터링할 항목을 클릭하여 피벗 차트 대시보드에 반영해보겠습니다. ❶ [연] 슬라이서에서 [2023년]을 클릭하고 ❷ Shift를 누른 채로 [2024]년을 클릭합니다. ❸ [기준일자] 슬라이서에서 [1월]을 클릭하고 ❹ Shift를 누른 채로 [6월]을 클릭합니다. ❺ [항목]에서 [유입수]를 클릭합니다.

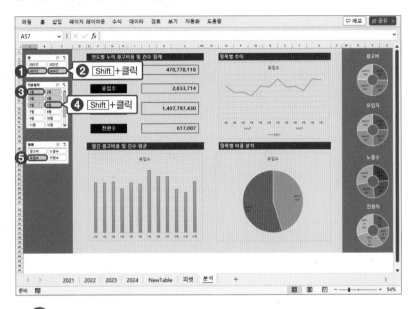

바로 통 하는 TIP 2년(2023~2024년)간의 데이터에서 상반기(1~6월) 데이터만 필터링합니다. 필터링된 결과에서 유입수의 합계, 평균을 필터링한 결과를 피벗 차트의 대시보드에 표시합니다.

바로 통 하는 TIP 해가 바뀔 때마다 시트를 추가해서 데이터를 입력하고 표 서식을 적용한 후 Ctrl + Alt + F5를 누르고 [새로 고침]을 누르면 파워 쿼리에서 자동으로 데이터 정규화 작업을 해서 [NewTable] 시트에 로드합니다. 해당 표를 참조해서 [피벗], [분석] 시트에 피벗 테이블, 피벗 차트, 슬라이서에 연, 기준일자, 항목 값이 업데이트되어 대시보드에 분석 결과를 표시합니다.

CHAPTER

04

용도에 맞는
최적의
차트 활용 기능

차트는 데이터가 담고 있는 내용을 그래픽으로 표현해서 시각적으로 볼
수 있습니다. 데이터를 한눈에 파악하고 효과적으로 분석할 수 있으므
로 보고서나 제안서 등의 보조 자료로 자주 사용됩니다. 파레토 차트, 반
원 도넛 차트, Z 차트, 방사형 차트 등 분석하고자 하는 데이터의 용도
에 맞는 최적의 차트를 만들어보겠습니다. 각 실습은 엑셀 2013&이후
(Microsoft 365) 버전을 기준으로 작성되었습니다. 이전 버전에서는 각
실습의 팁을 참고합니다.

핵심기능		2010 \ 2013 \ 2016 \ 2019 \ 2021 \ M365

29

연간 매출표에서 파레토 차트로 ABC 패턴 분석하기

실습 파일 4장\29_매출분석파레토차트.xlsx
완성 파일 4장\29_매출분석파레토차트_완성.xlsx

상품별 판매량이 내림차순 정렬된 연간 매출표에서 상품별 수량의 누계비율을 구하고 세 개의 그룹(A, B, C)으로 나눕니다. A 그룹이면 가장 많이 판매되는 상품군, B 그룹이면 보조적으로 판매되는 상품군, C 그룹은 판매량이 적어 회사에서 가져오는 이익보다 더 많은 비용과 시간이 드는 상품군입니다. A, B, C 그룹을 파레토 차트로 작성해보겠습니다.

미리 보기

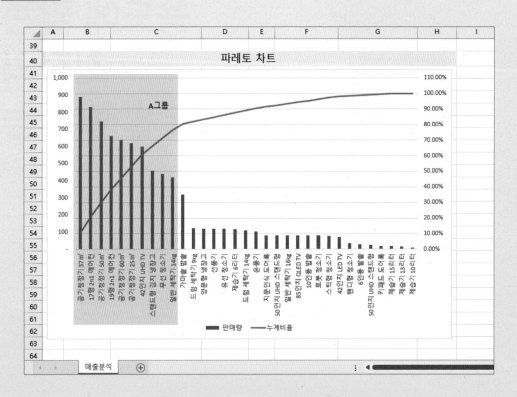

회사에서 바로 통하는 키워드: 파레토 차트, 혼합 차트, IF, 도형/텍스트 상자 삽입

한눈에 보는 작업 순서	항목 정렬하기	▶	항목별 누계 비율 계산하기	▶	IF 함수로 ABC 그룹 지정하기	▶	혼합 차트로 파레토 차트 만들기	▶	차트와 도형 서식 지정하기

01 내림차순 정렬하기 ABC 차트 분석을 위해 판매량을 큰 값에서 작은 값 순으로 내림차순 정렬해보겠습니다. ❶ [E3] 셀을 클릭하고 ❷ [데이터] 탭-[정렬 및 필터] 그룹-[텍스트 내림차순 정렬 ↓]을 클릭합니다. 큰 값이 위로, 작은 값이 아래로 정렬됩니다.

No	분류	상품명	금액	판매량	총매출금액	누계비율	ABC분석
1	공기청정기	공기청정기 37㎡	398,000	890	354,220,000		
2	냉방기기	17형 2n1 에어컨	2,450,000	830	2,033,500,000		
3	공기청정기	공기청정기 50㎡	453,000	746	337,938,000		
4	냉방기기	19형 2n1 에어컨	2,890,000	660	1,907,400,000		
5	공기청정기	공기청정기 60㎡	502,000	640	321,280,000		
6	공기청정기	공기청정기 25㎡	178,000	620	110,360,000		
7	TV	42인치 UHD TV	1,023,400	600	614,040,000		
8	김치냉장고	스탠드형 김치 냉장고	768,000	460	353,280,000		
9	청소기	무선 청소기	148,000	440	65,120,000		
10	세탁기	일반 세탁기 14kg	658,000	420	276,360,000		
11	전기밥솥	가마솥 밥솥	368,000	320	117,760,000		
12	세탁기	드럼 세탁기 9kg	345,000	122	42,090,000		
13	냉장고	양문형 냉장고	768,000	121	92,928,000		
14	냉방기기	선풍기	35,000	120	4,200,000		
15	청소기	유선 청소기	228,900	120	27,468,000		

바로 통 하는TIP 파레토의 법칙(Pareto's Law)은 이탈리아 경제학자의 이론으로 양적으로 적은 20%가 나머지 80%의 가치보다 크다는 의미입니다. 상품의 매출로 예를 들면 소수 20%의 상품이 총 매출의 80%를 차지한다는 뜻으로 '80 대 20의 법칙'이라고 불리며 마케팅 전략에서 유용하게 사용됩니다.

02 누계비율 구하기 판매량의 누계비율을 표시하겠습니다. ❶ [G4] 셀을 클릭하고 ❷ =E4/SUM($E$4:$E$36)를 입력한 후 Enter 를 누릅니다.

=E4/SUM($E$4:$E$36) ❷ 입력 후 Enter

2023년 가전 판매 매출 분석

No	분류	상품명	금액	판매량	총매출금액	누계비율	ABC분석
1	공기청정기	공기청정기 37㎡	398,000	890	354,220,000	10.81%	
2	냉방기기	17형 2n1 에어컨	2,450,000	830	2,033,500,000		
3	공기청정기	공기청정기 50㎡	453,000	746	337,938,000		
4	냉방기기	19형 2n1 에어컨	2,890,000	660	1,907,400,000		
5	공기청정기	공기청정기 60㎡	502,000	640	321,280,000		
6	공기청정기	공기청정기 25㎡	178,000	620	110,360,000		
7	TV	42인치 UHD TV	1,023,400	600	614,040,000		
8	김치냉장고	스탠드형 김치 냉장고	768,000	460	353,280,000		
9	청소기	무선 청소기	148,000	440	65,120,000		
10	세탁기	일반 세탁기 14kg	658,000	420	276,360,000		
11	전기밥솥	가마솥 밥솥	368,000	320	117,760,000		
12	세탁기	드럼 세탁기 9kg	345,000	122	42,090,000		
13	냉장고	양문형 냉장고	768,000	121	92,928,000		
14	냉방기기	선풍기	35,000	120	4,200,000		
15	청소기	유선 청소기	228,900	120	27,468,000		
16	제습기	제습기 6리터	198,000	118	23,364,000		
17	세탁기	드럼 세탁기 14kg	789,000	110	86,790,000		
18	전열기구	온풍기	46,000	105	4,830,000		
19	도어록	지문인식 도어록	156,000	82	12,792,000		
20	TV	50인치 UHD 스탠드형	1,556,000	81	126,036,000		

03 ❶ [G5] 셀을 클릭하고 ❷ **=E5/SUM($E$4:$E$36)+G4**를 입력한 후 Enter 를 누릅니다. ❸ [G5] 셀의 채우기 핸들을 더블클릭합니다.

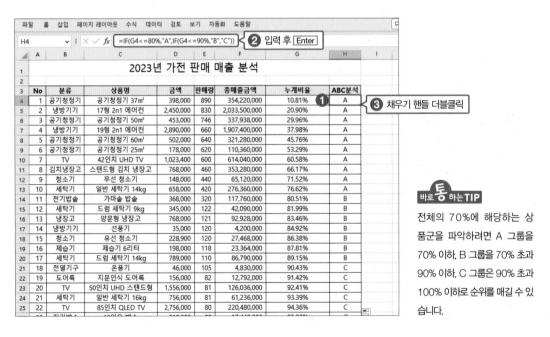

04 ABC 패턴으로 구분하기 누계비율을 기준으로 전체의 80%에 해당하는 상품군을 파악하려고 합니다. A 그룹은 80% 이하, B 그룹은 80% 초과 90% 이하, C 그룹은 90% 초과 100% 이하를 포함하는 조건으로 수식을 작성해보겠습니다. ❶ [H4] 셀을 클릭하고 ❷ **=IF(G4<=80%,"A",IF(G4<=90%,"B","C"))**를 입력한 후 Enter 를 누릅니다. ❸ [H4] 셀의 채우기 핸들을 더블클릭합니다. 상품별로 해당 그룹이 표시됩니다.

바로 통 하는TIP

전체의 70%에 해당하는 상품군을 파악하려면 A 그룹을 70% 이하, B 그룹을 70% 초과 90% 이하, C 그룹은 90% 초과 100% 이하로 순위를 매길 수 있습니다.

05 차트 삽입하기 혼합 차트로 파레토 차트를 만들어보겠습니다. ❶ [C3:C36] 범위를 지정하고 ❷ Ctrl 을 누른 채 [E3:E36], [G3:G36] 범위를 지정합니다. ❸ [삽입] 탭-[차트] 그룹-[추천 차트]를 클릭합니다.

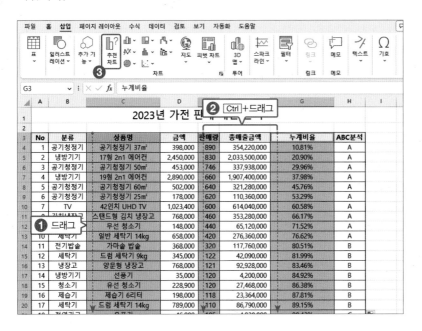

06 ❶ [차트 삽입] 대화상자에서 [모든 차트] 탭을 클릭하고 ❷ [혼합]을 클릭합니다. ❸ [묶은 세로 막대형 – 꺾은선형, 보조 축]을 클릭하고 ❹ [확인]을 클릭합니다.

✅ **엑셀 2010&이전 버전**

[차트 삽입] 대화상자에 혼합 차트 항목이 없습니다. [2차원 묶은 세로 막대형]으로 차트를 삽입한 후 [누계비율] 막대 계열에서 마우스 오른쪽 버튼을 클릭합니다. [데이터 계열 서식]을 클릭한 후 [보조 축]으로 변경합니다. 마찬가지 방법으로 [계열 차트 종류 변경]을 클릭한 후 차트의 종류를 [꺾은선형]으로 변경합니다.

✅ **엑셀 2013&2016 버전**

[차트 삽입] 대화상자에서 [모든 차트] 탭-[콤보]를 클릭합니다.

07 차트 크기 조절하기 ① [A41] 셀 위치로 차트를 이동하고 크기를 적당하게 조절합니다. ② [차트 제목]을 클릭한 후 Delete 를 눌러 제목을 삭제합니다.

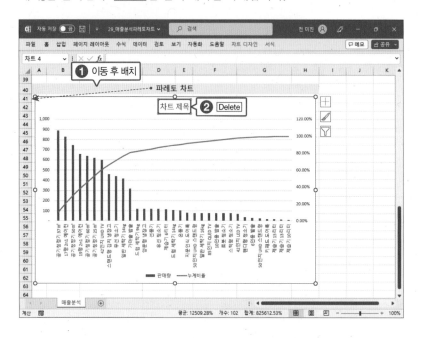

08 보조 축 눈금선 표시하기 ① [차트 디자인] 탭-[차트 레이아웃] 그룹-[차트 요소 추가]를 클릭하고 ② [눈금선]을 클릭한 후 ③ [기본 주 가로]를 클릭하여 가로 눈금선을 해제합니다. ④ 다시 [차트 요소 추가]를 클릭하고 ⑤ [눈금선]을 클릭한 후 ⑥ [보조 주 가로]를 클릭하여 보조 가로 눈금선을 표시합니다.

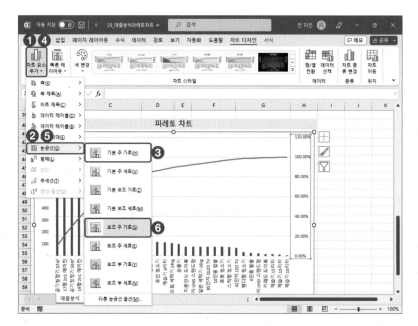

✅ **엑셀 2010 버전**

[차트 도구]-[레이아웃] 탭-[축] 그룹에서 [눈금선]-[기본 가로 눈금선]-[주 눈금선]과 [보조 눈금선]을 클릭합니다.

✅ **엑셀 2013&2019 버전**

[차트 도구]-[디자인] 탭을 클릭합니다.

09 보조 축 간격 조절하기 ❶ 보조 축(값)을 더블클릭합니다. [축 서식] 작업 창이 표시됩니다. ❷ [축 옵션 ▮▮]–[축 옵션]–[단위] 영역에서 [기본]에 **0.1**을 입력합니다. ❸ [닫기 ×]를 클릭하여 [축 서식] 작업 창을 닫습니다. 보조 축이 10% 단위로 표시됩니다.

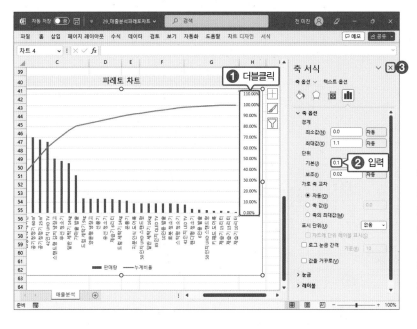

> ✅ **엑셀 2010 버전**
>
> 보조 축(값)에서 마우스 오른쪽 버튼을 클릭하고 [축 서식]을 클릭합니다. [축 서식] 대화상자의 [축 옵션]에서 [주 단위]–[고정]을 클릭하고 '0.1'을 입력합니다.

10 도형 삽입하여 A 구간 나누기 도형을 삽입하여 80%에 해당하는 A 구간을 나눠보겠습니다. ❶ 차트가 선택되어 있는 상태에서 [삽입] 탭–[일러스트레이션] 그룹–[도형]을 클릭하고 ❷ [사각형]에서 [직사각형 ☐]을 클릭합니다. ❸ 보조 축의 80%에서부터 꺾은선형 차트가 만나는 지점까지 드래그해서 도형의 크기를 조절합니다.

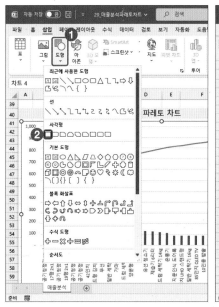

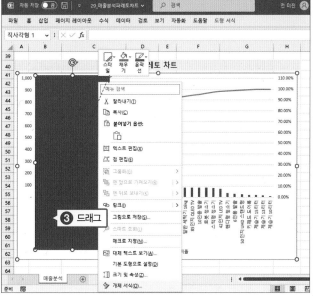

11 도형 서식 지정하기 ❶ 도형을 클릭하고 **❷** 마우스 오른쪽 버튼을 클릭한 후 **❸** [개체 서식]을 클릭합니다.

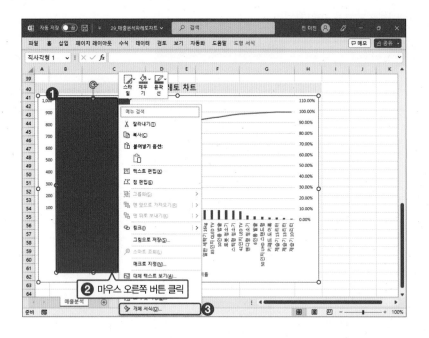

12 [도형 서식] 작업 창의 [채우기 및 선◇]이 표시됩니다. **❶** [채우기] 영역에서 [단색 채우기]를 클릭하고 **❷** [투명도]를 **80**으로 입력합니다. **❸** [선] 영역에서 [선 없음]을 클릭합니다. **❹** [닫기 ×]를 클릭하여 [도형 서식] 작업 창을 닫습니다.

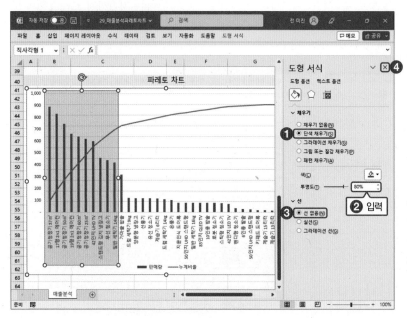

✅ **엑셀 2010 버전**

[도형 서식] 대화상자에서 [채우기] – [단색 채우기]를 클릭하고, 이어서 [선 색] – [선 없음]을 클릭합니다.

13 텍스트 상자 삽입하여 A 구간 표시하기 차트가 선택되어 있는 상태에서 [삽입] 탭–[텍스트] 그룹–[텍스트 상자]를 클릭합니다.

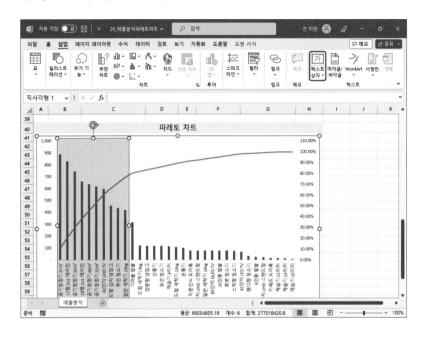

14 ❶ 텍스트 상자를 A 구간 위치로 드래그하여 텍스트 상자의 크기를 조절한 후 ❷ **A그룹**이라고 입력합니다. ❸ 임의의 셀을 클릭하여 차트 영역의 선택을 해제합니다. 도형으로 표시한 구간이 품목별 A 그룹이 위치한 영역입니다.

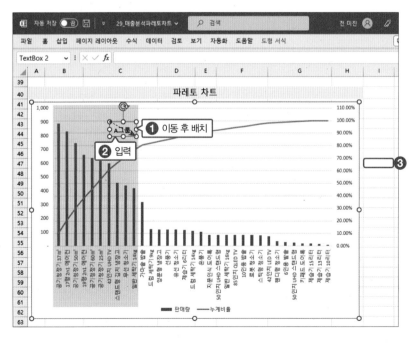

바로 통하는 TIP

파레토 차트 결과 전체 33개 상품 중에 A 그룹(80%의 판매량)이 주력 상품입니다. A 그룹 상품 목록이 전체 20~30%에 해당하는 표준 유형으로 투자와 마케팅을 집중하면 매출을 증대시킬 수 있습니다.

파레토 차트와 ABC 분석 패턴

파레토 차트는 파레토 법칙(Pareto's Law)이라고도 하는 80/20 규칙을 기반으로 전체 결과의 80%가 전체 원인의 20%에서 일어나는 현상을 활용한 분석 방법입니다. 분석할 항목을 중요도 순서대로 세로 막대로 표시하고 누적 백분율을 선 차트로 표시하여 그 패턴을 분석합니다. 파레토 차트는 분석할 데이터 항목에서 가장 큰 영향을 미치는 요인을 식별하여 품질 개선, 고객 불만 개선, 매출 증대 등 효율적인 의사 결정을 하는 데 도움을 줍니다. 상품별 매출 데이터를 파레토 차트로 분석하면 아래와 같이 A, B, C 영역으로 구분하여 패턴을 분석할 수 있습니다.

파레토 차트 패턴	설명
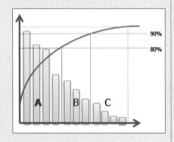	표준형 차트로 A 그룹에 주력 상품인 20~30%의 항목이 포함되는 유형입니다. A 그룹(80% 구간)의 상품들은 매출에 가장 크게 기여합니다. 그중에서도 가장 높은 비율을 가진 상품을 주력으로 마케팅할 수 있습니다. B, C 그룹의 상품들은 상대적으로 중요하지 않은 상품으로 간주합니다. 따라서 A 그룹에 투자와 마케팅을 집중하면 매출을 증대시킬 수 있습니다.
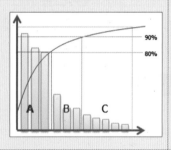	집중형 차트로 A 그룹에 속한 소수의 항목에 치중하여 A 그룹 항목의 의존도가 높습니다. A 그룹(80% 구간)의 데이터가 너무 적다는 것은 데이터가 충분하지 않거나 정확하지 않다는 것을 의미할 수 있습니다. 따라서 데이터 수집 방법을 확인하고 더 많은 데이터를 수집하거나 세분화하여, B 그룹과 C 그룹의 항목에서 유망한 상품을 찾고 적절한 투자와 마케팅으로 A 그룹에 포함되도록 합니다.
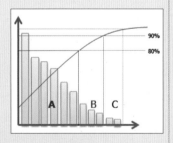	분산형 차트로 각 상품의 매출 차이가 없어 그룹별로 매출의 주력 상품이나 비주력 상품의 변별력이 없기 때문에 어느 그룹에 중점을 두어야 할지 분석하기 어렵습니다. 상품의 범주가 너무 세분되어 있거나 중복되어 있으면, 유사한 상품을 하나의 범주로 묶거나 상위 범주로 재분류하여 차트를 단순화시킵니다. ABC 분석 외에 다른 분석 기법을 검토하는 방법도 있습니다.

2010 \ 2013 \ 2016 \ 2019 \ 2021 \ M365

문서
편집 &
서식

수식 &
함수

데이터
관리 &
분석

차트

매크로 &
VBA

핵심기능

·············

30

수입/지출 현황 분석을 위한
반원 도넛 차트 만들기

실습 파일 4장\30_수입지출내역반원형차트.xlsx
완성 파일 4장\30_수입지출내역반원형차트_완성.xlsx

원형 차트는 전체 비율에 따른 구성비를 보여주기에 가장 적합한 차트입니다. 원을 나누는 항목은 5~6
개가 적당합니다. 계열 하나의 구성비를 나타내는 차트이므로 계열이 여러 개일 때는 원형 차트를 여러
개 만들거나 도넛 차트, 혹은 반원 차트로 만드는 것도 좋습니다. 이번 실습에서는 수입과 지출 내역의
구성비를 반원 도넛 차트로 작성해보겠습니다.

미리 보기

2023년 수입/지출 현황보고

구분	항목	금액	구성비
수입	후원	45,923,450	42.96%
	보조금	15,451,230	14.46%
	사업	35,670,210	33.37%
	기타수입	9,845,600	9.21%
	합계	106,890,490	100.00%

구분	항목	금액	구성비
지출	국내사업	24,412,340	32.07%
	해외사업	32,134,560	42.22%
	관리비	10,445,500	13.72%
	운영비	9,123,000	11.99%
	합계	76,115,400	100.00%

수입내역

지출내역

회사에서 바로 통하는 키워드 : 원형 차트(도넛 차트), 차트 서식 지정하기

한눈에 보는 작업 순서	도넛 차트 삽입하기 ▶ 차트 서식 지정하기

01 차트 삽입하기 도넛 차트로 반원 차트를 만들어보겠습니다. ❶ Ctrl 을 누른 채 [I3:I8], [K3:K8] 범위를 지정합니다. ❷ [삽입] 탭-[차트] 그룹-[추천 차트]를 클릭합니다. ❸ [차트 삽입] 대화상자에서 [모든 차트] 탭을 클릭하고 ❹ [원형]을 클릭합니다. ❺ [도넛형]을 클릭하고 ❻ [확인]을 클릭합니다.

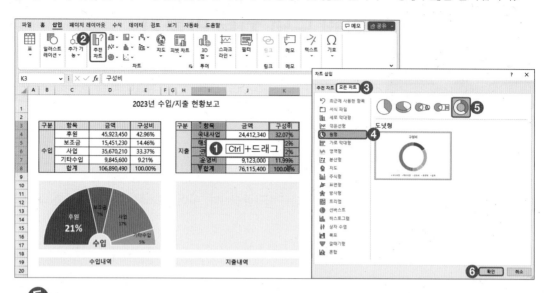

바로 통 하는TIP 일반적으로 원형 차트는 합계를 제외한 범위([I3:I7], [K3:K7])로 차트를 구성합니다. 하지만 여기서는 반원 차트를 작성하기 위해 합계를 포함해서 차트를 구성했습니다.

✅ **엑셀 2010 버전** [삽입] 탭-[차트] 그룹에서 [기타]-[도넛형]을 클릭합니다.

02 차트 레이아웃 변경하기 ❶ [H10] 셀 위치로 차트를 이동하고 크기를 적당하게 조절합니다. ❷ [차트 디자인] 탭-[차트 레이아웃] 그룹-[빠른 레이아웃]을 클릭하고 ❸ [레이아웃 1]을 클릭합니다. 원형 차트의 모양이 바뀝니다.

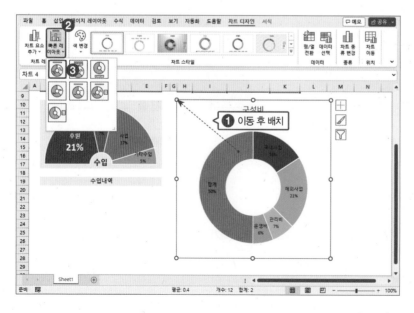

✅ **엑셀 2010 버전**

[차트 도구]-[디자인] 탭-[차트 레이아웃] 그룹에서 [레이아웃 1]을 클릭합니다.

✅ **엑셀 2013&2019 버전**

[차트 도구]-[디자인] 탭을 클릭합니다.

03 차트 색상 변경하기 ❶ [차트 디자인] 탭-[차트 스타일] 그룹-[색 변경]을 클릭하고 ❷ [단색형]에서 [단색 색상표 4]를 클릭합니다. ❸ [차트 제목]을 클릭하고 Delete 를 눌러 제목을 삭제합니다.

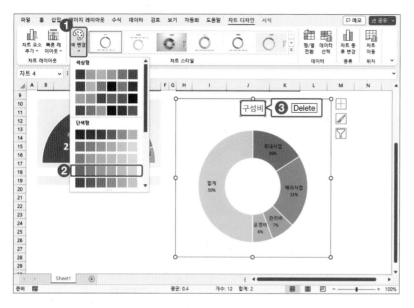

✔ **엑셀 2010 버전**

[색 변경] 메뉴가 없으므로 도넛 차트의 데이터 계열을 선택하고 마우스 오른쪽 버튼을 클릭한 후 [데이터 계열 서식]을 클릭합니다. [데이터 계열 서식] 대화상자의 [채우기]에서 채우기 색을 지정합니다.

04 데이터 계열 옵션 지정하기 반원 차트를 만들기 위해 데이터 계열 서식을 지정해보겠습니다. ❶ 차트에서 데이터 계열을 더블클릭합니다. [데이터 계열 서식] 작업 창의 [계열 옵션▮]이 표시됩니다. ❷ [계열 옵션] 영역에서 [첫째 조각의 각]에 **270**을 입력하고 ❸ [도넛 구멍 크기]에 **20**을 입력합니다. 반원 차트에서 국내사업 항목이 맨 왼쪽으로 이동하고 도넛의 구멍이 작게 축소됩니다.

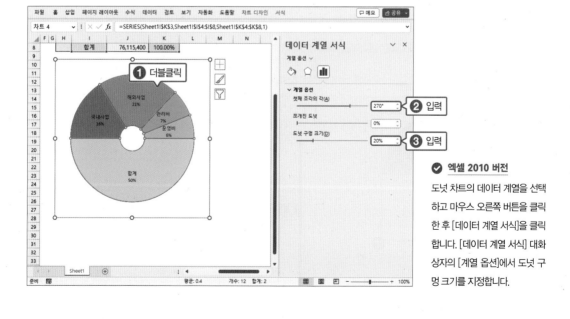

✔ **엑셀 2010 버전**

도넛 차트의 데이터 계열을 선택하고 마우스 오른쪽 버튼을 클릭한 후 [데이터 계열 서식]을 클릭합니다. [데이터 계열 서식] 대화상자의 [계열 옵션]에서 도넛 구멍 크기를 지정합니다.

05 데이터 계열 서식 지정하기 ❶ 차트에서 [합계] 데이터 영역만 클릭합니다. ❷ [데이터 요소 서식] 작업 창에서 [채우기 및 선◇]을 클릭합니다. ❸ [채우기] 영역에서 [채우기 없음]을 클릭하고 ❹ [테두리] 영역에서 [선 없음]을 클릭합니다.

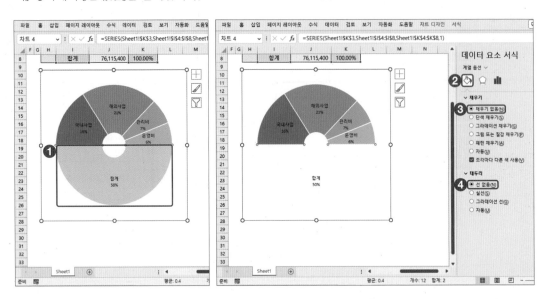

✔ **엑셀 2010 버전** [합계] 데이터 계열을 선택하고 마우스 오른쪽 버튼을 클릭한 후 [데이터 계열 서식]을 클릭합니다. [데이터 계열 서식] 대화 상자의 [채우기], [테두리 색]에서 채우기 색과 테두리를 지정합니다.

06 그림 영역 서식 지정하기 ❶ 차트에서 [그림 영역]을 클릭합니다. [그림 영역 서식] 작업 창에서 [채우기 및 선◇]이 표시됩니다. ❷ [채우기] 영역에서 [채우기 없음]을 클릭하고 ❸ [테두리] 영역에서 [선 없음]을 클릭합니다.

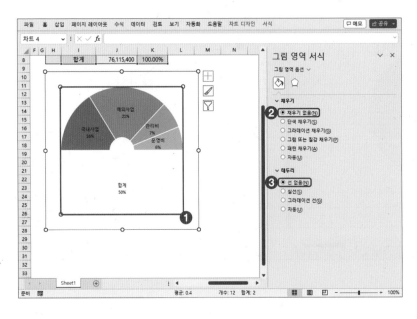

✔ **엑셀 2010 버전**
도넛 차트의 그림 영역을 선택하고 마우스 오른쪽 버튼을 클릭한 후 [그림 영역 서식]을 클릭합니다. [그림 영역 서식] 대화상자의 [채우기], [테두리 색]에서 채우기 색과 테두리를 지정합니다.

07 차트 영역 서식 지정하기 ❶ [차트 영역]을 클릭합니다. [차트 영역 서식] 작업 창의 [채우기 및 선 ◇]이 표시됩니다. ❷ [채우기] 영역에서 [채우기 없음]을 클릭하고 ❸ [테두리] 영역에서 [선 없음]을 클릭합니다. ❹ [닫기✕]를 클릭하여 [차트 영역 서식] 작업 창을 닫습니다. 차트 뒤로 워크시트 배경이 표시됩니다.

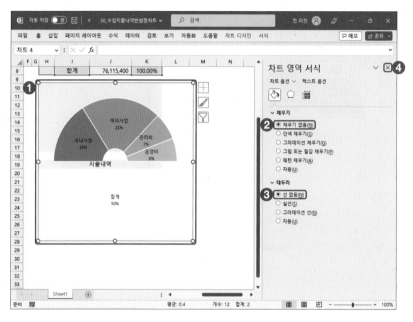

✅ **엑셀 2010 버전**

도넛 차트의 그림 영역을 선택하고 마우스 오른쪽 버튼을 클릭한 후 [차트 영역 서식]을 클릭합니다. [차트 영역 서식] 대화상자의 [채우기], [테두리 색]에서 채우기 색과 테두리를 지정합니다.

08 데이터 레이블 삭제하기 ❶ [합계] 데이터 레이블을 클릭한 후 한 번 더 클릭하여 [합계] 데이터 레이블만 선택합니다. ❷ Delete를 눌러 레이블을 삭제합니다.

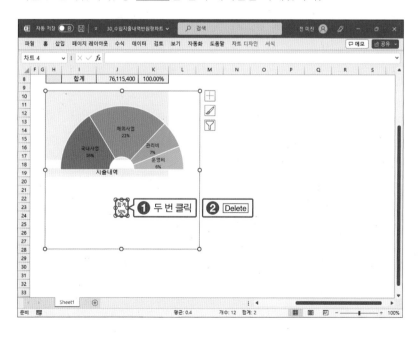

09 차트 크기 조절하기 ❶ 그림 영역을 차트 영역 크기에 맞춰 조절하고 ❷ 차트 영역의 전체 크기를 적당히 조절합니다.

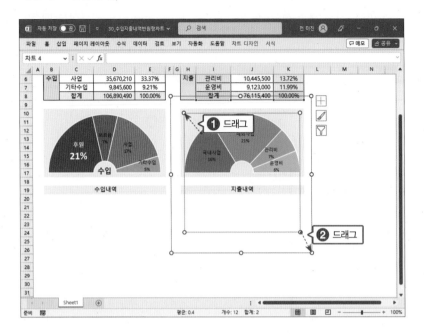

10 데이터 레이블 강조하기 ❶ [해외사업] 데이터 계열을 클릭한 후 한 번 더 클릭하여 [해외사업] 데이터 레이블만 선택합니다. ❷ [홈] 탭-[글꼴] 그룹-[굵게 가]를 클릭하고 ❸ [글꼴 색 가]은 흰색으로 수정합니다. ❹ [해외사업] 텍스트를 드래그하고 ❺ [글꼴 크기]를 **11**로 지정합니다. ❻ [21%] 데이터 레이블을 드래그하고 ❼ [글꼴 크기]를 **20**으로 지정합니다.

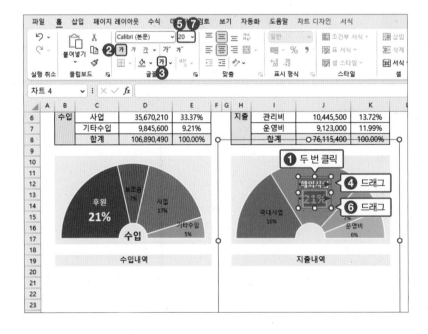

11 데이터 레이블 표시하기 ❶ 수입내역 반원 차트에서 [수입] 데이터 레이블을 클릭한 후 ❷ Ctrl
+C를 눌러 텍스트 상자를 복사합니다.

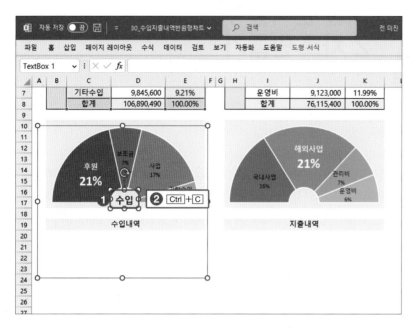

12 ❶ 지출내역 반원 차트를 클릭한 후 ❷ Ctrl+V를 눌러 붙여 넣고 ❸ 텍스트 상자를 적당한 위치
로 이동합니다. ❹ [홈] 탭–[글꼴] 그룹–[글꼴 색ᄀᆞ]에서 녹색 계열을 클릭한 후 ❺ 내용을 **지출**로 수정
합니다.

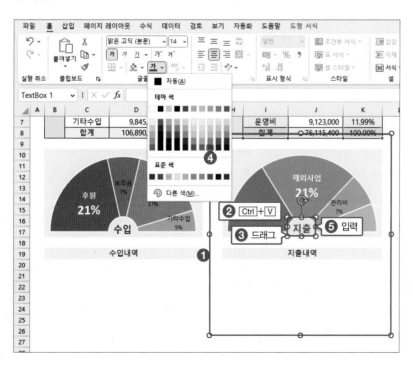

매출 분석을 위한
Z 차트 만들기

실습 파일 4장\31_매출분석Z차트.xlsx
완성 파일 4장\31_매출분석Z차트_완성.xlsx

Z 차트 분석은 데이터의 단기적 추이(매출 누계)와 장기적 추이(이동합계)를 한눈에 볼 수 있는 분석 방식으로 제품의 매출 트렌드를 예측할 수 있습니다. 이동합계는 계절의 영향을 많이 받는 판매 데이터를 연간 누계로 표시하여 계절 요인을 상쇄시켜 보여주므로 계절적 요인에 영향을 받지 않고 장기적 관점에서 흐름을 분석할 때 유용합니다. 2021~2022년 매출 데이터를 분석해서 2022년 매출 트렌드를 보여주는 Z 차트를 작성해보겠습니다.

미리 보기

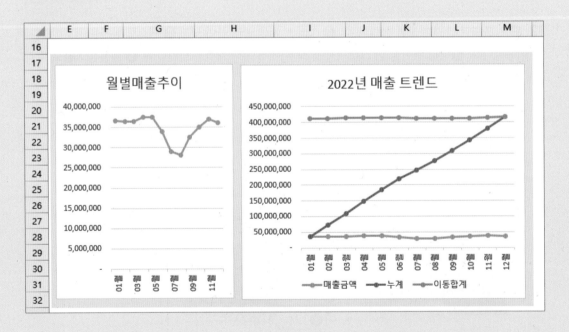

회사에서 바로 통하는 키워드 : 꺾은선형 차트, Z 차트

| 한눈에 보는 작업 순서 | 항목별 매출금액, 매출 누계, 이동합계 계산하기 | ▶ | 꺾은선형 차트와 Z 차트 삽입하기 |

01 월별 매출금액 구하기 2021~2022년 매출 데이터에서 2022년도 매출 누계를 구하고 해당 월의 이동합계를 구해 Z 차트를 작성해보겠습니다. ❶ [G4] 셀을 클릭하고 ❷ **=C16**을 입력한 후 [Enter]를 누릅니다. ❸ [G4] 셀의 채우기 핸들을 더블클릭합니다. 2022년도 월별 매출이 채워집니다.

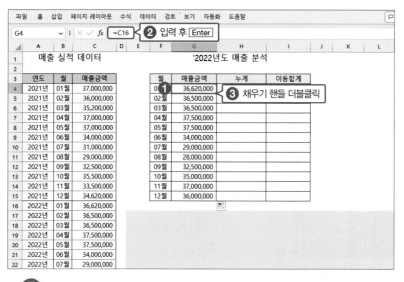

바로**통**하는**TIP**

Z 차트로 매출 데이터를 분석하려면 ① 월별 매출, ② 매출 누계, ③ 이동합계(해당 월~1년 전 11개월의 매출 누계) 데이터가 필요합니다. 월별 매출은 해당 연도의 1월부터 12월까지의 각 매출금액(C16)의 변동입니다.

바로**통**하는**TIP** Z 차트는 월별 매출, 매출 누계, 이동합계를 세 개의 꺾은선형 차트로 표시한 것으로, 세 개의 선이 만나 Z 모양을 그리고 있어 Z 차트라고 불립니다.

02 매출 누계와 이동합계 구하기 ❶ [H4] 셀을 클릭하고 ❷ **=SUM($G$4:G4)**를 입력한 후 [Enter]를 누릅니다. ❸ [H4] 셀의 채우기 핸들을 더블클릭합니다. ❹ [I4] 셀을 클릭하고 ❺ **=SUM(C5:C16)**를 입력한 후 [Enter]를 누릅니다. ❻ [I4] 셀의 채우기 핸들을 더블클릭합니다.

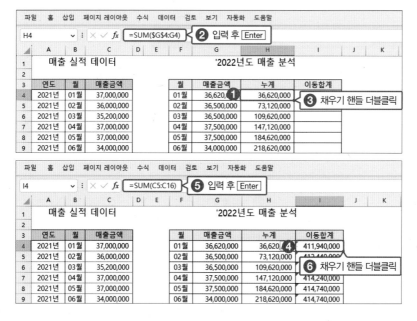

바로**통**하는**TIP**

매출 누계는 해당 연도 1~12월의 매출금액을 누적(SUM($G$4:G4))하는 2022년 매출의 추세입니다.

바로**통**하는**TIP**

이동합계는 최근 월의 매출 (C16)로부터 이전 11개월의 매출합계(C5:C15)를 누적 (SUM(C5:C16))합니다.

03 꺾은선형 차트 삽입하기 월별 매출금액으로 꺾은선형 차트를 만들어보겠습니다. ❶ [F3:G15] 범위를 지정합니다. ❷ [삽입] 탭-[차트] 그룹-[추천 차트]를 클릭합니다. ❸ [차트 삽입] 대화상자에서 [모든 차트] 탭을 클릭하고 ❹ [꺾은선형]을 클릭합니다. ❺ [표식이 있는 꺾은선형]을 클릭한 후 ❻ [확인]을 클릭합니다. 차트가 삽입됩니다.

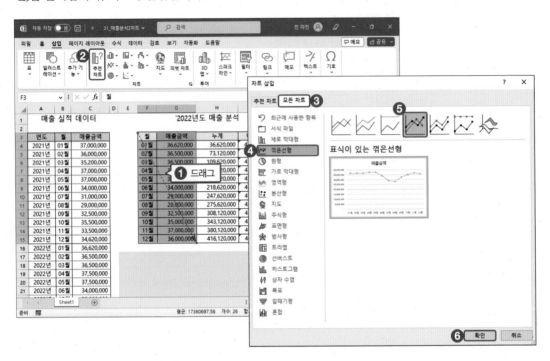

04 차트 크기 조절하기 ❶ [E17] 셀 위치로 차트를 이동하고 크기를 적당하게 조절합니다. ❷ [차트 제목]을 클릭하고 ❸ **월별매출추이**라고 입력합니다.

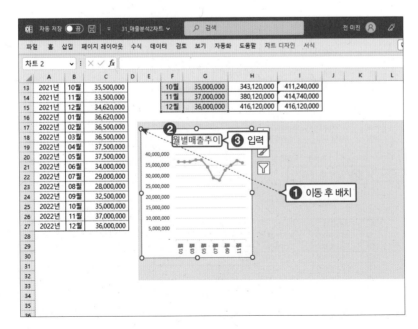

05 Z 차트 삽입하기 꺾은선형 차트로 Z 차트를 삽입해보겠습니다. ❶ [F3:I15] 범위를 지정합니다. ❷ [삽입] 탭-[차트] 그룹-[추천 차트]를 클릭합니다. ❸ [차트 삽입] 대화상자에서 [모든 차트] 탭을 클릭하고 ❹ [꺾은선형]을 클릭합니다. ❺ [표식이 있는 꺾은선형]을 클릭한 후 ❻ [확인]을 클릭합니다. 차트가 삽입됩니다.

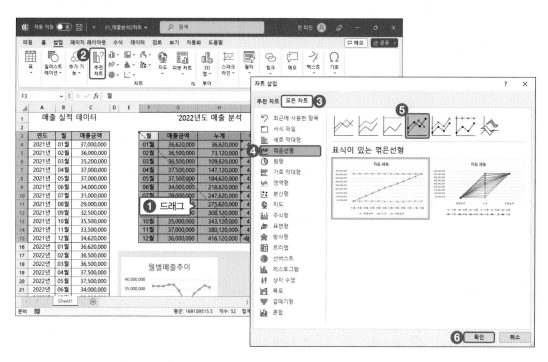

06 차트 크기 조절하기 ❶ [H17] 셀 위치로 차트를 이동하고 크기를 적당하게 조절합니다. ❷ [차트 제목]을 클릭한 후 ❸ **2022년 매출 트렌드**라고 입력합니다.

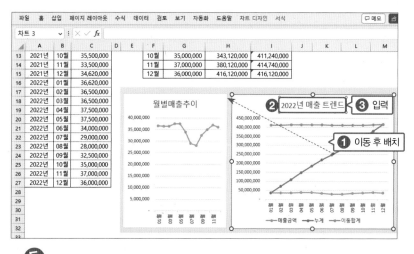

바로 통 하는 TIP 왼쪽의 월별매출추이의 꺾은선형 차트는 단기적으로 계절적 요인의 영향을 받아 매출의 하락과 상승의 폭이 커 보입니다. 하지만 오른쪽의 2022년 매출 트렌드의 Z 차트는 이동합계, 매출 누계, 월별매출추이가 Z 모양에 가까운 표준형으로 전년도와 올해 특별한 변동이 없는 보합 상태로 안정적이라는 것을 보여줍니다.

Z 차트 분석 패턴

1 Z 차트

월별 매출 변동이 크면 올해 매출의 추이가 증가(감소)하는 추세인지를 알기 어렵습니다. 이처럼 계절적
요인이나 특정 기간에 따라 매출 변동이 큰 경우 Z 차트로 매출의 증감 추이를 분석할 수 있습니다. Z 차
트는 ❶ 월별 매출, ❷ 매출 누계, ❸ 이동합계(해당 월~1년 전 11개월의 매출 누계)를 세 개의 꺾은선형
차트로 표시한 것으로, 세 개의 선이 만나 Z 모양을 그리고 있어 Z 차트로 불립니다.

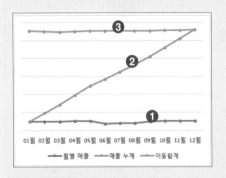

❶ **월별 매출** : 최근 월별 매출액을 표시합니다. 기울기가 완만하면 계절적 요인에 의한 상승/하락폭이 크지 않습니다.

❷ **매출 누계** : 최근 1월부터 12월까지의 매출 누계를 표시합니다. 기울기가 가파르면 매출 상승, 완만하게 누워 있으면
매출 감소, 기울기가 45도 정도로 일정하면 매출이 고르게 유지되는 것을 의미합니다.

❸ **이동합계** : 최근 월 매출액과 전년도 11개월 매출액의 합계를 표시합니다. 최근 연도의 월 매출액에 전년도 매출액을
합산하므로 앞부분은 전년도 매출액이 더 많이 반영되고, 뒤로 갈수록 최근 매출액이 반영됩니다. 이동합계의 선이
올라가면 매출이 증대, 내려가면 매출이 하락, 일정하면 올해와 작년도 매출이 고르다는 것을 의미합니다.

2 Z 차트 특징

Z 차트로 월별 추이뿐 아니라 장기적인 관점에서 흐름을 분석하고 제품의 매출 트렌드를 예측할 수 있습
니다.

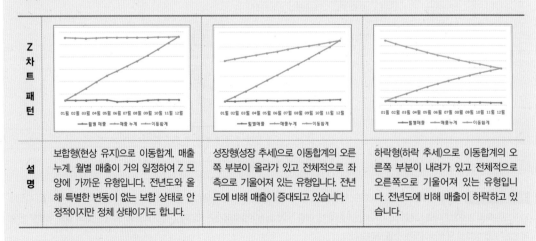

Z 차 트 패 턴		
설 명		
보합형(현상 유지)으로 이동합계, 매출 누계, 월별 매출이 거의 일정하여 Z 모양에 가까운 유형입니다. 전년도와 올해 특별한 변동이 없는 보합 상태로 안정적이지만 정체 상태이기도 합니다.	성장형(성장 추세)으로 이동합계의 오른쪽 부분이 올라가 있고 전체적으로 좌측으로 기울어져 있는 유형입니다. 전년도에 비해 매출이 증대되고 있습니다.	하락형(하락 추세)으로 이동합계의 오른쪽 부분이 내려가 있고 전체적으로 오른쪽으로 기울어져 있는 유형입니다. 전년도에 비해 매출이 하락하고 있습니다.

핵심기능

32

고객만족도 비교를 위한 방사형 차트 만들기

실습 파일 4장\32_고객만족도방사형차트.xlsx
완성 파일 4장\32_고객만족도방사형차트_완성.xlsx

방사형 차트는 중심으로부터 동심원상의 다수 항목을 배치한 다각형 모양의 차트로, 값의 크기를 비교하기보다는 한쪽으로 치우친 기울기로 항목별 경향을 분석할 수 있습니다. 주로 설문조사를 통한 고객만족도 조사, 성격 검사, 여론 조사 등을 표시할 때 적합합니다. 신제품 출시에 앞서 당사의 기존 제품 고객 만족도 결과와 타사 제품 고객 만족도 결과를 비교/분석하는 방사형 차트를 작성해보겠습니다.

미리 보기

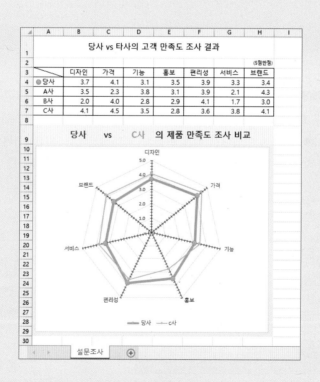

회사에서 바로 통하는 키워드 : 방사형 차트, 데이터 유효성 검사, 이름 정의, INDIRECT

한눈에 보는 작업 순서

데이터 유효성 목록 설정하기 ▶ 이름 정의하기 ▶ 방사형 차트 삽입하고 서식 지정하기 ▶ 차트 원본 데이터 범위 지정하기

01 데이터 유효성 목록 설정하기 당사와 타사를 비교하기 위해 타사명을 데이터 유효성 목록으로 표시하겠습니다. ❶ [D9] 셀을 클릭합니다. ❷ [데이터] 탭-[데이터 도구] 그룹-[데이터 유효성 검사]를 클릭하고 ❸ [데이터 유효성] 대화상자의 [설정] 탭에서 [제한 대상]으로 [목록]을 클릭합니다. ❹ [원본]에 **=$A$4:$A$7**을 입력하고 ❺ [확인]을 클릭합니다.

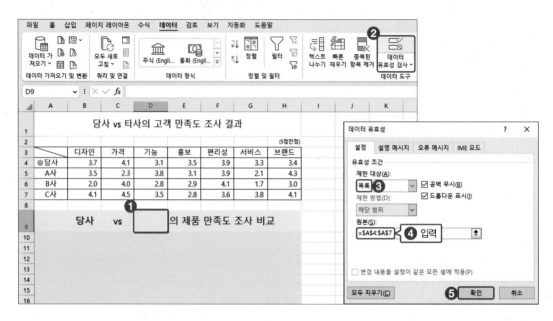

02 데이터 선택 영역에서 이름 정의하기 타사 고객 만족도 조사 결과 데이터를 왼쪽 열을 기준으로 이름 정의해보겠습니다. ❶ [A5:H7] 범위를 지정합니다. ❷ [수식] 탭-[정의된 이름] 그룹-[선택 영역에서 만들기]를 클릭하고 ❸ [선택 영역에서 이름 만들기] 대화상자에서 [왼쪽 열]에 체크합니다. ❹ [확인]을 클릭합니다.

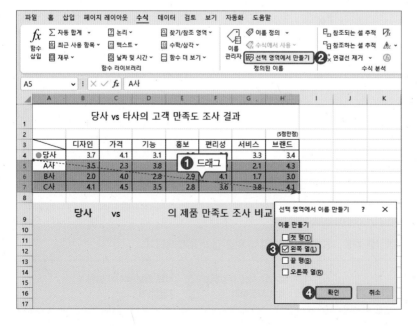

바로 통하는TIP

[선택 영역에서 이름 만들기]를 이용하면 셀 이름을 정의할 때마다 매번 범위를 지정할 필요 없이 데이터의 첫 행(제목 행)이나 왼쪽 열(제목 열)을 기준으로 한번에 셀 이름을 지정할 수 있습니다.

시간 단축

• 이름 관리자 : Ctrl + F3

• 선택 영역에서 이름 만들기 : Ctrl + Shift + F3

03 타사 데이터 연결하기 앞서 이름 정의된 타사 고객 만족도 데이터 범위를 INDIRECT 함수로 이름 정의해보겠습니다. ❶ [D9] 셀의 목록에서 [A사]를 클릭하고 ❷ Ctrl + F3 을 누릅니다. ❸ [이름 관리자] 대화상자에서 [새로 만들기]를 클릭합니다. ❹ [새 이름] 대화상자에서 [이름]에 **타사차트범위**를 입력하고 ❺ [참조 대상]에 **=INDIRECT(설문조사!$D$9)**를 입력한 후 ❻ [확인]을 클릭합니다.

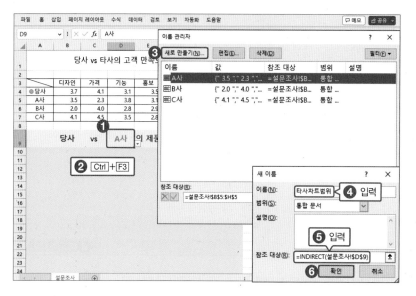

바로 **통** 하는TIP

[D9] 셀을 클릭하고 목록 상자에서 'A사', 'B사', 'C사'를 클릭하면 차트의 범위가 달라져야 합니다. 수식 =INDIRECT(설문조사!$D$9)로 이름 정의하면 차트의 범위가 달라집니다.

04 ❶ [이름 관리자] 대화상자에서 [타사차트범위]를 클릭하고 ❷ [참조 대상] 입력란을 클릭하면 A사의 데이터 범위가 초록색 점선으로 표시됩니다. ❸ [닫기]를 클릭하여 [이름 관리자] 대화상자를 닫습니다.

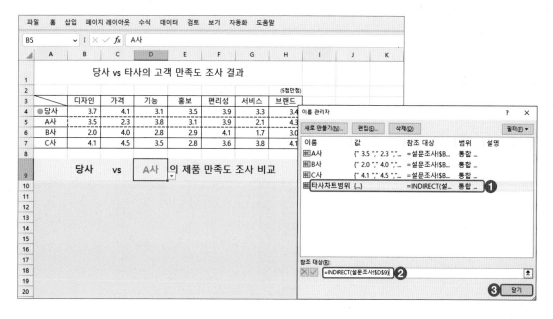

05 차트 삽입하기 당사와 A사의 만족도 데이터 범위로 방사형 차트를 만들어보겠습니다. ❶ [A3:H5] 범위를 지정합니다. ❷ [삽입] 탭-[차트] 그룹-[추천 차트]를 클릭합니다. ❸ [차트 삽입] 대화상자에서 [모든 차트] 탭을 클릭하고 ❹ [방사형]을 클릭합니다. ❺ [표식이 있는 방사형]을 클릭하고 ❻ [확인]을 클릭합니다. 차트가 삽입됩니다.

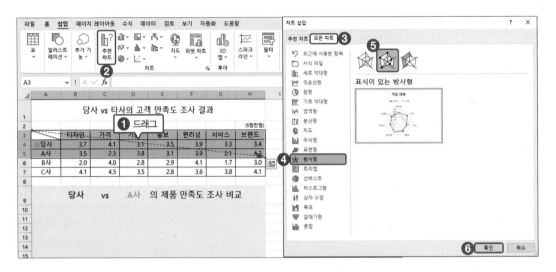

✅ **엑셀 2010 버전** [삽입] 탭-[차트] 그룹에서 [기타]를 클릭하고 [방사형]-[표식이 있는 방사형]을 클릭합니다.

06 ❶ [A10] 셀 위치로 차트를 이동하고 크기를 적당히 조절합니다. ❷ [차트 디자인] 탭-[차트 레이아웃] 그룹-[차트 요소 추가]를 클릭하고 ❸ [범례]를 클릭한 후 ❹ [아래쪽]을 클릭하여 범례를 아래로 위치시킵니다. ❺ [차트 제목]을 클릭하고 Delete 를 눌러 차트 제목을 삭제합니다.

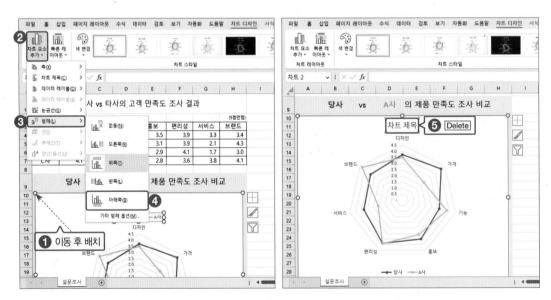

✅ **엑셀 2010 버전** [범례]를 클릭한 후 [차트 도구] 탭-[레이아웃] 그룹에서 [범례]-[아래쪽에 범례 표시]를 클릭합니다.

✅ **엑셀 2013&2019 버전** [차트 도구]-[디자인] 탭을 클릭합니다.

07 축 서식 지정하기 방사형 축의 간격을 조절해보겠습니다. ❶ 방사형 축을 더블클릭합니다. ❷ [축 서식] 작업 창에서 [축 옵션▥]을 클릭합니다. ❸ [축 옵션]의 [경계] 영역에서 [최대값]에 **5**를 입력합니다. ❹ [단위] 영역에서 [기본]에 **1**을 입력합니다. ❺ [눈금] 영역에서 [보조 눈금]을 [교차]로 클릭합니다. 축의 값이 1 단위로 변경되며 차트의 항목마다 눈금이 표시됩니다.

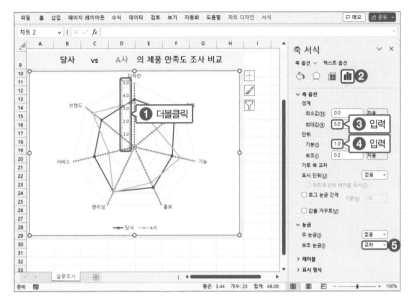

바로 **통**하는**TIP**

고객 설문 만족도 결과는 0.0~5.0으로 조사가 이루어졌으므로 [최대값]을 5.0으로 지정합니다.

✔ **엑셀 2010 버전**

방사형 축을 선택하고 마우스 오른쪽 버튼을 클릭한 후 [축 서식]을 클릭합니다. [축 서식] 대화상자의 [축 옵션]에서 [최대값]에 5, [주 단위]에 1을 입력하고, [보조 눈금]으로 [교차]를 클릭합니다.

08 데이터 계열 서식 지정하기 ❶ [당사]의 데이터 계열을 클릭합니다. ❷ [데이터 계열 서식] 작업 창에서 [채우기 및 선◇]을 클릭합니다. ❸ [선] 영역에서 [실선]을 클릭하고 ❹ [색]을 [주황 강조 5]로 수정합니다. ❺ [투명도]에 **30**, [너비]에 **4.5**를 입력합니다. ❻ [닫기×]를 클릭하여 [데이터 계열 서식] 작업 창을 닫습니다. [당사]의 데이터 계열 선 모양과 색이 변경됩니다.

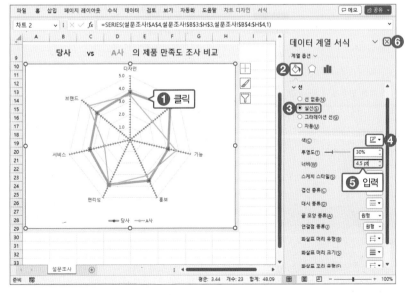

✔ **엑셀 2010 버전**

[당사] 데이터 계열을 선택하고 마우스 오른쪽 버튼을 클릭한 후 [데이터 계열 서식]을 클릭합니다. [데이터 계열 서식] 대화상자의 [선 색]과 [선 스타일]에서 실선, 색, 투명도, 너비를 지정합니다.

문서
편집&
서식

수식&
함수
</></>

데이터
관리&
분석

차트

매크로&
VBA

09 표식 변경하기 당사의 표식을 도형으로 변경해보겠습니다. ❶ [A4] 셀 위치에 있는 도형을 클릭하고 ❷ Ctrl + C 를 눌러 복사합니다. ❸ [당사]의 데이터 계열을 클릭하고 ❹ Ctrl + V 를 눌러 표식을 복사한 도형으로 바꿉니다.

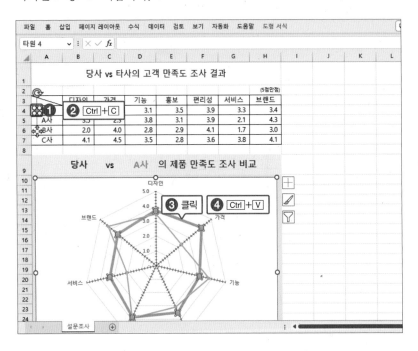

10 차트 원본 데이터 범위 지정하기 타사(A사, B사, C사) 차트의 원본 데이터 범위에 앞서 정의한 이름인 '타사차트범위'로 계열 범위를 지정해보겠습니다. ❶ 차트 영역을 클릭하고 ❷ [차트 디자인] 탭-[데이터] 그룹-[데이터 선택]을 클릭합니다.

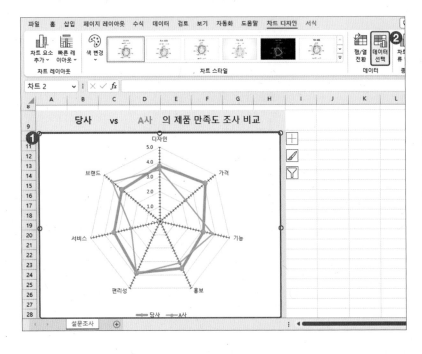

바로**통**하는TIP

당사(B4:H4) 범위의 차트는 고정하고 타사(A사(B5:H5),B사(B6:H6),C사(B7:H7)) 범위로 차트의 계열 범위를 변경하려면 매번 차트 범위를 수정해야 합니다. 따라서 [D9] 셀의 회사명을 변경하면 그 이름으로 차트 범위가 변경되도록 03 단계에서 정의한 이름인 '타사차트범위'로 계열의 범위를 지정합니다.

11 ❶ [데이터 원본 선택] 대화상자의 [범례 항목(계열)]에서 [A사]를 클릭하고 ❷ [편집]을 클릭합니다. ❸ [계열 편집] 대화상자에서 [계열 이름]에 **=설문조사!$D$9**를 입력하고 ❹ [계열 값]에 **=설문조사!타사차트범위**를 입력한 후 ❺ [확인]을 클릭합니다. ❻ [데이터 원본 선택] 대화상자에서 [확인]을 클릭하여 대화상자를 닫습니다.

12 [D9] 셀의 목록 상자에서 [B사]를 클릭하면 방사형 차트가 타사 데이터 계열로 바뀝니다.

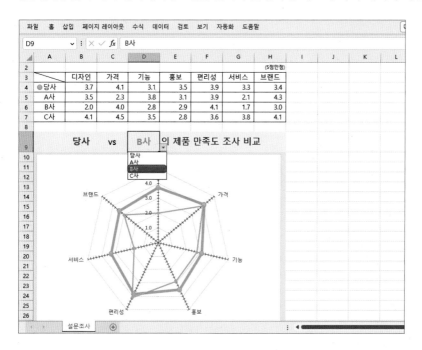

CHAPTER

05

업무 자동화를 위한
매크로&VBA 기능

엑셀에서 매크로와 VBA를 사용하면 분석 과정이나 반복적인 일련의 작
업을 자동화할 수 있어 업무의 효율을 높이는 데 매우 유용합니다. 하지
만 VBA를 실무에 적용하기까지 꽤 오랜 시간이 소요되므로 중도에 포기
하는 경우가 대부분입니다. 자동 매크로로 매크로를 기록/실행/편집하는
방법을 차근차근 익히고, 직접 코딩하는 과정을 거쳐 실무에 꼭 필요한
매크로와 VBA의 핵심기능을 배워보겠습니다.

2010 \ 2013 \ 2016 \ 2019 \ 2021 \ M365

데이터 추출 과정을
매크로로 기록, 편집하기

실습 파일 5장\33_수주내역_매크로.xlsx, 33_수주내역_code1.txt, 33_수주내역_code2.txt
완성 파일 5장\33_수주내역_매크로_완성.xlsm

매크로 기록기로 고급 필터를 이용해 발주 내역을 검색하는 일련의 작업을 기록하고, 기록된 매크로를
비주얼 베이식 편집기로 편집한 후 명령 단추와 연결해보겠습니다. 거래처와 출고일을 검색할 조건으
로 입력하고 명령 단추를 눌러 인쇄 출력할 발주 내역서를 만들어보겠습니다.

미리 보기

NO	출고일	발주번호	품목코드	품명	출고수량	단가	출고금액
			거래처	시작일 출고일	종료일 출고일		
	12월		피앤산업	>=2022-12-15	<=2022-12-30	거래처 발주 검색	
1	2022-12-20	A120499	FD005	회의용테이블	3	450,000	1,350,000
2	2022-12-20	A120499	CD003	노트북15인치	4	864,000	3,456,000
3	2022-12-20	A120569	FD001	사무의자	3	256,000	768,000
4	2022-12-20	A120569	FD002	사무책상	7	125,000	875,000
5	2022-12-20	A120569	FD003	책상서랍	21	65,000	1,365,000
6	2022-12-20	A120569	FD004	PVC파티션	1	45,000	45,000
7	2022-12-22	A120679	CD001	레이저프린터	2	460,000	920,000
8	2022-12-22	A120679	CD002	모니터23	7	230,000	1,610,000
9	2022-12-22	A120749	FD004	PVC파티션	5	45,000	225,000
10	2022-12-22	A120749	CD001	레이저프린터	6	460,000	2,760,000
11	2022-12-26	A120879	FD001	사무의자	5	256,000	1,280,000
12	2022-12-26	A120879	FD002	사무책상	5	125,000	625,000
13	2022-12-27	A120959	FD005	회의용테이블	30	450,000	13,500,000
14	2022-12-27	A120959	FD003	책상서랍	5	65,000	325,000
15	2022-12-27	A120959	FD004	PVC파티션	5	45,000	225,000
16	2022-12-27	A120959	FD005	회의용테이블	2	450,000	900,000
17	2022-12-28	A121021	CD003	노트북15인치	2	864,000	1,728,000
18	2022-12-28	A121021	CD004	노트북13인치	7	984,000	6,888,000

< > 수주내역 발주검색 거래처목록 +

회사에서 바로 통하는 키워드 : 매크로 기록, 매크로 실행, 고급 필터, 양식 컨트롤(단추), ScreenUpdating, Dim, If~End If

| 한눈에 보는 작업 순서 | 매크로 보안 설정하기 | ▶ | 매크로 기록, 편집 및 코드 추가하기 | ▶ | 단추 양식 컨트롤 삽입 및 매크로 연결하기 | ▶ | 매크로 실행 및 매크로 사용 통합 문서로 저장하기 |

01 정의된 이름 목록 확인하기 수주내역 통합 문서에는 12월 수주 내역의 범위는 표로, 고급필터에 사용될 범위는 이름으로 정의되어 있습니다. ❶ [수주내역] 시트에서 [A4] 셀을 클릭하면 ❷ [테이블 디자인] 탭-[속성] 그룹-[표 이름]이 [수주전체내역]으로 정의된 것을 확인할 있습니다. ❸ [발주검색] 시트에는 [이름 상자]의 목록 버튼☑을 클릭하면 [거래처], [복사위치], [조건]의 정의된 이름 목록이 표시됩니다.

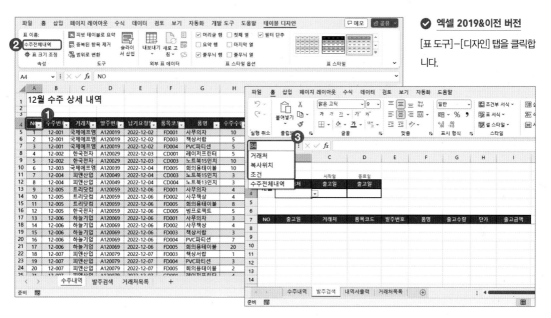

✅ **엑셀 2019&이전 버전**

[표 도구]-[디자인] 탭을 클릭합니다.

02 [개발 도구] 탭 표시하기 매크로를 기록하고 실행하기 위해 매크로와 관련된 명령어가 모여 있는 [개발 도구] 탭을 표시해보겠습니다. ❶ [파일] 탭-[옵션]을 클릭합니다. ❷ [Excel 옵션] 대화상자에서 [리본 사용자 지정]을 클릭하고 ❸ [리본 메뉴 사용자 지정]에서 [개발 도구]에 체크합니다. ❹ [확인]을 클릭합니다.

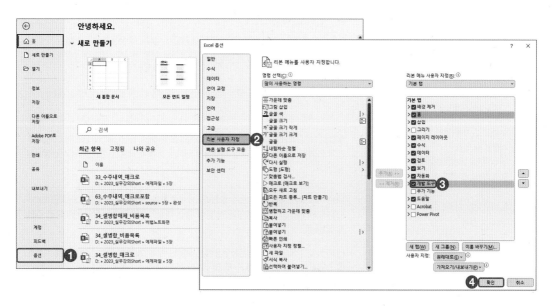

03 매크로 보안 설정하기 매크로 보안은 매크로를 통해 감염될 수 있는 바이러스로부터 파일을 보호하기 위해 설정합니다. 매크로가 포함된 통합 문서를 열 때마다 보다 안전하게 매크로를 실행할 수 있도록 보안 기능을 설정해보겠습니다. ❶ [개발 도구] 탭–[코드] 그룹–[매크로 보안]을 클릭합니다. ❷ [보안 센터] 대화상자의 [매크로 설정]에서 [알림이 포함된 VBA 매크로 사용 안 함]을 클릭하고 ❸ [확인]을 클릭합니다.

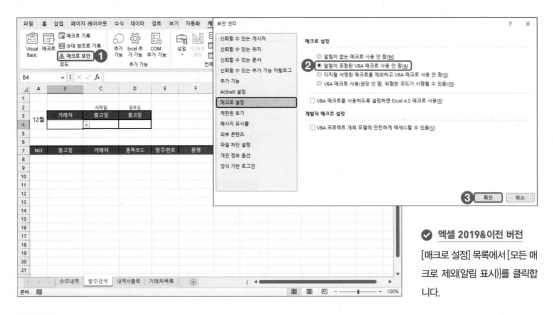

✅ **엑셀 2019&이전 버전**

[매크로 설정] 목록에서 [모든 매크로 제외(알림 표시)]를 클릭합니다.

 비법노트 **매크로 보안 설정**

매크로 보안 설정 *엑셀 2021 버전(엑셀 2019&이전 버전)	설명
알림이 없는 매크로 사용 안 함 *모든 매크로 제외(알림 표시 없음)	신뢰할 수 있는 위치에 등록되지 않은 문서의 모든 매크로는 실행할 수 없으며, 보안 경고 알림 메시지도 나타나지 않습니다.
알림이 포함된 VBA 매크로 사용 안 함 *모든 매크로 제외(알림 표시)	매크로 보안의 기본 설정으로 가장 많이 사용하는 보안 설정입니다. 매크로가 포함된 통합 문서를 열 때마다 보안 경고 알림 메시지가 나타나서 사용자에게 현재 문서가 신뢰할 만한 문서인지 아닌지를 선택한 후 매크로의 실행 여부를 상황별로 선택합니다.
디지털 서명된 매크로를 제외하고 VBA 매크로 사용 안 함 *디지털 서명된 매크로만 포함	매크로가 포함된 문서에 디지털 서명이 있는 경우 매크로를 실행할 수 있습니다.
VBA 매크로 사용(권장 안 함, 위험한 코드가 시행될 수 있음) *모든 매크로 포함(위험성 있는 코드가 실행될 수 있으므로 권장하지 않음)	매크로 보안 경고 없이 모든 매크로가 실행되도록 하는 설정으로 신뢰할 수 없는 매크로가 포함된 통합 문서일 경우 컴퓨터에 해로운 코드가 포함될 수 있으므로 권장하지 않습니다.
VBA 매크로를 사용하도록 설정하면 Excel 4.0 매크로 사용	VBA 매크로에 대한 위의 모든 설정이 Excel 4.0 매크로에 적용됩니다. 단 최근 Excel 4.0 매크로(수식 매크로)를 이용한 악성 엑셀 파일이 지속적으로 유포 중이므로 주의를 요합니다.
개발자 매크로 설정	개발자 설정 모드로 VBA 프로젝트에서 포함된 ActiveX 개체 모델을 안전하게 액세스할 것인지의 유무를 선택할 수 있습니다.

04 [거래처발주검색] 매크로 기록하기 거래처와 출고일을 조건으로 지정한 후 매크로 기록을 시작하겠습니다. ❶ [발주검색] 시트를 클릭하고 ❷ [B4] 셀에 [한국전자]를 클릭하고, [C4] 셀에 **>=2022-12-20**, [D4] 셀에 **<=2022-12-30**을 입력하여 검색할 조건을 지정합니다. ❸ [개발 도구] 탭-[코드] 그룹-[매크로 기록]을 클릭합니다. ❹ [매크로 기록] 대화상자에서 [매크로 이름]에 **거래처발주검색**을 입력하고 ❺ [확인]을 클릭합니다.

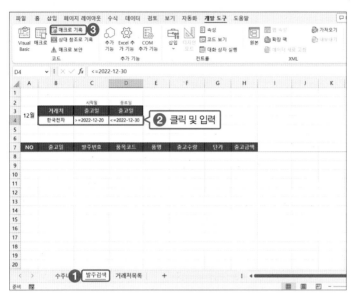

바로 통하는 TIP [매크로 기록] 대화상자에서 [확인]을 클릭한 다음부터는 셀과 관련된 명령어, 메뉴 선택 등의 모든 동작이 매크로로 기록되므로 매크로 기록을 종료하기까지 실습 순서에 맞춰 진행해야 합니다.

비법 노트

자동 매크로와 매크로 기록 대화상자 살펴보기

매크로는 작업의 자동화를 위해 여러 가지 명령어를 하나로 묶어서 마치 하나의 작업을 실행하듯이 일괄로 처리할 수 있는 기능입니다. 매크로는 매크로 기록기를 사용하여 캠코더와 같이 엑셀에서 수행하고 싶은 작업 과정을 기록하고 VBA(Visual Basic for Applications) 프로그래밍 언어 형태로 자동 변환합니다. 이렇게 한 번 기록해놓은 자동 매크로는 사용자가 원할 때마다 바로 가기 키(단축키)나 명령 단추 등을 이용하여 실행할 수 있습니다. 또 기록된 매크로는 비주얼 베이식 편집기(Visual Basic Editor, VBE)로 편집할 수 있습니다.

❶ **매크로 이름** : 기록할 매크로 이름을 입력합니다. 매크로 이름은 첫 글자가 반드시 문자로 시작해야 하고 공백, 특수 문자(!, @, ?, %, & 등), 셀 주소를 사용할 수 없습니다.

❷ **바로 가기 키** : 매크로를 실행하는 바로 가기 키를 설정할 수 있으며 대소문자를 구별합니다.

❸ **매크로 저장 위치** : 자동 매크로가 기록될 위치를 [개인용 매크로 통합 문서], [새 통합 문서], [현재 통합 문서] 중 선택합니다.

❹ **설명** : 매크로에 대한 부연 설명을 입력합니다.

05 고급 필터로 조건에 맞는 데이터 추출하기 지정한 조건에 맞는 데이터 추출 과정을 매크로로 기록하겠습니다. ❶ [발주검색] 시트에서 [B3] 셀을 클릭합니다. ❷ [데이터] 탭–[정렬 및 필터] 그룹–[고급]을 클릭합니다. ❸ [고급 필터] 대화상자에서 [다른 장소에 복사]를 클릭합니다. ❹ [목록 범위]에 **수주전체내역[#모두]**, [조건 범위]에 **조건**, [복사 위치]에 **복사위치**를 입력합니다. ❺ [확인]을 클릭합니다. 조건에 맞는 데이터가 추출되어 [A8] 셀부터 표시됩니다.

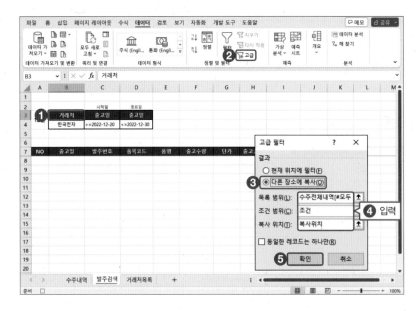

바로 **통** 하는TIP

고급 필터로 추출한 결과를 다른 시트에 복사하려면 고급 필터를 실행하기 전 조건 위치인 [발주검색] 시트의 [B3] 셀을 클릭한 후 시작합니다. 고급 필터의 [목록 범위]는 표의 전체 범위를 지정(수주전체내역[#모두])하고, [조건 범위]와 [복사 위치]는 정의한 이름을 입력합니다.

06 매크로 기록 종료하기 고급 필터 과정을 기록했으므로 매크로 기록을 마칩니다. ❶ [A1] 셀을 클릭합니다. ❷ [개발 도구] 탭–[코드] 그룹–[기록 중지]를 클릭합니다.

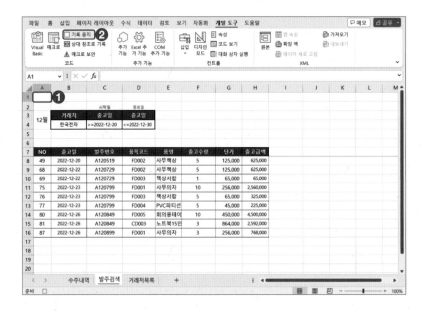

고급 필터의 조건 지정 규칙

1 고급 필터 조건 지정 규칙

고급 필터는 조건 지정 규칙을 필드명 아래에 직접 입력합니다. 조건을 지정할 때는 AND 조건뿐만 아니라 OR 조건을 이용하여 보다 복잡하고 다양한 조건으로 데이터를 검색할 수 있습니다.

❶ 고급 필터는 검색할 조건을 워크시트에 미리 입력해야 합니다.
❷ 검색한 데이터를 현재 위치 또는 다른 위치로 출력할 수 있습니다.
❸ 두 개 이상의 필드를 AND나 OR 조건으로 추출할 수 있습니다.

조건을 입력할 때는 필드명을 입력하고 필드명 아래쪽에 조건을 입력합니다. 이때 조건을 같은 행에 입력하면 AND 조건이 되고, 다른 행에 입력하면 OR 조건이 됩니다. 조건을 지정할 때는 대표 문자(?, *)를 사용할 수 있습니다.

❶ **AND 조건** : 같은 행에 조건을 입력합니다. 부서가 영업부이며 직급이 과장인 레코드를 추출합니다.

부서	직급
영업부	과장

❷ **OR 조건** : 다른 행에 조건을 입력합니다. 부서가 영업부이거나 직급이 과장인 레코드를 추출합니다.

부서	직급
영업부	
	과장

❸ **AND, OR 복합 조건** : 직급이 과장이면서 실적이 백만 원 이상이거나 직급이 대리이면서 실적이 백만 원 이상인 레코드를 추출합니다.

직급	실적
과장	>=1000000
대리	>=1000000

❹ **수식으로 조건 지정하기** : 수식으로 조건을 만들 때는 조건 필드를 데이터베이스 필드명이 아닌 다른 이름으로 지정하거나 공백으로 표시합니다. 조건을 입력한 셀에는 TRUE, FALSE 값이 표시됩니다.

평균실적
FALSE

> 조건 필드명은 조건이 적용될 필드와 다른 이름 지정

2 [고급 필터] 대화상자 살펴보기

[고급 필터] 대화상자에서 [목록 범위], [조건 범위], [복사 위치] 등을 지정합니다.

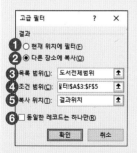

❶ **현재 위치에 필터** : 검색 조건에 맞게 추출한 데이터를 원본 데이터 위치에 표시합니다.
❷ **다른 장소에 복사** : 추출한 데이터를 다른 장소에 복사하여 표시합니다.
❸ **목록 범위** : 데이터 전체 범위를 지정합니다.
❹ **조건 범위** : 찾을 조건이 입력된 셀의 범위를 지정합니다.
❺ **복사 위치** : 다른 장소에 복사를 선택한 경우 추출한 데이터를 표시할 위치를 지정합니다.
❻ **동일한 레코드는 하나만** : 중복 레코드가 있는 경우 하나만 표시합니다.

07 [일련번호표시] 매크로 기록하기 고급 필터에서 검색한 데이터의 번호를 수식으로 표시하고 그 과정을 매크로로 기록하겠습니다. ❶ [개발 도구] 탭-[코드] 그룹-[매크로 기록]을 클릭합니다. ❷ [매크로 기록] 대화상자에서 [매크로 이름]에 **일련번호표시**를 입력하고 ❸ [확인]을 클릭합니다.

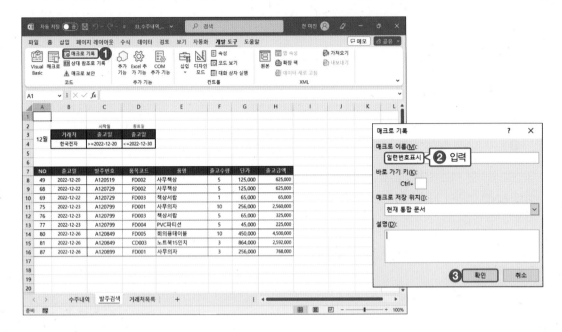

08 ❶ [A8] 셀을 클릭합니다. ❷ Ctrl + Shift + ↓ 를 눌러 데이터 범위를 지정합니다. ❸ **=ROW( )-7** 을 입력한 후 Ctrl + Enter 를 눌러 수식을 입력합니다. ❹ Ctrl + Home 을 눌러 범위를 해제합니다.

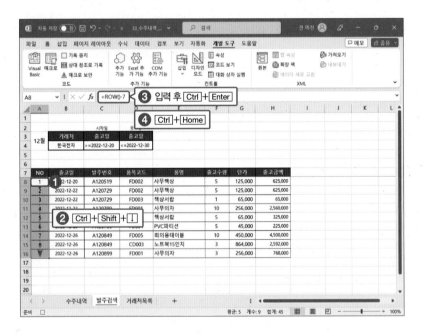

09 번호를 채우는 과정을 기록했으므로 매크로 기록을 마칩니다. ❶ [A1] 셀을 클릭합니다. ❷ [개발 도구] 탭-[코드] 그룹-[기록 중지]를 클릭합니다.

바로 통 하는TIP

매크로를 기록하기 전과 매크로 기록을 마칠 때 셀의 위치는 임의의 셀을 지정해도 상관없지만 같은 위치(발주검색)로 지정해 놓는 것이 좋습니다. 매크로 수행후 셀의 위치를 한눈에 파악할 수 있습니다.

10 [데이터지우기] 매크로 기록하기 고급 필터로 검색한 데이터를 지우는 과정을 매크로로 기록해보 겠습니다. ❶ [개발 도구] 탭-[코드] 그룹-[매크로 기록]을 클릭합니다. ❷ [매크로 기록] 대화상자에서 [매크로 이름]에 **데이터지우기**를 입력하고 ❸ [확인]을 클릭합니다.

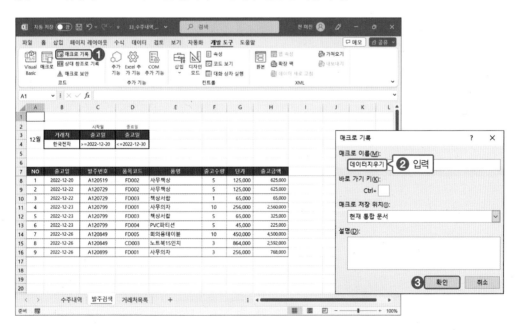

11 ❶ [A8] 셀을 클릭합니다. ❷ Ctrl + Shift + ← 를 누르고 ❸ Ctrl + Shift + ↓ 를 눌러 데이터 범위를 지정합니다. ❹ [홈] 탭-[편집] 그룹-[지우기 🧽]를 클릭하고 ❺ [모두 지우기]를 클릭합니다. ❻ Ctrl + Home 을 눌러 범위를 해제합니다. 지정한 범위의 셀 값과 서식이 지워집니다.

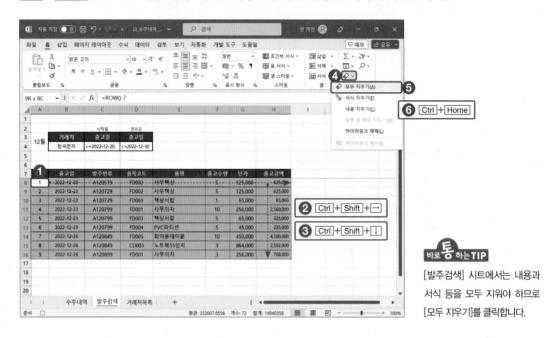

바로 **통**하는TIP

[발주검색] 시트에서는 내용과 서식 등을 모두 지워야 하므로 [모두 지우기]를 클릭합니다.

12 데이터 지우기 과정을 기록했으므로 매크로 기록을 마칩니다. ❶ [A1] 셀을 클릭합니다. ❷ [개발 도구] 탭-[코드] 그룹-[기록 중지]를 클릭합니다.

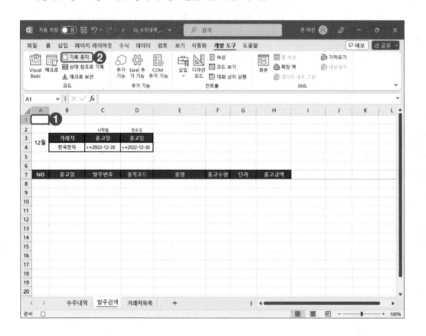

13 비주얼 베이식 편집기에서 매크로 수정하기 매크로를 편집하거나 직접 VBA 언어로 매크로를 작성하기 위해서는 비주얼 베이식 편집기(Visual Basic Editor)를 이용합니다. ❶ [개발 도구] 탭-[코드] 그룹-[Visual Basic]을 클릭하여 비주얼 베이식 편집기 창을 엽니다. ❷ 프로젝트 탐색기 창에서 [모듈] 폴더의 [확장⊞]을 클릭하고 ❸ [Module1]을 더블클릭합니다.

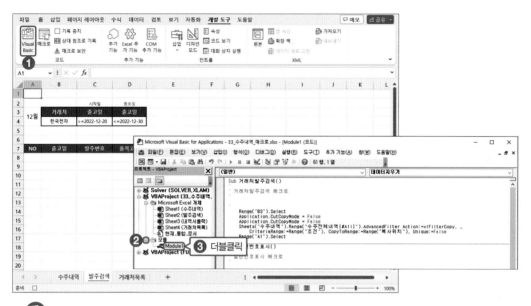

 비주얼 베이식 편집기 창을 여는 단축키는 Alt + F11 입니다.

비법 노트 비주얼 베이식 편집기 창 살펴보기

매크로 기록기로 기록한 매크로를 편집하거나 직접 VBA(Visual Basic for Applications) 언어로 매크로를 작성하기 위해서는 비주얼 베이식 편집기를 이용합니다.

❶ **프로젝트 탐색기 창** : 엑셀을 구성하는 통합 문서, 워크시트 그리고 모듈, 폼, 클래스 등의 개체를 계층 구조 형태로 표시합니다.

❷ **속성 창** : 각 프로젝트 탐색기 창에 나타나는 개체의 속성을 설정합니다.

❸ **코드 창** : 매크로가 VBA 코드로 기록되어 나타나는 창으로 매크로를 직접 수행하거나 삭제할 수 있으며 매크로를 만들 수 있습니다.

❹ **프로시저** : Sub로 시작해서 VBA 명령어 코드가 입력되며 End Sub으로 끝납니다. 앞서 매크로 기록기로 기록한 매크로에 해당합니다.

14 [거래처발주검색] 매크로를 실행하기 전에 필터링된 결과를 지우는 코드를 추가해보겠습니다. 비주얼 베이식 편집기 코드 창에 다음과 같이 빨간색으로 표기된 코드를 추가로 입력해 매크로를 수정합니다. 아래 입력한 코드는 '33_수주내역_code1.txt' 파일에서 복사하여 붙여 넣을 수 있습니다.

```
Sub 거래처발주검색()
'
' 거래처발주검색 매크로
'
❶ Application.ScreenUpdating = False
❷ 데이터지우기
  Range("B3").Select
  Application.CutCopyMode = False
  Application.CutCopyMode = False
  Sheets("수주내역").Range("수주전체내역[#All]").AdvancedFilter Action:=xlFilterCopy, _
      CriteriaRange:=Range("조건"), CopyToRange:=Range("복사위치"), Unique:=False
  Range("A1").Select



❸ 일련번호표시
❹ Application.ScreenUpdating = True


  End Sub
```

❶ 다음부터 명령어가 실행(복사, 붙여넣기 등)될 때 화면에 업데이트 과정을 표시하지 않습니다(False).
❷ 고급 필터 명령 코드를 실행하기 전에 [데이터지우기] 매크로를 실행합니다.
❸ 고급 필터 명령 코드를 실행한 후에 [일련번호표시] 매크로를 실행합니다.
❹ 화면에 업데이트 과정을 표시합니다(True).

프로시저 기본 구조 살펴보기

프로시저의 기본 구조에 대해 살펴보겠습니다.

❶ Sub~End Sub : 프로시저(매크로)의 시작과 끝을 나타냅니다.

❷ 프로시저명 : 프로시저(매크로) 이름이 표시되며 프로시저 이름 뒤에는 괄호를 입력합니다.

❸ 주석 : '(아포스트로피)를 입력한 후에는 프로시저나 명령 코드에 대한 부가적인 설명을 기록합니다.

❹ 명령 코드 : 실제 프로시저(매크로)가 수행되는 명령 코드입니다. 명령 코드는 제어문, 개체, 속성, 메서드, VBA 내장 함수 등으로 구성되어 있습니다.

15 [발주검색] 시트의 필터링된 결과가 없다면 [일련번호표시], [데이터지우기] 매크로가 실행되지 않도록 매크로 코드 창에 다음과 같이 빨간색으로 표기된 코드를 추가로 입력하여 매크로를 수정합니다. 아래 입력한 코드는 '33_수주내역_code2.txt' 파일에서 복사하여 붙여 넣을 수 있습니다.

```
Sub 발주내역복사()
' 일련번호표시 매크로

❶   Dim 행수 As Integer

❷   행수 = Range("A7").CurrentRegion.Rows.Count

❸   If 행수 = 1 Then
❹      Exit Sub
❺   ElseIf 행수 = 2 Then
❻      Range("A8").Value = 1
        Exit Sub
❼   End If
    Range("A8").Select
    Range(Selection, Selection.End(xlDown)).Select
    Selection.FormulaR1C1 = "=ROW()-7"
    Range("A1").Select
End Sub
```

❶ 정수(Integer) 데이터 형식의 변수 행수를 선언합니다.

❷ 행수 변수에 [A7] 셀 위치에서 데이터 전체 영역(CurrentRegion)의 행(Rows)의 개수(Count)를 반환합니다.

❸ 만약(IF) 행수의 값이 1이면(필터링된 결과 없이 제목만 입력되어 있으므로 행수=1)

❹ 다음 코드를 수행하지 않고 [일련번호표시] 매크로를 빠져나갑니다.

❺ 만약(ElseIf) 행수의 값이 2이면(필터링된 결과가 1건이므로 행수=2)

❻ [A8] 셀에 1을 입력하고 다음 코드를 수행하지 않고 [일련번호표시] 매크로를 빠져나갑니다.

❼ IF 문을 마칩니다.

문서
편집&
서식

수식&
함수

데이터
관리&
분석

차트

매크로&
VBA

```
    Sub 데이터지우기()

    ' 데이터지우기 매크로

❶   Dim 행수 As Integer
❷   행수 = Range("A7").CurrentRegion.Rows.Count
❸   Range("A8").Select

❹   If 행수 = 1 Then
        Exit Sub
    ElseIf 행수 > 2 Then
        Range(Selection, Selection.End(xlDown)).Select
    End If

❺   Range("A8").Select
    Range(Selection, Selection.End(xlToRight)).Select
    Range(Selection, Selection.End(xlDown)).Select
    Selection.Clear

    Range("A1").Select
    End Sub
```

❶ 정수(Integer) 데이터 형식의 변수 행수를 선언합니다.

❷ 행수 변수에 [A7] 셀 위치에서 데이터 전체 영역(CurrentRegion)의 행(Rows)의 개수(Count)를 반환합니다.

❸ 데이터를 지울 위치인 [A8] 셀을 클릭합니다.

❹ 만약(IF) 행수의 값이 1이면 다음 코드를 수행하지 않고 [데이터지우기] 매크로를 빠져나갑니다.
만약(ElseIf) 행수의 값이 2보다 크면(필터링된 결과가 2건 이상이면) [A8] 셀에서 마지막 데이터가 있는 행까지 범위를 지정하고 IF 문을 마칩니다.

❺ ❹번에서 데이터가 입력된 행 전체 범위를 지정하는 코드를 입력했으므로 중복 코드는 지웁니다.

16 [닫기 ☒]를 클릭하여 비주얼 베이식 편집기를 닫습니다.

17 단추 양식 컨트롤 삽입하고 매크로 연결하기 단추 양식 컨트롤은 매크로를 실행할 때 자주 사용하는 컨트롤입니다. 단추 컨트롤을 삽입하고 앞서 기록한 [거래처발주검색] 매크로와 연결해보겠습니다. ❶ [F3] 셀을 클릭합니다. ❷ [개발 도구] 탭-[컨트롤] 그룹-[삽입]을 클릭하고 ❸ [양식 컨트롤]에서 [단추 ▭]를 클릭합니다. ❹ [F3] 셀 위치에서 적당한 크기로 드래그하여 단추를 삽입합니다. ❺ [매크로 지정] 대화상자가 표시되면 매크로 목록에서 [거래처발주검색]을 클릭하고 ❻ [확인]을 클릭합니다. ❼ 단추 안을 클릭하고 텍스트를 **거래처 발주 검색**으로 수정합니다.

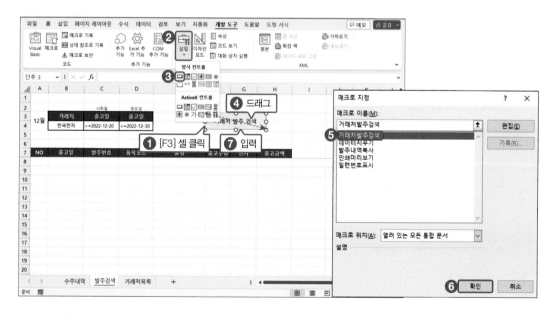

18 [거래처발주검색] 매크로 실행하기 거래처와 출고일을 변경하고 [거래처발주검색] 매크로를 실행해보겠습니다. ❶ [B4] 셀에 [피앤산업]을 클릭하고, [C4] 셀에 **>=2022-12-15**, [D4] 셀에 **<=2022-12-30**을 입력하여 검색할 조건을 지정합니다. ❷ [거래처발주검색] 단추를 클릭합니다.

19 [데이터지우기] 매크로 실행하기 단추 컨트롤 이외에 매크로를 실행하려면 [매크로] 대화상자를 사용합니다. ❶ [개발 도구] 탭-[코드] 그룹-[매크로]를 클릭합니다. ❷ [매크로] 대화상자의 매크로 목록에서 [데이터지우기]를 클릭하고 ❸ [실행]을 클릭합니다.

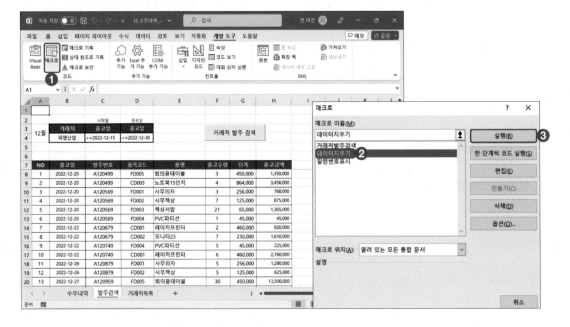

20 [데이터지우기] 매크로가 실행되어 데이터가 지워졌습니다.

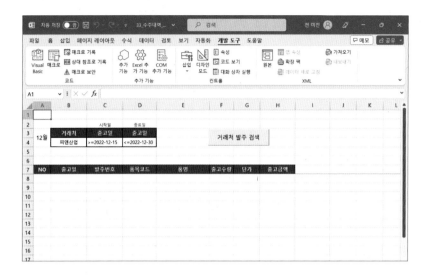

21 매크로 사용 통합 문서로 저장하기 매크로가 포함된 문서를 매크로 사용 통합 문서로 저장해보겠습니다. ❶ [파일] 탭–[내보내기]를 클릭하고 ❷ [파일 형식 변경]을 클릭한 후 ❸ [매크로 사용 통합 문서]를 더블클릭합니다. ❹ [다른 이름으로 저장] 대화상자에서 [파일 이름]에 **33_수주내역_매크로포함**을 입력하고 ❺ [저장]을 클릭합니다.

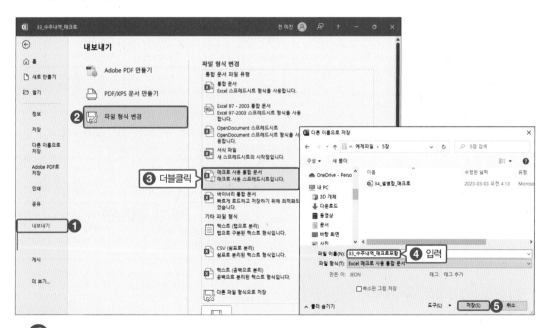

엑셀 통합 문서(*.xlsx)에는 매크로가 저장되지 않습니다. 따라서 매크로가 포함되어 있을 때는 반드시 매크로 사용 통합 문서(*.xlsm)로 저장해야 합니다. 또한 매크로가 포함된 문서를 불러올 때는 보안 경고 메시지 ⓘ 보안 경고 매크로를 사용할 수 없도록 설정했습니다. 콘텐츠 사용 가 표시됩니다. 신뢰할 만한 매크로일 경우 [콘텐츠 사용]을 클릭한 후 문서에 포함된 매크로를 실행할 수 있습니다.

엑셀의 개체 모델과 변수 선언 및 제어문 살펴보기

1 개체 모델 살펴보기 – 개체, 메서드, 속성

개체(Object)는 처리 대상이 되는 독립된 실체로, 대표적으로 Application, Workbook, Worksheet, Sheet, Range, Shape, Chart, Border 등이 있습니다. 동일한 개체가 모인 집합을 컬렉션(Collection)이라고 하며 Workbooks, Worksheets, Charts, Sheets, Shapes 등이 있습니다. 예를 들면 Sheet1, Sheet2, Sheet3의 동일한 개체가 모여 Worksheets 컬렉션을 이룹니다. 각 개체는 속성과 메서드를 가지고 있는데, 속성(Properties)은 개체의 색, 크기, 값 등의 특성을, 메서드(Method)는 개체의 동작을 의미합니다.

속성은 **[개체].[속성]** 또는 **[개체].[속성]=[속성 값]** 형식으로 사용하며 메서드는 **[개체].[메서드]** 또는 **[개체].[메서드(인수1,인수2,…,n)]** 형식으로 사용합니다.

개체		메서드		속성	
개체	설명	메서드	설명	속성	설명
Application	엑셀 프로그램	Select	개체 선택	Color	색 지정
Workbook	통합 문서	Delete	개체 삭제	Size	크기 지정
Worksheet	워크시트	Copy	개체 복사	Name	이름 지정
Range	셀 범위	Cut	개체 잘라내기	Value	내용 지정
Chart	차트	Paste	개체 붙여넣기	Address	범위 참조
WorksheetFunction	엑셀 워크시트 함수	Clear	개체 서식, 내용 지우기	Activesheet	현재 선택된 시트 참조

2 변수 선언하기

변수는 VBA에서 사용할 데이터 형식을 선언하고 임의의 값을 메모리에 저장하는 임시 저장고입니다. 변수를 선언하고 값을 할당하는 형식은 다음과 같습니다. 개체 변수에 값을 지정할 때는 반드시 Set 문을 사용해야 합니다.

변수 선언 및 할당	개체 변수 선언 및 할당
Dim 변수 이름 As 데이터 형식 변수 이름 = 데이터 값	Dim 변수 이름 As 개체 Set 변수 이름 = 개체

변수로 선언할 수 있는 데이터 형식 종류는 다음과 같습니다.

데이터 형식	저장 용량	설명
Byte	1byte	0~255 정수
Integer	2byte	-32768~32767 정수
Long	4byte	-2,147,483,648~2,147,483,647 정수
Single	4byte	-3.402823E38~3.402823E38 실수
Double	8byte	-1.79769313486232E308~4.94065645841247E-324 실수
Currency	8byte	-922,337,203,685,477.5808부터 922,337,203,685,477.5807까지 표현이 가능
Data	8byte	100년 1월 1일~9999년 12월 31일
String	10byte 이상	가변 길이 문자열은 대략 2조 개까지의 문자 고정 길이 문자열은 1부터 대략 65,400(2^{16})개
Boolean	2byte	True/False 값(0은 False로, 그 외 값은 True로 인식)
Variant	16byte 이상	날짜/시간, 부동 소수, 정수, 문자열 또는 개체 숫자는 Double/텍스트는 String
Object	4byte	Object 또는 Range, Worksheet, Workbook 등의 개체

3 제어문 살펴보기

VBA에서 조건에 따라 참 또는 거짓 명령문의 실행 순서를 변경하거나 정해진 횟수만큼 명령문을 반복적으로 실행할 때는 제어문으로 논리적 구조를 만듭니다. 여기서는 If, For~Next, For Each~Next, With~End With 문에 대해 살펴보겠습니다.

❶ If 문

엑셀의 논리 함수 중에서 IF 함수가 조건식에 따라 참값과 거짓값을 수행하는 것과 마찬가지로 VBA 문법에서 If 문은 조건에 따라 명령문의 실행 순서가 변경됩니다.

If 조건 1 Then	조건 1이 참일 때는
명령문 1	명령문 1이 실행되고
[ElseIf 조건 2 Then	조건 2가 참일 때는
명령문 2]	명령문 2가 실행되고
[Else	조건이 거짓일 때는
명령문 3]	명령문 3이 실행됩니다.
End if	If 문을 끝냅니다.

❷ For~Next 문

For~Next 문 안에 명령을 지정한 횟수만큼 반복해서 실행합니다.

For n = 시작 번호 To 종료 번호 [Step step]	n 변수의 시작 값과 종료 값까지 순환 Step 값으로 증/감 조정
명령문	명령문이 실행되고
[Exit For]	옵션으로 For 문을 빠져나갈 수 있습니다.
Next n	n 변숫값을 1만큼 증가시킵니다.

❸ For Each~Next 문

For Each~Next 문 안에 명령을 컬렉션의 개체나 배열의 수만큼 반복해서 실행합니다.

For Each 개체 변수 In 컬렉션 　명령문 　[Exit For] Next 개체 변수	n 변수의 시작 값과 종료 값까지 순환 　명령문이 실행되고 　[For 문을 빠져나감] 개체 변수의 다음 요소로 이동 n 변숫값을 1만큼 증가 시킵니다.

❹ With~End With 문

With~End With 문 안에 반복해서 같은 개체를 호출할 경우 한 번만 호출해서 작업할 수 있으므로 코드 구성이 효율적입니다.

With 반복할 개체 　.구성원 End With	반복할 개체를 선언하고 　반복할 개체의 구성원(개체, 속성, 메서드)의 명령문 With 문을 닫습니다.

핵심기능

34

자주 쓰는 매크로를 추가 기능 파일로 등록하기

실습 파일 5장\34_셀병합_매크로.xlsx, 34_셀병합_비품목록.xlsx, 34_셀병합_매크로_code.txt
완성 파일 5장\RowMergeCell.xlam

일정 범위에 같은 값이 입력되어 있으면 셀을 병합하여 한 개의 값을 표시합니다. 이처럼 셀을 병합해야 할 항목이 많다면 매크로를 작성하여 단축키로 셀 병합을 빠르게 실행할 수 있습니다. 자주 쓰는 매크로는 모든 엑셀 파일에서 사용할 수 있도록 추가 기능 파일로 등록해둡니다. 비주얼 베이식 편집기 창에서 RowMerge_cell 메서드 셀을 병합하는 매크로를 작성해보겠습니다.

미리 보기

	A	B	C	D	E	F	G
3	부서	품명	규격	취득일	금액		
4	경영전략팀	냉난방에어콘	1480 x 1000 x 150	2018-05-02	2,557,000		
5		냉장고	2400 x 800 x 200	2020-04-01	456,000		
6		디지털복사기	332 x 215 x 178	2019-05-03	1,560,000		
7		문서세단기	145 x 100 x 20	2019-03-02	786,000		
8		전자 칠판	4000 x 1000 x 20	2017-03-20	656,000		
9		커피머신	150 x 100 x 310	2022-02-03	106,000		
10	기획팀	LCD 모니터	450 x 310	2020-06-07	230,000		
11		LED 모니터 23	548 x 388	2019-05-04	436,000		
12		캠코더	128 x 100 x 20	2023-05-06	750,000		
13	영업팀	로비긴의자L	8800 x 9000 x 500	2015-11-22	250,000		
14		컬러잉크젯 프린터	350 x 200 x 160	2020-03-04	656,000		
15		팩스 기기	400 x 350 x 200	2017-08-06	319,000		
16		화이트보드	5000 x 1000 x 20	2020-07-03	56,000		
17	인사팀	2단서랍장	1000 x 400 x 400	2020-05-09	106,000		
18		노트북 13	322 x 224 x 17.95	2019-03-01	1,150,000		
19		데스크탑	322 x 224 x 17.95	2014-04-05	759,000		
20		레이저 프린터	332 x 215 x 178	2020-01-02	436,000		
21		테블릿 64G	243 x 176 x 80	2022-03-04	855,000		
22	전산팀	LCD 모니터	450 x 310	2022-04-19	356,000		
23		LED 모니터 23	548 x 388	2020-11-02	850,000		
24		노트북 15	375 x 248 x 22.9	2018-11-01	1,258,000		
25		레이저 프린터	377 x 248 x 22.9	2022-02-10	566,000		
26		테블릿 32G	210 x 148 x 15	2012-01-02	323,000		

추가 기능 ? ×

사용 가능한 추가 기능(A):
- ☐ Euro Currency Tools
- ☐ 분석 도구 - VBA
- ☑ 분석 도구 팩
- ☑ 해 찾기 추가 기능
- ☑ 행방향병합셀

[확인] [취소] [찾아보기(B)...] [자동화(U)...]

행방향병합셀
지정한 범위를 행방향으로 셀을 병합하고 가운데 맞춤을 실행합니다. [RowMerge_cell] 단축키는 Ctrl+M입니다.

수식&
함수

데이터
관리&
분석

차트

매크로&
VBA

회사에서 바로 통하는 키워드 : 추가 기능, Each~Next, If, Address, Merge

한눈에 보는 작업 순서
셀 병합 매크로 작성하기 ▶ 매크로 단축키 설정하기 ▶ 단축키로 매크로 실행하기 ▶ 추가 기능 파일로 저장하기 ▶ 추가 기능 파일 설치 및 사용하기

01 [RowMerge_cell] 매크로 만들기 연도별 입금 목록에서 연도의 값이 같을 때 셀을 병합하는 매크로를 작성하고 단축키를 설정하여 매크로를 실행하려고 합니다. 셀 병합 매크로는 추가 기능 파일로 저장하고 사용할 예정입니다. 우선 [매크로] 대화상자에서 [RowMerge_cell] 매크로를 작성해보겠습니다. ❶ [개발 도구] 탭-[코드] 그룹-[매크로]를 클릭합니다. ❷ [매크로] 대화상자의 [매크로 이름]에 **RowMerge_cell**을 입력하고 ❸ [만들기]를 클릭합니다.

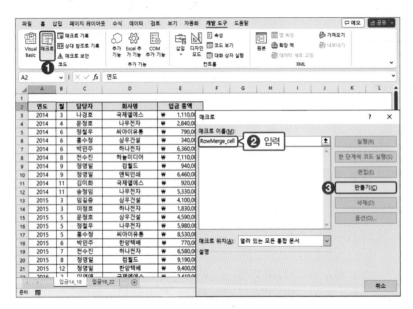

바로 **통** 하는TIP
'34_셀병합_매크로.xlsx' 파일로 실습을 진행합니다.

02 비주얼 베이식 편집기에서 매크로 작성하기 비주얼 베이식 편집기 창이 열립니다. 셀 병합하기 코드를 입력해보겠습니다. 코드 창에 다음과 같이 빨간색으로 표기된 코드를 입력합니다. 입력한 코드는 '34_셀병합_매크로_code.txt' 파일에서 복사하여 붙여 넣을 수 있습니다.

```
❶  Sub RowMerge_Cell()

❷  Dim start_cell As String, end_cell As String
❸  Dim rTemp As Range, mTemp As Range

❹  On Error Resume Next
❺  Set rTemp = Application.InputBox("병합할 셀의 범위를 지정해주세요", "병합할범위", Type:=8)

❻  If rTemp Is Nothing Then
❼      MsgBox "범위 지정을 잘못되었습니다"
❽      Exit Sub
❾  End If
```

❶ RowMerge_cell 프로시저를 시작합니다.

❷ Integer 데이터 형식의 변수 start_cell, end_cell을 선언합니다.

❸ Range 개체 형식의 변수 rTemp, mTemp를 선언합니다.

❹ 에러 발생 시 에러가 발생한 명령문을 무시하고 다음 명령을 실행합니다.

❺ Input 메서드에서 병합할 셀의 범위를 입력받고, 그 셀의 주소를 rTemp 개체에 할당합니다.

❻ 만약 rTemp에 병합할 셀의 범위가 할당되지 않았으면

❼ MsgBox 메서드로 범위 지정이 잘못되었다는 메시지 창을 표시합니다.

❽ 'RowMerge_cell' 프로시저를 빠져나옵니다.

❾ If 문을 마칩니다.

비법 노트

디버깅과 에러 처리하기

프로시저 안의 명령어를 수행하다가 오류가 발생하면 오류 메시지가 표시되고 코드 실행이 중단됩니다. [종료]를 클릭하면 프로시저가 종료되고, [디버그]를 누르면 오류가 발생한 위치에 노란색 화살표가 표시되며, 프로시저는 중단 모드로 전환됩니다. 오류가 발생한 위치의 코드를 수정하려면 비주얼 베이식 편집기 창의 [표준] 도구 모음에서 [재설정 ■]을 눌러 코드를 수정합니다.

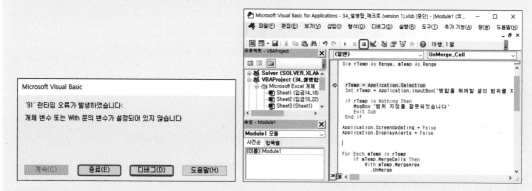

문법적이나 논리적 오류가 아닌 저장할 위치의 폴더가 없거나 읽기/쓰기 권한이 없을 때, 혹은 프린터 문제 등의 에러가 발생할 경우 처리하는 방법으로 On Error 문을 사용합니다.

On Error 문	설명
On Error Goto 레이블	에러 발생 시 지정한 레이블 위치로 이동합니다.
On Error Resume Next	에러 발생 시 에러가 발생한 명령문을 무시하고 다음 명령을 수행합니다.

비법노트 메시지 창 표시하기

MsgBox 함수는 메시지 창을 띄워 사용자에게 메시지를 전달하고자 할 때 사용합니다. MsgBox 함수의 구문 구조는 다음과 같습니다.

```
MsgBox(Prompt, Buttons, Title, Helpfile, Context)
```

인수는 다음과 같습니다.

인수	필수/선택	데이터 형식	설명
Prompt	필수	String	메시지 창에 표시할 내용을 입력합니다.
Buttons	선택	Numeric	메시지 창에 표시할 아이콘 또는 버튼의 모양을 지정합니다. 아이콘 또는 버튼은 내장 상수를 사용합니다.
Title	선택	String	메시지 창에 표시할 제목을 입력합니다.
Helpfile	선택	String	메시지 창에서 F1을 누를 때 연결할 도움말 파일 이름을 지정합니다.
Context	선택	Numeric	Helpfile 지정 시 도움말의 항목 번호를 지정합니다.

Buttons 설명 내 이미지 표:

	vbCritical(16)	vbQuestion(32)	vbInformation(64)
아이콘	(Microsoft Excel ⊗ 범위 지정을 잘못되었습니다 [확인])	(Microsoft Excel ? 범위 지정을 잘못되었습니다 [확인])	(Microsoft Excel ① 범위 지정을 잘못되었습니다 [확인])
	vbOkOnly(0)	vbOkCancel(1)	vbYesNoCancel(3)
버튼	(Microsoft Excel 범위 지정을 잘못되었습니다 [확인])	(Microsoft Excel 범위 지정을 잘못되었습니다 [확인] [취소])	(Microsoft Excel 범위 지정을 잘못되었습니다 [예(Y)] [아니요(N)] [취소])

03 02 단계에서 입력한 코드 다음 줄에 빨간색으로 표시된 코드를 입력합니다.

```
⑩  Application.DisplayAlerts = False

⑪  start_cell = rTemp.Cells(1.1).Address

⑫  For Each mTemp In rTemp
⑬    If mTemp.Cells(1, 1).Value <> mTemp.Cells(2, 1).Value Then
⑭      end_cell = mTemp.Cells(1, 1).Address
⑮      Range(start_cell, end_cell).Merge
⑯      Range(start_cell, end_cell).HorizontalAlignment = xlCenter
⑰      start_cell = mTemp.Cells(2, 1).Address
⑱    End If
⑲  Next
```

문서
편집&
서식

수식&
함수

데이터
관리&
분석

차트

매크로&
VBA

```
⑳    Application.DisplayAlerts = True

㉑    End Sub
```

⑩ Application 개체의 DisplayAlerts 속성은 경고 메시지 창을 표시(True)하거나 숨깁니다(False). 여기서는 셀을 합칠 때 빈 셀이 아닐 경우 경고 메시지 창이 뜨는 것을 숨깁니다.

⑪ rTemp 범위의 1행 1열의 주소를 start_cell에 절대 참조로 저장합니다.

⑫ For Each~Next 문으로 병합할 데이터 범위의 첫 번째 셀부터 순서대로 mTemp 변수에 할당하면서 rTemp 개체의 행 개수만큼 반복 순환합니다.

⑬ 만약에 첫 번째 행의 셀 값과 두 번째 행의 셀 값이 같지 않다면 셀 병합을 시작합니다.

⑭ end_cell 변수에 현재 셀의 주소를 절대 참조로 저장합니다.

⑮ start_cell과 end_cell 범위의 셀을 병합하고

⑯ 가로 가운데 맞춤합니다.

⑰ start_cell 변수에 병합한 셀의 아래 방향으로 한 칸 이동한 셀 주소를 절대 참조로 저장합니다.

⑱ If 문을 마칩니다.

⑲ Temp 개체의 행 개수만큼 ⑬~⑱을 반복 수행합니다.

⑳ Application 개체의 DisplayAlerts 속성은 경고 메시지 창을 표시(True)합니다.

㉑ Sub 프로시저를 마칩니다.

비법노트 Range.Address 속성

범위나 셀의 주소를 문자로 반환합니다. Address 구문 구조는 다음과 같습니다.

```
Address(RowAbsolute, ColumnAbsolute, ReferenceStyle, External, RelativeTo)
```

중요 매개 변수는 다음과 같습니다.

매개 변수	필수/선택	데이터 형식	설명
RowAbsolute		Variant	행 방향으로 절대 참조이면 True, 상대 참조이면 False입니다. 생략 시 기본은 True입니다.
ColumnAbsolute		Variant	열 방향으로 절대 참조이면 True, 상대 참조이면 False입니다. 생략 시 기본은 True입니다.
ReferenceStyle	선택	XlReferenceStyle	참조 방식에 따라 xlA1(A1, B1), xlR1C1(R1C1, R1C2) 스타일을 지정합니다. 생략 시 기본 xlA1입니다.
External		Variant	True면 외부 참조([통합 문서]시트 이름!셀 주소), False면 내부 참조(셀 주소), 생략 시 기본은 False입니다.
RelativeTo		Variant	RowAbsolute가 False, ColumnAbsolute가 False, ReferenceStyle is xlR1C1일 때 시작 셀까지의 상대 참조를 표시합니다.

04 [닫기 ✕]를 클릭하여 비주얼 베이식 편집기를 닫습니다.

05 [RowMerge_cell] 단축키 설정하기 [RowMerge_cell] 매크로 단축키를 설정해보겠습니다. ❶ [개발 도구] 탭-[코드] 그룹-[매크로]를 클릭합니다. [매크로] 대화상자에서 [RowMerge_cell]이 선택되어 있습니다. ❷ [옵션]을 클릭합니다. ❸ [매크로 옵션] 대화상자에서 [바로 가기 키] 영역에 소문자 **m**을 입력하고 ❹ [확인]을 클릭합니다. ❺ [매크로] 대화상자에서 [취소]를 클릭합니다.

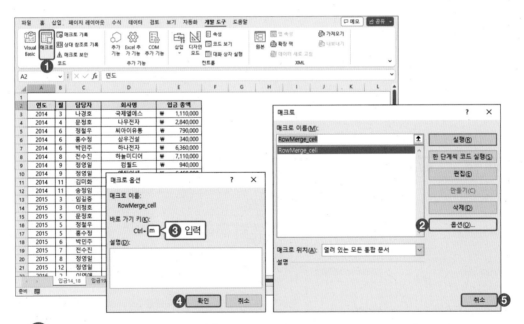

바로 통하는TIP 바로 가기 키(단축키)는 대소문자를 구별합니다. 여기서 소문자 m을 지정하면 Ctrl + m 을 눌러 매크로를 실행할 수 있습니다.

06 단축키로 매크로 실행하기 ❶ [입금14_18] 시트에서 [A1] 셀을 클릭합니다. ❷ Ctrl + m 을 누릅니다. ❸ [병합할범위] 대화상자에서 [취소]를 클릭하면 경고 메시지가 표시됩니다. ❹ [확인]을 클릭합니다. ❺ Ctrl + m 을 다시 누릅니다. ❻ [병합할범위] 대화상자에서 병합할 셀 범위인 **$A$3:$A$54**를 입력하고 ❼ [확인]을 클릭합니다. 지정한 범위의 셀이 병합됩니다.

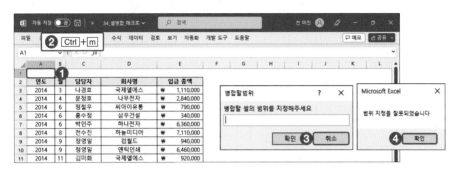

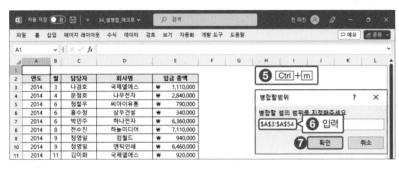

07 Excel 추가 기능 파일로 저장하기 현재 통합 문서 외에 다른 문서에서도 [RowMerge_cell] 매크로를 사용하도록 추가 기능 파일로 저장해보겠습니다. ❶ [파일] 탭-[정보]를 클릭합니다. ❷ [속성]을 클릭하고 ❸ [고급 속성]을 클릭합니다.

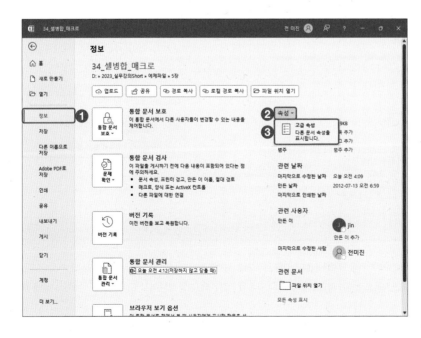

08 ❶ 문서 속성 창의 [요약] 탭에서 [제목]에 **행방향병합셀**, ❷ [메모]에 **지정한 범위를 행방향으로 셀을 병합하고 가운데 맞춤을 실행합니다. [RowMerge_cell] 단축키는 Ctrl+m입니다.**를 입력합니다. ❸ [확인]을 클릭합니다. ❹ Esc를 눌러 기본 보기로 돌아옵니다.

바로**통**하는TIP 문서 속성 창에서 [제목]은 추가 기능 매크로 이름이며, [메모]는 추가 기능 매크로의 설명입니다.

09 ❶ F12를 누릅니다. ❷ [다른 이름으로 저장] 대화상자의 [파일 형식]에서 [Excel 추가 기능 (*.xlam)]을 클릭하고 ❸ [Microsoft]–[Addins] 폴더의 저장 위치를 그대로 유지한 상태에서 [파일 이름]에 **RowMergeCell**을 입력한 후 ❹ [저장]을 클릭합니다. ❺ 엑셀 창에서 [종료✕]를 클릭해 엑셀을 종료합니다. ❻ 경고 메시지에서 [저장 안 함]을 클릭하고 엑셀 프로그램을 종료합니다.

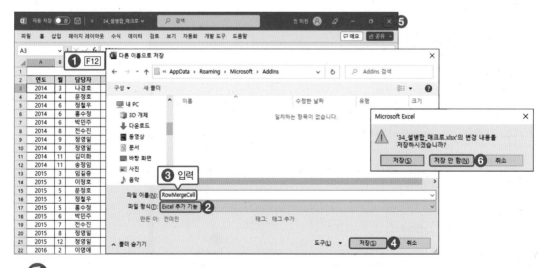

바로**통**하는TIP 추가 기능 파일을 저장한 후 저장 위치를 직접 지정할 경우 저장 위치를 잘 기억해두어야 추가 기능을 설치할 수 있습니다. [Microsoft]–[Addins] 폴더에 저장하면 자동으로 추가 파일을 찾아줍니다. 파일을 저장할 때 [파일 형식]에서 [Excel 추가 기능(*.xlam)]을 클릭하면 폴더가 자동으로 설정됩니다.

10 추가 기능에 설치하기 행방향병합셀(RowMergeCell.xlam)을 추가 기능으로 설치해보겠습니다. ❶ 엑셀에서 '34_셀병합_비품목록.xlsx' 파일을 불러옵니다. ❷ [개발 도구] 탭-[추가 기능] 그룹-[Excel 추가 기능]을 클릭합니다. ❸ [추가기능] 대화상자의 [사용 가능한 추가 기능]에서 [행방향병합셀]에 체크한 후 ❹ [확인]을 클릭합니다.

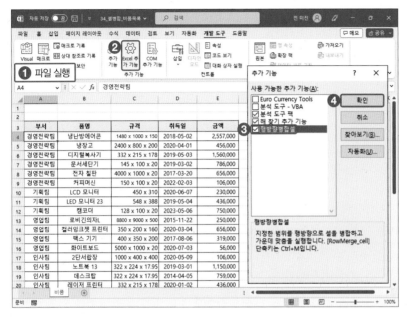

바로 통 하는TIP

[추가 기능] 목록에 [행방향병합셀]이 표시되지 않으면 [찾아보기]를 눌러 저장한 추가 기능 파일 위치를 찾아 불러옵니다. 문서 속성 창에서 입력한 제목이 [행방향병합셀]의 이름으로 표시되고, [메모]에 적은 설명은 [추가 기능] 대화상자 아래쪽에 표시됩니다.

11 등록된 [행방향병합셀] 추가 기능 사용하기 ❶ [A1] 셀을 클릭하고 ❷ Ctrl + m 을 누릅니다. ❸ 입력 창에 병합할 셀의 범위인 **$A$4:$A$40**을 입력하고 ❹ [확인]을 클릭합니다. 지정한 범위의 셀이 병합됩니다.

찾아보기